钱荣贵　邱帆　主编

南通大学张謇研究院　编

张謇研究系列丛书

张謇
与国际社会

凤凰出版社

图书在版编目（CIP）数据

张謇与国际社会 / 钱荣贵，邱帆主编. -- 南京：
凤凰出版社，2023.10
（张謇研究系列丛书 / 钱荣贵主编）
ISBN 978-7-5506-3876-1

Ⅰ．①张… Ⅱ．①钱… ②邱… Ⅲ．①张謇（1853-
1926）－人物研究②国际关系史－研究－近代 Ⅳ.
①K825.38②D819

中国版本图书馆CIP数据核字(2022)第253720号

书　　　名	张謇与国际社会	
主　　　编	钱荣贵　邱　帆	
责 任 编 辑	郭馨馨	
特 约 编 辑	莫　培	
装 帧 设 计	陈贵子	
责 任 监 制	程明娇	
出 版 发 行	凤凰出版社(原江苏古籍出版社)	
	发行部电话025-83223462	
出版社地址	江苏省南京市中央路165号,邮编:210009	
照　　　排	南京新洲印刷有限公司	
印　　　刷	江苏扬中印刷有限公司	
	江苏省扬中市大全路6号,邮编:212212	
开　　　本	880毫米×1230毫米　1/32	
印　　　张	10.875	
字　　　数	303千字	
版　　　次	2023年10月第1版	
印　　　次	2023年10月第1次印刷	
标 准 书 号	ISBN 978-7-5506-3876-1	
定　　　价	88.00元	
	(本书凡印装错误可向承印厂调换,电话:0511-88420818)	

"张謇研究系列丛书" 编纂委员会

总　序

张謇(1853—1926)，字季直，号啬庵，清末状元，著名实业家、教育家和社会活动家，中国现代化的先驱者之一。2020年7月21日，习近平总书记在企业家座谈会上指出："从清末民初的张謇，到抗战时期的卢作孚、陈嘉庚，再到新中国成立后的荣毅仁、王光英，等等，都是爱国企业家的典范。"同年11月12日，习近平总书记在江苏考察调研，专程前往南通博物苑，参观张謇生平展陈，了解张謇"实业救国"、发展教育和社会公益事业的事迹，称赞张謇是"民营企业家的先贤和楷模"。早在1950年，毛泽东同志也说过："没有张謇，中国纺织工业发展不会这样快。"2003年，在纪念张謇诞辰150周年之际，江泽民同志欣然为《张謇》画册题词："发扬爱国主义精神，建设社会主义祖国。"张謇作为清末民初状元实业家，先后受到中华人民共和国三位党和国家最高领导人称赞，足见其非凡成就和深远影响。张謇的家国情怀、社会责任、世界眼光、创新意识、诚信品格、产业链意识等，在新时代需要大力传承与弘扬。

张謇是一位"百科全书式"的人物，张謇研究是一个取之不竭的"富矿"，也注定是一场筚路蓝缕的"旅行"。张謇的一生在中国近代动荡不安中度过，历经科举风波、云游入幕、朝鲜壬午兵变、甲午战争、戊戌变法、东南互保、预备立宪、辛亥革命、五四运动等重大时变，涉猎政治、经济、教育、文化、艺术、社会治理、城市规划、水利建设、渔权海权等诸多领域。他在短短的30年间，在家乡南通及周边地区创办了34家企业、370多所学校、16家慈善机构、78处文化设施，创造了近20项"中国第一"，使得南通从一个封建州城一跃成为全国争相观摩的"模范城市"。张謇一生勤勉，在躬行实业、教育、慈善的同时，留下了 600 多万字的著述文字，且有日记并自订年谱。这些都为张謇研究提供了丰富资源和巨大空间。但张謇研究的艰巨性、复杂性也是显而易见的。张謇国学根柢深厚，阅历极丰，涉猎甚广，张謇研究要取得突破性进展委实不易。令人欣慰的是，百年来经过学人的不懈努力，张謇研究取得了丰硕成果。国内成功举办了六届张謇国际研讨会、四届"张謇精神的时代意义"年度论坛和一届张謇研究全国青年学术研讨会，成立了(南通)张謇研究中心、南京大学张謇研究中心、南通大学张謇研究院、海门张謇研究会、张謇纪念馆等一批研习机构。习近平总书记两次高度评价张謇后，全国更是掀起了张謇研究、宣传、教育的热潮，相继成立了张謇企业家学院、扬州大学张謇研究院、江苏省张謇研究会等研学机构，南通博物苑成为中央社会主义学院教学基地，并与张謇纪念馆一起入选全国爱国主义教育基地。(启东)通海垦牧公司正在恢复重建，即将对外开放。这些论坛、机构的成立与运行有力推动了张謇研究的深入和张謇精神的传扬。据不完全统计，百年来张謇研究专题文章已逾 6000 篇，著作逾 500 部。

本系列丛书旨在全面梳理和集中展现百年来张謇研究的丰硕成果，依"张謇与名人""张謇与事业""张謇与名物"三个维度，从已发表的论文中精选代表性研究成果。每本汇编又依论文主题分为若干专题，萃取和聚合相关文章。成果选编难免有遗珠之憾，有鉴于此，书后附有"专题研究综述"和"既往研究目录索引"，有些还根据需要附有人物年谱、相关考证等，以便读者掌握该领域研究全貌。

需要说明的是，本系列丛书的选编绝大多数征得了原作者的书面授权，但尚有少数作者由于各种原因未能取得联系，诚请这些作者见到此书后主动与南通大学张謇研究院联系，以便寄奉样书和薄酬。此外，本丛书编纂按现行出版规范对原文体例进行了调整，补充并重新核实了部分引文，如有不妥之处，敬请批评指正。

钱荣贵

2022 年 7 月 23 日

目　录

张謇与国际合作

"没有外交头衔的外交活动家"

向国际社会展现中国

外国人眼中的张謇

附 录

序

　　张謇曾说过："凡百事业，均须有世界之眼光。"张謇研究也同样需要如此，从世界史视域入手，才能更好地去理解张謇的所思所想和所作所为。本书从既往研究中，精选了与"张謇与国际社会"主题相契合的代表性研究成果，并按照张謇先生对外思想的发展轨迹进行了划分归类。希望本书的汇编能够为相关研究提供基础资料。

　　甲午战前，张謇与多数士大夫一样，只盯着华夷秩序世界里的"一亩三分地"，做着天朝上国的梦，不愿主动去接触和了解真实的外部世界。但清朝在甲午战争中的失败，使张謇摒弃从前观念，转而开始积极了解世界。随着对国际社会认识的加深，张謇的眼界也越放越宽，不仅积极吸收和传播国外先进经验，还着力推动中国融入国际社会，加强与国际社会的合作，合理利用国际资源发展中国，并向国际社会展现中国的发展成果，试图扭转外国人对中国的负面印象。

　　本书一共分为七个部分。第一部分题为"张謇与朝鲜"。朝鲜是张謇接触的第一个外国，该部分所选文章可以领略张謇与金泽荣、金允植、金昌熙等朝鲜文人、官员的交际交流情况，可窥探张謇处理朝鲜壬午兵变、甲申政变等外交纷争的独到见解。张謇接触的第二个外国是日本，在"张謇与日本"当中，我们可以看到张謇在甲午战争前后对日观的演变情况以及基本主张，虽然某些主张是张謇基于维护祖国利益所提出的，有可取之处，但从中依然能够发觉，当时的张謇既高估了清朝实力，又低估了日本实力。甲午战争可谓张謇对外思想史上的一个分水岭，战后的张謇已经没有了往日的轻日心态，他通过各种途径获取日本资讯，并于1903年亲自前往日本，进行了为期70天的考察。此次考察对张謇日后建设南通奠定了坚实的基础。1922年张謇之子张孝若被北洋政府任命为考察欧美日实业专使，张謇十分支持儿子出洋考察，因为这一来可增加儿子的阅历，二来可借此机会了解第一次世界大战后各国实业的发展现状。可以说甲午战后张謇主动认识国际社会的脚步一直未停歇，其国际视野也愈来愈宽广。从第三部分"国外经验的引进与传播"和第四部分"张謇与国际合作"所选文章中，可以知晓清末至民国初期，张謇在了解国际社会的同时，也积极吸纳国外先进经验和技术，并合理利用外国资源来发展中国的具体行动。近代中国与外国的往来，时常出现外国损害中国权益之事，从第五部分"没有外交头衔的外交活动家"所选文章中可以发现，张謇支持合理、合法的国际交往及合作，但坚决反对外国所展开的损害中国主权和中华民族利益的行为与活动。从第六部分"向国际社会展现中国"所选文章中，可以看出张謇不是一个低调的人。这句话没有任何贬低张謇的意思，张謇是一个既踏实做事，又注重自我宣传的人。鸦片战争以后，中国对外形象大打折扣，甲午战后地位更是一落千丈。这是时代不允许张謇低调，逼着张謇做出了成绩就要宣传出去，以改善国际社会对中国的极端负面看法。从第七部分"外国人眼中的张謇"所选文章中，可以看到一些外国人对于张謇所取得的成就是持肯定态度的，甚至有外国人认为："如果中国有十个张謇，有十个南通，那么中国的将来就会很有希望。"国外学界对于张謇研究也十分深入，尤其日本自20世纪20年代起至今，研究一直未间断，多数学者都给予了张謇较高的评价。

关于"张謇与国际社会"的相关课题，学界已经做了大量的研究，但仍有进一步挖掘的空间。希望此后学界有人能够运用一些新的外国史料，尤其是欧美主要国家外务部门涉及张謇的相关档案、报刊所载张謇相关报道等进行研究，使张謇研究更上一层楼。

另外，编者在编辑所选文章时，对部分文章的各级标题做了适当调整，对原文中出现的一些错字、漏字和一些注释方式、体例进行了修改，其他一概未予改动，特此说明。

邱　帆

2022年7月23日

张謇与朝鲜

张謇与中韩文化交流

章开沅

张謇(1853—1926)是近代中国早期的著名实业家与教育家，他为通海地区乃至全国的现代化奋斗终生，创造了无可磨灭的辉煌业绩。逝世后曾有人撰挽联赞之曰："讴思淮海三千里，关系东南第一人。"胡适更进一步肯定其历史地位，说他"开辟了无数新路，做了三十年的开路先锋，养活了几百万人，造福于一方，而影响及于全国"①。80 年代以来，海内外研究张謇者日益增多，研究的广度与深度也有明显扩展，但深入探讨张謇与中韩文化交流者还比较罕见。现借"中韩文化关系研讨会"之光，匆撰陋文，抛砖引玉，以期引起中外学者的注意与讨论。

一、两次赴朝期间的交流情形

张謇在 19 世纪 80 年代，作为庆军幕僚两次前往朝鲜执行公务。第一次是在光绪八年(韩光武帝十九年，1882)阴历七月，应朝鲜国王李熙之请，随庆军统帅吴长庆率兵前往协助平定"壬午兵变"，完成任务以于八月中旬回国。第二次是在光绪九年(韩光武帝二十年，1883)四月，奉长庆召再次前往汉城军幕协助料理军务。此次在朝鲜逗留时间稍长，但由于张謇认为庆军处境与前景均不甚佳，在冬季提前回家乡度岁。此后，便再未到朝鲜故地重游。张謇在朝鲜工作的时间总共不到一年，但却与朝鲜的许多爱国士大夫结下颇为深厚的友

---

① 张孝若《南通张季直先生传记》序，中华书局，1930 年。

谊，并且终身关心朝鲜国家与人民的处境与命运。在此后长达40多年的漫长岁月里，张謇与朝鲜友人的诗文之交连绵不绝，成为近代中韩文化交流史上的一段佳话。当然，张謇与朝鲜友人的诗文唱和，以在朝鲜逗留期间最为频繁。张謇结识的第一个朝鲜友人是金允植（洵卿）。允植时任朝鲜吏部参判，系奉王命来华请援的领选使。张謇与他在乘"威远"兵轮前往朝鲜的途中即曾多次叙谈，允植的爱国热忱、政治识见与文化素养，都给这个初出茅庐的中国年轻人留下深刻的印象。庆军在马山登陆以后，允植奉王命自行前往南阳，张謇也忙于协助吴长庆料理军务与对外交涉，自然无暇顾及诗文唱和。但在平叛事定并且进入汉城以后，张謇曾特地前往允植住宅拜访，可惜允植当天已调任江华留守，两人未能晤谈，只见其宅"门巷湫隘，茅舍数楹，墙垣不能蔽邻人之目"①。可见金允植是个颇讲操守的清廉高级官员。

张謇在朝鲜这次短暂逗留时间，曾在汉城书肆购得《全唐诗》《太平广记》，柳河东（宗元）、韩魏公（愈）、曾南丰（巩）、王临川（安石）等人文集，以及《全唐文》《册府元龟》《经籍籑诂》等大批书籍，但他仍不满足，还托金云养等友人代为购买其他中韩典籍。

张謇与金允植都喜爱诗词，所以允植还特地向张謇介绍另一位朝鲜诗人金泽荣。张謇以后曾回忆此事："往岁壬午，朝鲜乱。謇参吴武壮（长庆）军事，次于汉城。金参判允植颇称道金沧江之工诗，他日见沧江于参判所，与之谈，委蛇而文，似迂而弥真。其诗直窥晚唐人之室，参判称固不虚。间辄往还，欢然颇洽。沧江复为言其老辈申紫霞诗才之高，推服之甚至。予亦偶从他处见申所流传者，盖出入于晚唐北宋之间。"②

张謇在汉城期间还结识了兵部判书赵宁夏（惠人）、宏文馆侍讲鱼一斋（允中），"皆世家之尤者"。但交往更为密切的则是"知外务"的

---

① 张謇《柳西草堂日记》稿本，光绪八年七月二十七日。

② 张謇《朝鲜金沧江刊申紫霞诗集序》，张怡祖编《张季子九录·文录》，中华书局，1931年。

吏部参判金石菱(昌熙)。石菱有中国血统,张謇曾说过:"石菱参判者,金匮之华裔,而鸡林之故家也。"并且盛赞其熟悉朝鲜的历史、地理:"故都廿代,能说其替兴;道洽八区,从咨夫险易。多闻识要,瞻智用愚。朝鲜多材,亦其楚矣。"① 石菱与允植对庆军的各项重要决策,都提供了颇有价值的切实咨询。

壬午年八月,张謇在朝鲜的最后十几天,由于局势已经平静,生活节奏遂较为舒缓而有情趣,慕名来访且索赠诗题字的朝鲜文士渐多。八月五日张謇又与石菱晤谈甚欢。因为石菱不识金器,张謇嘲以联曰"论金不识金黄赤",并请石菱对以下联。石菱大喜,"谓肖其生平",大概平素讲究操守,不大注意金银。他自己没有对下联,却请张謇代书下联,以便一并贴在墙上留念。张謇知道石菱在同治初年曾出使中国,对华夏文化了解较深,便代拟下联"观乐能知雅颂风"。石菱更加高兴,问张謇可否更拟数对。张謇随即应以"标卷平分甲丙乙,贡赋犹区下上中","闻乐徐参肉竹丝,品酒能分碧白红"②。信手拈来,对仗工整,颇能切合石菱的经历与个性。最后一联是调侃石菱嗜酒善饮,盖因朝鲜酒以色分等,红上碧中白下也。

壬午这一年,张謇还不满30岁,也没有一官半职,连举人都未取中,而且是第一次走出国门。但他在朝鲜文士群体中周旋,却如鱼得水,相处颇为融洽;虽然语言有所阻隔,但却可以借助笔谈相沟通。在短短一个多月期间,张謇在这个东北邻国朝野人士中赢得很高声望,主要当然是由于他对朝鲜平乱和善后的正确决策提出颇具识见的建议,而其个人在品格情操和文化素养两方面的魅力也起了重要作用。连朝鲜国王都曾经想把张謇留下来,以"宾师"之位待之,可见器重之深。七月二十四日,国王曾以酒馔赏赐劳苦功高的张謇。八月二日张謇撰写《谢还朝鲜王酒具启》报之,文云:"往拜大王盛篆之赐,今见盛酒磁益,尚在军中行厨。列讯庖丁云:比还役仓卒遗此。廋上

① 张謇《朝鲜金石菱参判谭屑序》,《张季子九录·文录》。
② 张謇《柳西草堂日记》,光绪八年八月五日。

宫之履，既审辨乎是非；还合浦之珠，且叙明其来去。反璧为例，削
简增惭。"① 虽然是漏还一件宫中酒器，亦必说明原委并及时送回，
这说明张謇颇知维护庆军和国家的形象，而谢笺典雅凝重，言简意
深，可以看作是他留给朝鲜的壬午之役纪念。八月十一日，张謇即将
束装回国，国王又赐以三品官服。张謇接受了并作笺致谢，但他并非
是接受其官爵，而只是作为朝鲜礼制文物加以珍藏，以后送交南通博
物苑陈列，作为中韩友谊的象征。

次年（1883）张謇再次来到汉城庆军营中，公务之暇曾为金石菱所
撰《谭屑》一书作序。文云："即岁孟夏，载赋东征。寻之燕栖，赓队
欢于鸿雪。感慨人事，怊怅功名。既籁于歌，复进商其著录。《谭屑》
二卷，则参判有得之微言，而冥通于释老者。夫五世界在在贪痴；三
乘便门，谁谁觉悟。参判以维摩之善病，工蒙庄之寓言。满谷满山，
道无坠不著；在鸟在兽，词缘物以成声。"② 我未见过《谭屑》此书，
但可想见是与《阅微草堂笔记》《子不语》之类讽喻文字结集，而且作者
在付梓之前还曾与张謇等挚友有过讨论。

在此期间，张謇保存下来的诗作还有《书朝鲜赵玉垂参判冤镐异
苔同岑诗卷后》《调玉垂逸妾》《书朝鲜近事》《送黄李二生归江原道》《招
隐三首赠金石菱》（石菱筑三思亭，期十载后归隐，索诗为卷，感而赋
之）等诗作。其中赠黄李二生诗云："时事江河下，纷纭口舌争。上书
空涕泪，当路有公卿。白璧珍缄镐，青山迟耦耕。即看齐二隐，愁甚
鲁诸生。"对朝鲜局势和爱国志士的怀才不遇，表现出异常的关切。

离开朝鲜之前，张謇应石菱子敬献之请，作一律与之。诗云：
"忆昔初冠日，公庭举茂才。淹迟雄剑合，沦落爨琴灭。幕府因征伐，
尊公与往来。风云激深感，期子凤翎开。"③ 除感慨身世外，还追述
了与石菱结交的经过，并且对朝鲜青年一代寄予期望。

---

① 张謇《柳西草堂日记》，光绪八年八月二日。
② 张謇《朝鲜金石菱参判谭屑序》，《张季子九录·文录》。
③ 张謇《柳西草堂日记》，光绪九年八月二十五日。

二、从朝鲜归国后张謇与朝鲜文人的往来

张謇自 1883 年冬天回国以后，再未去过朝鲜，但他数十年如一日，始终关心朝鲜的不幸境况，并且与一些朝鲜友人保持着联络。这些联络大多是为了策划如何挽救朝鲜的危局，但也有一部分属于文化范畴。

其中最感人的就是他与朝鲜诗人金泽荣终身不渝的诚挚友谊。

金泽荣于韩熙伦王元年(1850)生于朝鲜开城府东部。韩光武帝二十八年(1891)会试中进士，先后任议政府主事隶编史局、中枢院参书官兼内阁记录局史籍课长、弘文馆纂辑所、正三品通政大夫等职。甲午战后日本加强了对朝鲜的殖民统治，1905 年实际上已加以吞并。金泽荣愤而辞官，携妻女从仁川乘船来华。张謇曾记其事云："甲申既归，遂与沧江暌隔，不通音问。阅二十年，忽得沧江书于海上，将来就我。已而果来，并妻三人，行李萧然，不满一室；犹有长物，则所抄紫霞诗刊稿本也。"① 仓皇出走，行李萧然，却不忘随身携带手抄的申紫霞(纬)千余首诗稿，真可以称得上对文学的痴迷。张謇同情其悲惨遭遇，更钦佩其品格高尚，便安排他到南通翰墨林印书局任编校，并购买房宅于东濠河之侧供其居住。由于书局对他的照顾，编校工作并非繁重，大部分时间还是用于自己的学术撰述。

沧江在生活稍得安定之后，第一件事就是从事申紫霞诗集的编辑。1906 年冬选定清稿，1907 年由翰墨林书局铅印线装(二册)，共印一千部，几乎全被朝鲜购去，可见紫霞诗之受韩人喜爱。张謇为之作序云："沧江于紫霞之诗，可谓有颛嗜者矣。比与余书：子方劫劫然忧天下之不活，而仆忧一诗人之不传，度量相越甚远。余语沧江：活天下难，若子传一诗人亦不易。相与大笑。"盖以沧江工资收入不丰，自行编选刊印申紫霞诗近千篇，其艰难可想而知也。张謇序文的

---

① 张謇《朝鲜金沧江刊申紫霞诗集序》,《张季子九录·文录》。

结语是:"紫霞之诗,诗之美者也,沧江学之而工,而辛苦以传之不迁。独念金参判(允植)年过七十,以孤忠窜海岛,不能复有握手谈诗之一日。见沧江所编紫霞之诗,得毋有人事离合相形之慨也乎!"① 两度朝鲜之行始终是张謇难忘的记忆,特别是对那些国破家亡颠沛流离的韩国挚友,张謇更满怀思念之情。

但金泽荣(沧江)更多的精力却是用于编写韩国历史。据南通市图书馆和博物馆合编《金泽荣撰辑书目》(以下简称《书目》),先后印行的有《韩国历代小史》(十三卷,1915年翰墨林书局铅印本,线装四册)、《韩国历代小史》(二十八卷,民国年间翰墨林书局铅印本,线装九册)、《韩国历代小史》(二十八卷,正误本,1924年翰墨林书局铅印本,线装九册)、《韩国历代小史》(最后正误本,民国年间翰墨林书局铅印线装)、《校正三国史记》(五十卷,1916年翰墨林书局铅印本,线装四册)、《新高丽史》(五十三卷,目录一卷,系郑麟趾《高丽史》的增修本,另有《正误》一卷,1924年翰墨林书局铅印本,线装十四册)、《韩史綮》(六卷,1914年翰墨林书局铅印本,线装三册)、《高丽季世忠臣逸事传》(一卷,民国年间翰墨林书局铅印本,线装一册)、《重编韩代崧阳耆旧传》(二卷,1920年翰墨林书局铅印本,线装一册)、《(金泽荣)年略》(一卷,民国年间翰墨林书局铅印本,线装一册)等。

金泽荣勤奋撰史之用心良苦,张謇对此也理解甚为真切。其《韩国历代小史序》云:"今李氏朝鲜忽焉墟于邻,并其三千二百余年之国社斩矣。金君沧江当其国是抢攘之际,尝一试为史官。度与其志与所学拂戾不能容,而国将不国,乃独懔坚冰且至之,本其生平崇敬孔子之挈妻子而来中国,以为庶几近孔子而中国居也。既至,不十年,国遂为人摧践以亡。而祖宗丘墓所在,故国禾黍之悲,耿耿不忘于君之心。于是始终李氏朝鲜之事,成《韩史綮》。居数年,以其书合之于前所作《韩国历代小史》为一书,以仿虞书冠尧典之义。甚矣!君之用力勤,而其志可悲也。庄生有言,哀莫大于心死,而身死次之。嗟乎!

---

① 张謇《朝鲜金沧江刊申紫霞诗集序》,《张季子九录·文录》。

此以人而言。言乎国，则謇独以为哀莫大于史亡，而国亡次之。国亡则死此一系耳，史亡不唯死不幸绝之国，将并死此一国后来庶乎有耻之人。金君叙一国三千二百余年事，可观可怨可法可者略备矣。谓以供人观怨而法戒，如是焉差可也。韩之人抱持纶一旅楚三户之志者夥矣。艰哉！读金君书，其亦有然而思，瞿然而忧，踽踽然困而弥厉者乎！"①把历史看作国魂之所寄，把史亡看作比国亡更为悲哀，把撰史看作维系民族精神的大业，把史书看作鼓舞民心寻求民族解放的有力武器，这是张謇与金泽荣共具的卓识，而也正是中韩传统文化互相契合之处。

除史书撰辑外，金泽荣还整理、纂辑、出版了若干有关韩国文化的书籍，如《丽韩十家文钞》（十一卷，1915 年翰墨林书局铅印本，线装二册，十家指金富轼、李齐贤、张维、李植、金昌协、朴趾源、洪周、金迈淳、李建昌、金泽荣）、《梅泉集》（七卷，《续集》二卷，黄玹撰，金泽荣选，1911 年翰墨林书局铅印本，线装四册）、《重编朴燕岩先生文集》（七卷，朴趾源撰，金泽荣评，民国年间翰墨林书局铅印本，线装二册）、《崧阳耆旧诗集》（二卷，1910 年翰墨林书局铅印本，线装一册）、《古本大学私笺》（六卷，1918 年翰墨林书局铅印本）等。此外，他还曾辑《箕子国历代诗》四卷，共收 85 人，诗 230 首，并附各作者小传，惜未及付梓。其用意也在于保存与弘扬韩国文化精粹，借以维系与振奋民族精神，鼓舞人们为民族解放而奋斗。

金泽荣毕竟是诗人，诗歌创作乃是他的生活主体与最大欢悦。从 1911 年开始，他先后出版了《沧江稿》（十四卷，诗稿四卷，文稿十卷，1911 年翰墨林书局铅印本，线装六册）、《韶濩堂集》（十五卷，附刊一卷，收诗 1041 首，文 463 篇，1911 年翰墨林书局铅印本，线装七册）、《韶濩堂续集》（三卷，1919 年翰墨林书局铅印本，线装一册）、《精刊韶濩堂集》（内有诗集定本六卷，文集定本卷数不详，1920 年翰墨林书局铅印本，线装四册）、《韶濩堂集补》（九卷，附编二卷，

---

① 张謇《韩国历代小史序》，《张季子九录·文录》。

1920年翰墨林书局铅印本）、《韶護堂集精》（十二卷，线装四册）、《合刊韶護堂集》（十五卷，目录二卷，民国年间翰墨林书局铅印本，线装八册）、《韶護堂全集补遗》（二卷，南通崔竞成选，1925年翰墨林印书局铅印本，线装一册）、《韩国金沧江集选》（二卷，山阴李祯选，民国年间翰墨林印书局铅印本，线装一册）。张謇是金泽荣诗的知音，他在《朝鲜金沧江云山韶護堂集序》中感慨说："朝鲜东南北介日本、俄罗斯，崎岖其间。其人独慎固风气，谨事大之礼，而不骤迁于异说。私尝窃论：鲁秉礼而后亡，朝鲜庶几其犹有断断之风。曾不几年，役于其国，观乎其政教与其士大夫，乃若举先王之遗，壹切芟夷而陵替之，弦诵如也。周辙东而王道衰，聘问歌犹行于列国。其贤者于是征存亡，辨得失，而不肖者犹不敢有野心以肆于恶。至一变为游说倾险之徒，日以捭阖纵横论构陷诸侯王，而天下弊矣。兹其可不为长虑却顾太息者与！晋山金沧江能为诗，隐山泽间，与之言，隤然君子也。观其业，渊思而絜趣，踵古而冥追。世纷纭趋于彼矣，沧江独抗志于空虚无人之区，穷精而不懈，自非所谓风雨如晦，鸡鸣不已者乎！道寄于文词，而隆者时命，沧江其必终无悔也，故为之所感，以序其诗。"① 沧江属于当时韩国老辈士大夫，受儒学濡染甚深，且恪守传统纲常伦理，其诗自然是言志载道，以忧国忧民之作居多。也正因为如此，他与张謇的诗歌唱和往往是一拍即合，融洽无间。譬如南通有曹公亭，系为纪念当地抗倭名将曹顶而建。张謇曾咏诗赞之："人亦孰无死，男子要自见。曹生磊落人，无畏赴公战。鲸牙白草纤，马革黄金贱。荒原三百年，突兀一亭建。田父何所知，亦说单家店。"② 金泽荣在1922年亦曾作《曹公亭歌》，诗云："往者万历倭寇东，韩臣有李忠武公（李忠武公名舜臣，与倭数十战于海上，皆胜，杀数万人，《明史》误作李舜）。奇韬妙略似神鬼，杀倭满海波涛红。

① 此序已收入《张季子九录·文录》，系作于宣统元年（1909），即金氏诗集正式出版之前。

② 张謇《曹公亭》，《张季子九录·诗录》，中华书局，1931年。

当时倭儿患疟疾，背书其名胜药功。三百年后汉江竭，修罗蚀月凶肠充。使我奔伏淮之侧，白头欲举羞苍穹。奈何今日中州彦，篷篨之病颇相同。慨然共思曹壮士，沫血击贼卫南通。奇功垂成身径殒，愤气化为青色虹。叱工筑亭安厥像，横刀立马生长风。请君且揽新亭涕，与我赊酒向新丰。一杯酹我李兵仙，一杯酹君曹鬼雄。巫阳与招魂气返，旗光剑色摩虚空。雷鼓鼓动两国气，人间何代无勇忠。"① 诗人虽已年逾古稀，但仍满怀爱国豪情，呼唤韩中两国人民联合起来，发扬以李舜臣、曹顶为代表的抗击外侮的光荣传统，共同反抗日本军国主义的侵略。

但是，金泽荣并未完全生活于陈旧的故国之思，或者沉溺于历史故纸堆中。他不仅关心韩国民族解放斗争的现实，而且思想也在随着时代不断有所前进。在他来到南通的第 6 年，武昌起义突然爆发，各地革命军民纷纷响应，南通也继上海之后宣告光复。金泽荣并未伤感于素所崇奉的君主政体的消亡，反而为中国共和制度的建立欢欣鼓舞。曾作《感中国义兵事五首》，其中有"武昌城里一声雷，倏忽层阴荡八垓。三百年间天帝醉，可怜人日始醒来"，"箕域地灵应愧死，寥寥仅只产安生"②。他和张謇一样，在政治思想上都大体上经历了君主、君主立宪、共和三个阶段，因而都以积极的态度迎接了民主共和制度的到来，尽管他们对民主真谛的认识仍然是有限的。张謇在辛亥（1911）年 11 月 13 日日记上写道："临时政府成立，是日改用阳历，适元年正月一日。至江宁。"第二天就接受临时政府实业总长的职务。1912 年 1 月 19 日（阴历为辛亥十二月一日）又提前写春节对联："民时夏正月，国际汉元年。""晋以武兴虞不腊，周于农用夏之时。"③ 金泽荣则在民国肇建之后立即申请加入中国国籍，自认为加入"中国新民"行列，对刚刚诞生的亚洲第一个共和国寄予厚望。但其著述署名

---

① 费范九《曹公亭诗》，1912 年铅印本。
② 《韶濩堂集精》诗集定本，辛亥稿。箕域指朝鲜，安生指 1909 年在哈尔滨火车站刺杀伊藤博文的韩国爱国志士安重根。
③ 以上记述均见《柳西草堂日记》相关诸日。

仍多冠以"韩国遗民""朝侨""韩产""韩客",以示永远不忘故国。朝鲜爱国志士在上海法租界组织临时政府,他立即代为拟《陈情表》,把韩中关系比喻为"为瓜为葛,为唇为齿",希望中国政府大力支持朝鲜民族解放斗争。他与国内的爱国志士也常有联络,在衰暮之年仍然尽心尽力为光复故国而呼号。泽荣在南通旅居22年,与张謇情趣相投私交甚笃,常相携徜徉山水,春秋雅集,岁暮消寒,因此咏景抒情的诗文唱和也甚多。如民国五、六年期间,张謇曾作《沧江示所和诗复有赠》:"爱客攻吾短,论诗数尔强。时时惊破的,炯炯达升堂。蜡屐吟山出,蜗庐借树藏(沧江寓庐名借树)。众人怜寓卫,后世有知扬。"据曾见过泽荣者的回忆,其人"面貌清癯,须髯修美,一望而知为有道之士","或戴朝鲜纱筒帽,身着朝鲜长服"①,"首缠纱巾,深衣款步……古味益然"。读张謇的诗,一个真率而洒脱的韩国诗翁仿佛就在我们的眼前。民国八年(1919),张謇又有《沧江翁今年七十,不以生日告人,八月一日为延客觞翁于观万流亭,赋诗为寿,属客与翁和之》:"六十七十翁发皤,旧运新运天旋螺。《春秋》惟有乱可纪(指翁作《韩史》),忧乐合以诗相摩。看花老辈应逾共,载酒佳时莫厌多。槛外朝来云物好,从容等视万流过。东北浮云屡变更,秋风落日汉阳城。南坛幕府萦吾梦,左列词曹系子情。一局烂柯嗤对奕,几时得尽话长生。引年送日须歌舞,准备缠头听玉笙。"感时怀旧,人生苦短,昔日豪情不再,惟有以诗酒歌舞自相慰藉。这大体上可以看作张、金等诗友休闲生活的写照。张謇与金泽荣唱和的诗作甚多,收于《张季子九录·诗录》系年最后的一首,是大约写于1924年的《视沧江病》。此时泽荣已74岁,张謇也有71岁。诗云:"闻病抛诗叟,来探借树亭。填栖书锸被,烧炕柮连扃。扶掖怜参术,荒寒满户庭。余年犹兀兀,史笔耿丹青。"对贫病交加的沧江极表同情,并且盛赞他在衰暮之年仍能秉笔直书朝鲜历史。

张謇也始终未能忘怀远在朝鲜的那些诗友知己。当接到金允植逝

---

① 万跃西、陈修定、陈曙亭等老人口述。

世消息时，他立即写《朝鲜金居士讣至，年八十七矣，哀而歌之》长诗一首："破晓飞来尺一纸，开缄叹嗟泪盈眦。朝鲜遗民老判书，生已无家国俱死。国何以死今匪今，主屠臣偷民怨深。强邻涎攫庇无所，昔尝语公公沉吟。自是别公四十载（癸未与公别），东海风云变光怪。居州独如宋王何，楚人甘受张仪绐。一窜投荒不复还，国社夷墟犹负罪。李家兴废殊等闲，河山辱没箕封贤。白发残生虏所假，赤心灰死天应怜。噫吁兮！朝鲜国，平壤城，李完用不死，安重根不生，运命如此非人争。居士低头惟诵经，诵经之声动鬼神。后生拔剑走如水，亡秦三户岂徒然，从会九京良有以。公胡遽化九京尘，淬患缠绕八十春。回忆南坛驻军日，肠断花开洞里人（花开洞，居士昔居处）。"情深意挚，沉痛感人。

三、张謇的朝鲜情结

由上可见，张謇的朝鲜情结堪称伴随终生，他数十年如一日关心朝鲜的命运，热爱朝鲜的传统文化，并且与朝鲜的爱国文士心心相印，同时也为中韩文化交流做了许多卓有成效的工作。

其所以如此，首先是由于中朝两国在近代都曾经处于相近似的历史命运下。日本明治维新以后，很快就在所谓"脱亚论"的误导下，走上效仿西方列强的军国主义道路，打着大亚洲主义的旗帜疯狂侵略亚洲邻国，而首当其冲的便是同处于东北亚的朝鲜与中国。中国是日本的主要侵略对象，朝鲜则是其侵华的主要跳板。金泽荣在为朝鲜临时政府草拟《陈情表》所说的"为瓜为葛，为唇为齿"，表达的就是这种历史共识。因此，中韩之间具有历史形成的亲和感，其近代文化交流不仅具有更多的共同语言，而且具有更为深沉的感情交流与理念沟通，而这种文化交流又与共同反抗日本帝国主义的殖民统治的亚洲民族解放运动紧密联系。

其次，中韩都属于儒学文化圈，儒学在近代两国文化交流中仍然是重要的精神纽带。如忠君爱国、伦理纲常等等，都是他们（特别是老辈士大夫)在交流中惯常运用的话语。但是有三点需要加以说明。一，随着西学东渐与国内诸多新的社会因素的兴起，这些古老话语承载的理念逐渐有所变化，悄悄地增添了近代民族主义内容，而日益疏离于对于一朝一姓的愚忠等腐朽纲常名教。二，也正因为如此，张謇、金泽荣等虽然都曾对旧王朝竭尽忠诚，恪守臣子大义，但终于经由主张君主立宪而走向认同民主共和。这样就使他们以儒学为基本色调的诗文唱和具有新的时代精神，从而区别于既往千余年的中韩文化交流。三，但是传统文化的情结甚深，某些落后的消极因素不可能迅速消失，与朝贡体系相伴生的大国主义与事大主义在中韩两国老辈士大夫的诗文唱和中经常有所流露，这是应该认真加以辨析与扬弃的。

　　第三，中韩两国语言虽然不同，但文字则曾经可以通用，两国朝野人士常常借助笔谈以相沟通，这也是中韩文化交流比较方便之处。且不说金泽荣与张謇的大量诗文唱和，仅以南通现在尚保存的他题赠给当地其他友人的诗作、对联、屏条而言，就颇有流传价值，无论是书法还是文词。如"小梅零落柳丝垂，满袖清风独往时。渔店闭门人语小，一江春雨碧丝丝"(屏条，题韩诗赠叶仲)，"龙鼠升沉家国事，吾曹何以际斯辰。千秋广武英雄叹，阮步兵真是快人"(屏条，自题近作)，"村翁小舸装凫重，溪女长篓缚蟹篓。八尺过头青竹杖，我行参作野中图"(屏条，自书旧作)，"桐江春水绿如油，两岸青山送客舟。明秀渐多奇险少，分明山色近杭州"(屏条，题赠送陈曙亭)。作者对于中国古文，特别是旧体诗，虽不能说是炉火纯青，却已经达到运用自如的地步。如果不署明作者身份，如"韩产""箕子遗氓"等等，我们就很有可能误认为是中国的大诗人和书法家。金泽荣写作甚勤，他的诗文经常发表于《南通报》文艺附刊，仅1924—1927三年就有近百篇(首)之多，深受读者喜爱。他的书法作品且收入《中国名人金石书画》第一集，1924年由上海合群石印社出版，可见已享有相当高的声誉。

　　张謇自甲午状元及第以后，已经具有举足轻重的社会地位和影响，但是他在与韩国友人的交往中始终平等待人。特别是对流亡来华者如金泽荣这样的爱国志士，他更是优礼有加，关怀备至。他与泽荣的交流不仅限于诗文与学术，而且还包括音乐与艺术。为了推动京剧全面改革，包括对梅兰芳表演艺术有所建言，他曾专门向泽荣请教朝鲜舞蹈。其笔谈记录以《与金沧江论舞笔谈》为题，发表于民国九年(1920)5月30日的《南报》文艺附刊，后收入《张季子九录·文录》。这是一篇很宝贵的中韩文化交流原始文献，全文照录如下：

> (謇)愿闻尖袖舞之名何自始？容节若何？(沧)其源不知，大抵佳妙。(謇)我忆君诗中独不及舞，中国古人诗亦不详于舞；白香山有之，而尚病其略。彼此皆看作寻常事，故并无谱，今苦人思索矣。尖袖或当作纤袖乎？(沧)阮亭白词说舞极详，但阮亭之时，舞废则久，则所说亦是说梦。(謇)诗词中但形容得态耳，不言其次第。项庄剑舞与尖袖舞何别？几人为队？(沧)多多益可观。(謇)何种衣裳？(沧)长袖长裙如飞。(謇)有氈否？(沧)舞剑时髻上载小园竹笠，其剑有刃，转环着游钉，持此而舞。(謇)剑长几何？剑柄环乎？(沧)有游环使剑转运。(謇)不知是剑器遗制否？舞时有歌否？古舞必有曲。(沧)有歌亦可，但东(朝鲜)俗用乐以助舞且叶其节；鼓一、缶一、篥篴二、笛一、奚琴一名曰六角。中国非徒琴亡，乐亦大亡。东乐无论雅俗，皆有十二节，节节渐深，故使人耳心感；而中国乐则终始首尾，似无分别。(謇)岂能无首尾，不习者不知耳。从子今何在？岂能识别舞伎操术之优劣乎？今至沪市之美人团，君能知之乎？(沧)初闻此事，非必吾侄能辨其才之浅深也。歌舞苟能为国工，自然名满一国，不劳求泽也。(謇)然则君知今日国工为谁？抑有他友擅长此事者乎？(沧)我在本邦，尚未知谁为国工，况今去国十五年，何能知此乎？若使吾侄从少年冶游探之，必晓然知谁为国工耳。尝于汉阳闻乐队中一琴师之弹琴，其神神妙妙，使人欲舞欲哭，中国之乐，似是首尾皆急，无次第耳。(謇)此人尚在人世否？(沧)壬午年闻之，想已宿草(病故)矣。(謇)有弟子否？(沧)必有。现今少年能琴者甚多，虽未知其与琴师孰为优劣，然比之此间琴客则夐也。大都东国之琴音，可以昌黎听颖师琴意观之。(謇)昔欧阳永

叔论昌黎此诗是琵琶音，非琴音；而永叔琴诗，则亦未是琴。固知琴不易工，作琴诗亦不易工。(沧)乐声由缓而急，节节渐深可也，中乐似是初发已急矣。兵火不入阙里，则夫子庙之乐舞，似不沉沦。(啬)孔庙之舞，家舞之属也，乐则所谓郊庙之乐。今中国世俗之乐非雅乐，益与郊庙有别。古乡里通行所谓墅舞，与庙乐亦不同。(沧)东邦之歌，无用于中国，惟舞与乐可用。乐调大约在二：一曰灵山会上，一曰与民众，即韩世宗时所制之歌曲。新罗时琴学大行，有入山五十年操琴者，其所制曲为数百。若韩则所制曲不多，亦琴学之衰也。歌乐之中，学琴最难；若极聪慧者，数年可学成云。雅乐不可陈于戏园，亦所不敢也，人将闻而坐睡。复舞复琴，必不可已之事也。令舍侄招善工，仍令为之通译何如？但此儿好作贾业，恐难久在此场中。一场舞妓二人为好，若着多人舞，则使人眩乱，反无精采。琴是房中之乐，故尤宜用一人。作校则将因西公园旧屋乎？抑别建乎？(啬)教剧与教乐不同，今名之曰伶工学社，须别建。(沧)教育大约以三年为期。舞时有一人在傍执檀板以为节。尖袖舞，妓二人；剑器舞，妓二人(或一人能兼之)。执檀板者一人，琴师一人，六角六人，求时探问可也。韩廷壬午以后，遣驻美公使令带六角以往。美总统令陈于庭中，闻之大称好云。日本无乐，故亦好用韩之六角。日本学乐于百济，而今其乐不足可观可听。永叔不知唐宋之琴，古今殊变，而妄欲讥昌黎乎？乐非可摸捉之物，如大风吹物，往而不返。中国多乱离，乐所以失也。若韩则僻在一隅，自古别无大兵乱，故乐至今能存。①

张謇问难的谦虚求教，泽荣回答的不厌其详，都是在较高的艺术欣赏水平上进行的，有些见解即使从专业角度来看亦堪称深刻。应该承认，位居高层而持如此严肃认真的文化交流态度，在当代并非可以多见。而泽荣的详尽讲解，对张謇有关改进京剧表演艺术思路的裨

---

① 　张謇《与金沧江论舞笔谈》，《南报》民国九年五月三十日，《张季子九录·文录》。

益，也是不言而喻的。

1926年夏天，张謇不幸病故。对于这位异国知己的永别，泽荣的悲痛是极为深沉的。他曾作诗表示哀悼："等霸期王负俊才，应龙飞处一声雷。纵无邓禹奇功在，足试瞿昙活水来。昌黎云与孟郊龙，文字狂欢卅载中。今日都来成一错，奈何淮月奈何风。"① 此时，国事家事每况愈下，民族光复的希望似乎仍然渺茫。张謇遗留下来的各项企业、事业情况也不妙，泽荣所任职的翰墨林印书局有时连工资都发不出来。1927年4月底，这位可敬可爱的韩国诗人，在忧时愤世贫病交加的凄凉情境中自杀身亡。但是，泽荣在南通22年并未虚度余生，他留下了卷帙浩繁的史学著述与诗文佳作，为保存和发扬朝鲜民族文化精魂作出极大贡献，同时也为韩中文化交流增添了美好的篇章。他热爱中国文化，热爱南通的土地和人民，南通也永远不忘这位韩国诗翁。1927年5月7日，南通各界人士为泽荣隆重出殡，遗体安葬在狼山之麓骆宾王墓之上坡，隔江与福山中峰相望②。墓碑由张謇胞兄张詧手书"韩诗人金沧江先生之墓"，与唐代大诗人的文采前后辉映，把南通的山川形胜装点得更加神韵盎然。

在研究近代中韩文化交流史时，千万不要忘记这两个名字——张謇与金泽荣。

原载于《华中师范大学学报（人文社会科学版）》2000年第6期

作者单位：华中师范大学中国近代史研究所

---

① 金泽荣《挽张啬老》，《南通报》民国十五年九月十四日。
② 《金泽荣资料》油印本，南通市图书馆、博物馆。

张謇和他的《朝鲜善后六策》

倪友春

张謇于光绪二年(1876)入庆军，时年二十四岁。参与敉平"壬午兵变"是光绪八年(1882)，时年三十岁。光绪十年(1884)，朝鲜又生"甲申政变"，驻朝清军驰援，逐日军于王宫。日以外务相井上馨为全权大臣，率兵两千赴朝，形成中日对峙态势达数月之久。居家的张謇对此十分牵挂。光绪十一年(1885)，清廷派出了"主和"的李鸿章为全权代表，先签《朝鲜撤兵条约》(即《中日天津条约》)，十年后又签《马关条约》，不仅葬送了朝鲜，而且把战火燃烧到中国土地上来了。从光绪八年(1882)到光绪二十一年(1895)这十三年间，张謇的下述事例，可以证明他是一位具有战略眼光、军事才华和胆识过人、不畏权势的政治家。

一、壬午兵变的敉平和《朝鲜善后六策》的出台

张謇在参与朝鲜事务的军政评论，已知的有《代夏学政沥陈时事疏》和《代吴长庆拟呈中俄战局疏》两篇惕俄之作。其中卓识很多，如辩证"国势"，他说："立国之势，不外强与弱。强则宜并力申国威，而不当参和戎之蚀说；弱则宜无事安民命，而不当为洋务之空谈。"① 二如关于战和关系时指出："中外交哄，不过战和两策。和取目前之无事，而战为全局之通筹。以和为和，是摆战之论发于我，而彼强我弱；以战为和，使愿和之请出于彼，则彼绌我伸。此在稍识时

---

① 张謇研究中心、南通市图书馆编《张謇全集》第一卷，江苏古籍出版社，1994年，页1。

务者，即能辩之。"① 关于忧患意识的认定与举措，张謇则明白无误地指出："中国大患不在外患之纷乘，而在自强之无实。即如今日诸夷逼处，环视眈眈，恫赫要求，累岁相望。其宜战而不宜和，无智愚皆知之。"②

张謇秉承上述宗旨而参与了敉平壬午兵变，军事上的节节胜利，张謇在《日记》中就有摘录，从光绪八年六月二十四日（1882 年 8 月 7 日）记有"丁雨亭（丁汝昌）军门来，说高丽日本斗衅事"，至八月十五日（1882 年 9 月 26 日）"抵烟台"返国，中间还插记了与金允植舟中笔谈、日本公使花房义质进见国王以七件事为请和与严世安笔谈，其进程可谓强述无遗。

可是关于韩战战情的分析及其英鉴政论，张謇留传下来的文献只有《代吴长庆拟致张树声函》七件、《谢还朝鲜王酒具函》，以及二十九年后的《为东三省事复韩国钧函》中有所涉及而已。不过其日记中提及韩战相关的文献还有：奏草《陈援朝鲜事宜》、《谕朝鲜檄》、《定戡乱策》、《朝鲜善后六策稿》、《壬午东征事略》、《规复琉球策》（有"前策"与"后策"之别）。

敉平壬午兵变（张謇称之为"韩战"）所形成的文件中，唯有《朝鲜善后六策》（以下简称《六策》）他始终耿耿于怀。《六策》使他看清了当时的国内外形势，认清了当时周边的人物，也凸显了一位政治家应有的性格与素质。因此，《六策》成为后来的中外学者探讨、求证的话题也就顺理成章。人们的一致观点是《六策》确有其事，但只述四而不及六。

二、张謇本人对《六策》的陈述

在光绪八年八月十八日、三十日，九月一日、二十三日的日记中，张謇四次提及《六策》。在韩战后的第二年（光绪十年）的十一月，张謇紧

---

① 张謇研究中心、南通市图书馆编《张謇全集》第一卷，页 11。
② 张謇研究中心、南通市图书馆编《张謇全集》第一卷，页 1。

挨着连发三函：在《为韩乱事致驻防吴提督孝亭函》中提及"謇所作《朝鲜善后六策》"；在《为韩乱事致韩参判金允直函》中虽未提及《六策》，但都暗示了正由于《六策》未行而带来了"甲申政变"的致函主旨；在《论出处及韩乱事致袁子九观察函》中，张謇则道出了《六策》出台原委及其真正的矛头指向。首先，函中先后提示"朝鲜必不可为""朝鲜之终必不可有为"，这是张謇对敉平壬午兵变后朝鲜国内形势最具战术眼光的概括。通俗地说，形势严峻，必须有所作为予以改变。《六策》中朝鲜部分的四策，张謇早就胸有成竹。其次，韩战是靖乱还是"惕日销萌"，张謇是洞若观火的，函中说："仅曰靖乱，乱党奚能为？一武将率三数百人，足制其死命矣，安用纷纷？"① 他的矛头指向点明是："日之借端干预，显然有迹，而曲直自在。可不待其有词，而据义诘责，益赖经营防卫以持其后，则建威销萌，巩固本根之计也。"② 由此可见，《六策》中的对日之策，张謇认为是朝鲜善巩固本根之所在。

三、《六策》内容及廓清

后来的中外学者，一般都是列举了有关朝鲜部分的前四策，后二策阙如，也没有深究其所以然。事实上张謇的杰出军政论文《六策》之所以湮没，还得从"推原祸始"说起。吴长庆率师入朝定乱，时值李鸿章丁忧在籍守制，由张树声署理直隶总督。当年从六月二十九日（8月12日）至七月二十五日（9月7日），在短短的26天里，张謇代吴长清拟致张树声七函中，除一、三、四函外，其余四函提及李鸿章（傅相）就有八处之多。有问他"是否即行出山（指复职）"，"应罡抵津时，傅相度亦莅至"，"处置"如何？有日本"若果狡焉思逞"，"要之决计用战"，长庆"特恐如臂上鹰纵之仍维之耳"，"傅相议若何"③。到七月二十五日（9月7日），张謇"始知其（雨亭）同傅相北来"，自此，

---

①② 张謇研究中心、南通市图书馆编《张謇全集》第一卷，页17。

③ 张謇研究中心、南通市图书馆编《张謇全集》第一卷，页5—9。

朝鲜事务又在李鸿章直接掌控之下,《六策》的下场也就不言而喻了。

《六策》内容的廓清,是张謇在事过二十多年的宣统三年二月二十三日(1911 年 3 月 23 日)在《为东三省事复韩国钧函》中"怃然咏叹"地披露的。函中说:"方壬午、癸未之间,下走参与吴武壮公援护朝鲜,即上书直督,请达政府:于朝鲜则有'援汉元菟、乐浪郡例,废为郡县;援周例置监国;或置重兵守其海口,而改革其内政;或令自改而为练新军,联我东三省为一气'。于日本则'三道出师,规复流虬'①。显然,《六策》包括"于朝鲜""于日本"两部分,函中所述与张謇日记中所记是吻合的,特别是光绪八年九月六日(1882 年 10 月 17 日)有这样一段记载:"拟《规复琉球策》。前策八月十九日(9 月 30 日)作,此时日款未定也,后策客天津作。"② 至此可以证明,《六策》的朝鲜四策,与日本前后策,不仅正合六策之数,而且也揭示了张謇对朝鲜善后的当前战术措施和对日建威销萌的战略谋划。张謇的这一思想数十年后仍然如此执著,可钦。其实,张謇的惕日早已铭刻在心。光绪二十年六月十日(原署光绪十一年乙酉,误)的《代某公条陈朝鲜疏》(本文作者按:疑即《日记》所记"为萧小虞拟的《条陈东事疏》"。翌日,"诣意园",题注:"某公指盛昱",可信)中说:"窃惟国家盛京、吉林,皆以朝鲜为屏障……是以中国以朝鲜为外户,朝鲜亦以中国为长城。当此积孱极弱之后,固不可一日而无中国防护之兵……觊觎之者,无过俄罗斯、日本二国……(日本)既攘中国之流虬为己有;得陇望蜀,益思图我朝鲜……专破朝鲜臣服中国之说,因以夺中国保护朝鲜之权……大权一失,实祸随之。"③

《为东三省事复韩国钧函》中,张謇先述《六策》打入冷宫的情由:"时张靖达公回粤,李复督直,嗤为多事,搁置不议;乃自宛转于京朝大官。大官中独吴县潘文勤公、常熟翁相国称善;宝竹坡侍郎曾采

---

① 张謇研究中心、南通市图书馆编《张謇全集》第一卷,页 204。
② 张謇研究中心、南通市图书馆编《张謇全集》第六卷,页 207。
③ 张謇研究中心、南通市图书馆编《张謇全集》第一卷,页 22。

以入告。孝钦询政府；政府奉教于李，亦斥之。"① 函中继则陈述《六策》不行所带来的恶果并对李予以申斥："使当时立非昏耄骄盈者，即不规复流球，而于中朝创业大计，稍稍措意，于朝鲜行我之第三、四策，而因以经营东三省；安有日俄之争？安有立韩、复韩之事？安有东三省今日之危？屈指是说，今之后生，固无知者，即当时士大夫知之者曾有几人？天下后世，谁复知亡东三省罪在李鸿章乎？今言之亦无益，然下走固不能不痛心切齿于亡国之庸奴也。"②

四、《六策》于日本二策的探索

曾有不少学者论述过朝鲜四策，本文在上面也作了析述、论证。至于日本二策，人们仅在《为东三省事复韩国钧函》中得"三道出师，规复琉虬"寥寥八字的提示，更无论学者们的评述了。而张謇自言曾分前后策撰就。鉴于此，我们拟推演如下。

（一）《六策》于日本二策战略目标理性认知及可行性

张謇的对日战略目标，用他自己的话概括，即"建威销萌"才是巩固本根之计。铁的事实是，壬午兵变就因日本斗衅而起；琉球即攘为己有，"得陇望蜀，益思图我朝鲜。其君臣上下，处心积虑，益非一年。凡见于中外新闻报纸者，人人知之。"③ 同时，在敉平壬午兵变中，曾与之对垒较劲过的张謇，对日本色厉内荏现状还是有所洞察的。正如他在光绪八年八月三日（1911 年 9 月 24 日）的日记中所记的那样："日使花房义质谒延陵。日兵甚弱，行不成列，吾甚惜朝人以五十万元款之为失计也。"④ 张謇对日战略目标，还追求敲山震虎，并切断帝国主义国家连锁侵略中国的怪圈效应。他说："流虬去而安

---

①② 张謇研究中心、南通市图书馆编《张謇全集》第一卷，页 205。
③ 张謇研究中心、南通市图书馆编《张謇全集》第一卷，页 22—23。
④ 张謇研究中心、南通市图书馆编《张謇全集》第六卷，页 204。

南随之；安南去而暹罗、缅甸随之，此已事之鉴也。"如果中国对朝鲜宗主的大权一失，"眈眈虎视者，不止一日本，而未尝不以日本要求得失为动静，日本得则各国皆动矣；日本失则各国家皆静矣。"①

更为严重的后果亦将接踵而至，那就是"朝鲜若复为日人所有，英俄之起而争西藏，可立而待。且渤海、天山堂奥尽露，京师能高枕而卧乎？"②由此可见，张謇的《朝鲜善后六策》是经过深思熟虑的治国祛敌的良策，是解厄今日而又未雨绸缪的两全良策。可是，昏耄骄盈的李鸿章嗤为多事，搁置不议，复更予以斥责而葬送之，致使张謇抱憾、愤慨久久。

（二）《六策》主旨撷拾剖实

中国与朝鲜唇齿相依，利害相因，朝鲜一失，中国东出门户洞开，张謇为巩固中国对朝鲜宗主大权，行釜底抽薪之策以绝后患，才在《六策》中加入"规复流虬"这一杀手铜。

流虬，古国名，即今琉球群岛，地处我国台湾岛东北，日本国南面海上。隋大业元年（605）以来，即与我国频频往来。据《明史·琉球传》记载，自永乐元年（1403）来贡，历宣德、嘉靖、万历各朝不断。天启三年（1623）琉球主尚宁卒，世子尚澧遣使请贡请封，"六年再贡，是时中国多事……故封典久稽"。

《清朝续文献通考》卷三百三十一《四裔一琉球》中记载，琉球在日本萨峒马之南，东洋小国也；又说，自前明以来，世为中国藩，我朝覆育有加。自嘉庆四年（1799）、十二年（1807）、十七年（1812），王位更递，均遣使敕封以继统。同治五年（1866），清政府再次敕封尚泰为琉球国王。日本自明治维新以来，即有并吞琉球的野心。同治十年（1871），日本国内废藩立县，竟悍然将琉球置于鹿儿岛管辖之下，并促尚泰入京。翌年，尚泰入京，遂夷其地，封为藩王，列入华族，寻卒于日本。光绪三年（1877），日本阻琉球入贡遣来使归国；国小无援，

①② 张謇研究中心、南通市图书馆编《张謇全集》第一卷，页23。

遂于光绪五年(1879)，遭灭于日本而覆祀。

《五洲地理志》记载，琉球面积 8377 方里，人口 400889，由 55
个大小岛屿组成，在东北者曰冲绳岛，在西南者曰八重山群岛，其最
大者曰冲绳岛。《清朝续文献通考》也记载，琉球为周环三十六岛组
成，皆海中拳石，其国都之岛较大，南北四百余里，东西不足百里。
由此可见，琉球是由东北方位的冲绳群岛、西南方位的八重山群岛以
及中央方位的国都冲绳岛所组成，这正符合张謇所称的"三道"之
数，三路齐头并进规复琉球，虽不能预言稳操胜券，如此布阵，则可
增加获胜概率，符合军事袭击要求，胜利是可以期待的。可是良策被
扼杀于摇篮之中，致使日本没有经受遏制而变本加厉，实施其极其血
腥、穷兵黩武的侵略步骤，不仅使朝鲜殖民地化，而且跨过鸭绿江，
将罪恶的魔爪指向中国的东三省，以致张謇在二三十年后，仍然对自
己的《朝鲜善后六策》未能付之实施而义愤填膺，斥责于日本既不规复
琉球，于朝鲜又不行其第三、四策而导致三个"安有"之危接踵而
至。[1] 至此，我们不禁于扼腕之余而有联想焉。假如《六策》得以全面
实施，中国近代百年的屈辱史，说不定早已止于敉平朝鲜壬午兵变后
的公元 1882 年。显然，上述联想并不能改变其后血染的史实，但是，
张謇亲历其境，不仅对敌我双方经过缜密的观察、分析，并提出了既
能袪灾治平于当时，又能防患于未然的良策，以供当局采择，这绝非
一般晓晓于口、哗众取宠者所能作为，也非不能同仇敌忾、精诚卫
国、大无畏的政治家所能作为。

原载于《张謇与近代中国社会——第四届张謇国际
学术研讨会论文集》，南京大学出版社，2007 年
作者单位：南京大学张謇研究中心

---

[1] 张謇研究中心、南通市图书馆编《张謇全集》第一卷，页 205。

张謇《代某公条陈朝鲜事宜疏》考析

戚其章

《代某公条陈朝鲜事宜疏》是有关张謇的一件重要史料。张謇关心国事，留意国际形势，又在朝鲜有一段亲身经历，故对朝鲜的前途极为忧虑。《代某公条陈朝鲜事宜疏》便反映了他对朝鲜问题的基本认识和主张，并提出了相应的对策，值得重视和研究。

一、《代某公条陈朝鲜事宜疏》的写作时间问题

《代某公条陈朝鲜事宜疏》作于何时？此疏见张怡祖编《张季子九录》之《政闻录》卷一，题下注曰："清光绪十一年乙酉。"谓作于是年也。查《啬翁自订年谱》卷上记光绪十一年（1885）事：四月，移寓内城，初识宗室盛昱伯熙，与为友。六月，"与伯熙谈朝鲜之危，不亟图存，必为人有，因以前策示之"。十月，"星乱如织，连三夜，为伯熙拟朝鲜事"。所谓"前策"，乃指张謇于光绪八年八月所上《朝鲜善后六策》，当无问题。所谓"拟朝鲜事"一似即为盛昱作《代某公条陈朝鲜事宜疏》者，而细加考察，窃有疑焉。

《政闻录》卷一诸篇之系年，确有误记者，如《代吴武壮公拟陈中日战局疏》即是。是疏题下注明"清光绪八年壬午"，张守常先生于十余年前撰《张謇代吴长庆拟疏论中俄和战形势》一文明证其非，指出："是盖光绪五、六年（1879—1880）间中俄伊犁交涉紧张，议和议战，纷纷上陈时所作，非论所谓'中日战局'者。"并考订"此疏作于光绪六年五月间"①。可见，此疏不仅题下所注时间有误，而且所拟之

---

① 《东岳论丛》1982 年第 5 期。

题与文不符，将题内之"中俄战局"误笔为"中日战局"了。

同样，细读《代某公条陈朝鲜事宜疏》，也不能使人对题下所注时间信之无疑。试看疏文所论以下数事：其一，《疏》称："今闻日本忽以重兵胁制该国王，令立向来不属中国之约，恃强犯顺，情事显然。"[1] 这里提出了两个问题：一是日本忽发"重兵"入朝，一是以武力胁制朝王"立向来不属中国之约"。按：日本取得在朝鲜的驻兵权是始于光绪八年(1882)朝日签订的《济物浦条约》，其第五款规定："日本公使馆置兵员若干备警事；设置修缮兵营，朝鲜国任之。若朝鲜国兵民守律一年之后，日本公使视作不要警备，不妨撤兵。"这是日本的军事力量第一次扩张到大陆，然只限于警卫使馆，人数不可能太多，故不能称之为"重兵"。何况根据光绪十一年(1885)四月中日签订的《天津条约》，其第一款"议定中国撤驻扎朝鲜之兵，日本国撤在朝鲜护卫使馆之兵弁，自画押盖印之日起，以四个月为期，限内各行尽数撤回"，日本已于7月照会朝鲜政府"撤回护卫兵"，此后在长达九年的时间内日本无一兵一卒留于朝鲜，哪里有什么"重兵"呢？当然也不可能有日本以"重兵"胁制朝王"立向来不属中国之约"之事了。

其二，《疏》称："流虬去而安南随之，安南去而暹逻、缅甸随之，此已事之鉴也。"按："安南去"是指1885年6月签订的《中法和约》，从此法国取得了对越南的保护权。"缅甸随之"则是指光绪十二年(1886)六月签订的《中英缅甸条款》，其中第二款规定"中国允英国在缅甸现时所秉一切政权，均听其便"，即承认英国对缅甸的吞并。若此疏拟于光绪十一年，怎么能以肯定的语气论断翌年将要发生的事呢？

其三，《疏》称："就目前形势而论，既分大队援护朝鲜，不知内地防军兵力足支与否。"按：根据光绪十一年三月签订的中日《天津条约》，中国军队于六月全数撤回旅顺，何来十月"分大队援护朝鲜"

---

① 张怡祖编《张季子九录·政闻录》卷一，文海出版社，1983年，页15。

之说?

有以上三疑,足以说明,此疏题下所注时间确有问题。因为将疏文的主要内容与光绪十一年(1885)的史实相对照,是绝对吻合不起来的。

那么,此疏究竟作于何时呢? 全面地分析疏文的内容,不难看出,此疏必作于光绪二十年(1894)六月以后。

首先,日本派"重兵"赴朝虽是年五月间事,而胁制朝王"令立向来不属中国之约"却在六月的中下旬。先是在六月十八日,日本驻朝公使致二照会于朝鲜外署:一为指斥中国派兵照会有"我朝保护属邦旧例"之语及聂士成告示有"我中朝爱恤属国""保护藩属"等语,要求朝鲜政府"函令清军退出境外";一为要求朝鲜政府废除所有与中国订立的章程。到六月二十一日清晨,大鸟一面下令占领朝鲜王宫,一面借口对朝鲜政府的答复不满意,发出最后通牒:"再不与以满足之答复,则为保护我权利起见,势非出于用兵不可。"① 可见,疏文所称"日本忽以重兵胁制该国王,令立向来不属中国之约",即强迫取消中朝间的宗属关系,应为光绪二十年六月二十一日之事。

其次,据疏文称,日本"知中国保护朝鲜,毅然必出于战,难保不分兵突犯南洋各口……设日船阑入,急击勿失,若我兵一路得手,日本在朝鲜之兵亦必无坚志矣",又谓"今日本野心日张,无理日甚,彼方以中国为其演试军事之地"。指明拟疏时日本已挑起了战争。"中国保护朝鲜"一句,是指清廷派四大军驰援朝鲜。然从何路进兵,则清廷内部意见颇为纷纭。因当时传闻平壤已为日据,故张謇于六月十九日致书翁同龢,建议"据江口而攻平壤"。"江口"者,大同江口也。而李鸿章请旨令援朝大军由平壤北路进发。对此,张謇十分不满,于七月初三日致书翁同龢称:"不由大同江进,此为定计决战后一大错。"正是在这种情况下,他又献"别选奇兵,驰出间道"之计。《疏》云:"统率十余营,由间道前往,规平壤为后路","南拊王京之

_____

① 《日本外交文书》卷二七,日本国际联合会,1953年,第 422 号,附件三。

背，北控元山"。此意在七月初三日致翁同龢密信中也有所反映，如称"占据平壤部分后路"，"大战而据汉京"，对元山津"分三数营用西洋活炮台法并水雷旱雷持守之"①。适在此时，黑龙江将军依克唐阿也提出"暗出奇兵"之计，一似遥相呼应者，可知到七月初，认为此计之宜行，在一些主战派官员中已有共识。据此，拟此疏的时间便不难推定了。

复次，疏文一面称"无恤小挫"，一面称"无轻许和"，盖二者实相辅相成也。疏中强调"无轻许和"，并非无的放矢，而是有针对性的。当时，在清廷内部和战分野已开始明朗。李鸿章的亲信幕僚吴汝纶在一封信中透露："倭事初起，廷议决欲一战，李相一意主和，中外判若水火之不相容。"② 为此，李鸿章遭到包括张謇在内的许多主战官员的抨击。故张謇在所拟疏中警告当局说："若遇事轻许，自取损失，彼力有什佰于日本者，迭起效尤，何以应之？"后来形势的发展，完全证实了张謇的推断是正确的。

由上述可知，此疏必定是作于光绪二十年（1894）七月初，但也不会晚于七月初四日。因为疏中提出"北控元山"，正与其七月初三日密信中守元山之说相应，而七月初四日密信又取消此说，称："顷得天津局刻朝鲜图证之，元山只陆路通平壤，约三百五十里，至汉京五百七八十里，此不足虑其分掣，可不必分兵防守。"③ 因此，将拟疏的时间定在七月初三日，是比较恰当的。

二、张謇对朝鲜局势的认识和对策

到 19 世纪末叶，朝鲜成为英、俄等西方列强争夺的焦点。与此同时，日本也加速了侵略朝鲜的步伐。对此，张謇有着清醒的认识。

---

　　① 张謇《张謇致翁同龢密信》，戚其章主编《中日战争》（中国近代史资料丛刊续编）卷六，中华书局，1993 年，页 448、453—454。

　　② 徐寿凯、施培毅校点《吴汝纶尺牍》，黄山书社，1990 年，页 71。

　　③ 张謇《张謇致翁同龢密信》，《中日战争》卷六，页 455。

他认为，在这些侵略者中，以俄、日两国对朝鲜的威胁最大。《代某公条陈朝鲜事宜疏》指出："觊觎之者，无过于俄罗斯、日本二国。"而对于俄、日两国来说，又不可等量齐观。日本的侵略野心已经急不可待，成为伺机侵略朝鲜的急先锋，具有特别的危险性。故又称："俄之据库页岛，经营珲春，侵该国之图们江，而招致其民人十余年矣。日本力不逮俄，而较俄为近，既攘中国之流虬为己有，得陇望蜀，益思图我朝鲜，其君臣上下处心积虑，亦非一年。凡见于中外新闻报纸者，人人知之。惟其有必图之心，而又迫于俄人相乘之势，是以绝不度量，动辄先发其意，专破朝鲜臣服中国之说，因以夺中国保护朝鲜之权。"他的这一分析，是确有见地的。

在张謇看来，能否维持中国保护朝鲜的宗主权，是解决朝鲜问题的关键。否则，宗主权一失，大局将不堪设想，不仅朝鲜会被日人所据，而且中国必将面临列强的蚕食鲸吞，很难自立了。他尖锐地指出："夫使权之所在，徒以为名，如流虬、安南、暹逻、缅甸之类，犹可说也。朝鲜与中国唇齿相依，利害相因，大权一失，实祸随之。况眈眈虎视者，不止一日本，而未尝不以日本要求之得失为动静：日本得，则各国皆动矣；日本失，则各国皆静矣。流虬去而安南随之，安南去而暹逻、缅甸随之，此已事之鉴也。朝鲜若复为日人所有，英俄之起而争西藏，可立而待。且渤海、天山堂奥尽露，京师能高枕而卧乎？"当然，这些分析流露了张謇的浓厚的"上国"思想，但历史地看，他的主要目的是针对日本的侵略企图，是无可厚非的。后来历史的发展完全证实了他的估计是正确的。他的话不幸而言中了。

那么，怎样才能走出这种历史的困境呢？张謇的答案是：惟有自强而已。他认为："中国大患不在外侮之纷乘，而在自强之无实。"[1] 只有自强而有实，才是真正的自强。对朝鲜来说，也应如此。早在光绪八年，他就建议在朝鲜推行改革，"修政练兵，兴利备患"，

---

① 张怡祖编《张季子九录·政闻录》卷一，页1。

以摆脱"政敝民穷""兵单"[1] 的落后处境。他在此时所上的《朝鲜善后六策》，虽然以维护中朝之间的藩属关系为前提，但却以推行"修政练兵"的改革为根本措施。如其第三策称："或置重兵，守其海口，而改革其内政。"第四策称："或令其自改，而为练新军，联合我东三省为一气。"但他的建议并不为当轴所重视，"嗤为多事，搁置不议"。应该说，张謇的《朝鲜善后六策》是包含着某些积极内容的。

针对日本业已在朝鲜挑起战争并"恃强犯顺"的现实，张謇在《代某公条陈朝鲜事宜疏》中提出了八项对策，其第一项是："速申旧约，布告各国，以定藩服之名。"此策在八项对策中居于纲的地位。他认为："查朝鲜纳土归降，在我朝崇德二年，载在盟府。即光绪八年许朝鲜与各国立约，亦尚有认明朝鲜系中国属国之说。"此说对某些列强来说，也是认同的。如英国即是如此。它在六月间试图促成中日谈判时，就劝说日本不提"宗主权"问题，"要把中国在朝鲜的特殊地位作为谈判的先决条件"；同时还反对日本关于"朝鲜独立"的提法，而坚决主张改为日本与"中国共同保证朝鲜领土完整"的提法[2]。可见，当时日本以重兵胁制朝王"令立向来不属中国之约"，完全是作为挑起战端的借口，而绝不是像它口头上说的要朝鲜独立。既然如此，清政府拒不同意与日本谈判"宗主权"问题，是具有一定的历史合理性的。所以，张謇才在此疏中理直气壮地提出："应请布告各国，以见彼此曲直之所在。并请声明日本即有暗中胁制该国王占据其地之事，中国亦定须索回。而必请从速宣布者，所以塞日本诿为不知之口也。"这与他于六月二十六日致翁同龢密信"即日声明倭人不导约章知照派兵，不遵公法，布告各国绝其交，撤回中使，谢绝倭使"[3] 建议的精神是完全一致的。

---

① 张怡祖编《张季子九录·政闻录》卷一，页 20。

② *British Documents on Foreign Affairs—Reports and Papers from the Foreign Office Confidential Print*. Part Ⅰ, Series E, Vol. 4. *Sino—Japanese War*, 1894. Bethesda University Publications of America, 1989, pp. 35-36.

③ 张謇《张謇致翁同龢密信》，《中日战争》卷六，页 451。

　　张謇既认为对付侵略者必须有实力，故其"八策"第二策以下谈的都是如何加强战备的问题。兹举例以说明之。

　　第二策称："请起用宿将，分别统兵，以壮先事之备。"所开列的"宿将"，除湘军刘锦棠和淮军刘铭传、王孝祺外，还有非湘、淮系的冯子材和刘永福。这体现了张謇湘淮并用、不独用淮军的思想。他在致翁同龢密信中多次表露这种观点，如说："闻已起用刘铭传，似宜并用刘锦棠，以剂湘淮之平。"又说："……亦不当尽付淮军也。湘刘募军必易，若得湘兵北来，亦可稍分淮势，而不起之何也？"① 但刘锦棠以病重而未能命驾北上，不久就病故了。虽然如此，清廷后来还是调了大批湘军出关作战，这不能不说是张謇关于湘淮并用的建议所起的作用。至于湘、淮系以外的宿将，他特别看重刘永福，在疏中称其"曾于关外著有战绩"，"尤为外人所重"。在致翁同龢密信中也说："西人颇震刘永福之威名，官则总兵，大可用也。"当时，刘永福也确实自请率部北上抗敌，但为李鸿章所拒绝。于是，张謇又建议令其"将所部先驻台湾，名为防台，相机东渡"②。

　　第三策称："请简调海军，参置前敌，以收练胆之益。"何谓"参置前敌"？张謇在致翁同龢密信中作了解说："今为可进可退亦战亦守之活着计，中国可战铁船约二十余艘，约四分队，每队五六船，各以经事提镇统之，密授方略，时时游弋于中国、朝鲜、日本之间，忽东忽西，忽南忽北，使彼牵掣顾忌，不敢分兵扰我边海，则我之南北洋海防，但就本有营垒，严饬将士，谨候望备战守而已。而我之兵船规利图便，遇有可乘之机，飙驰前进，或毁其船厂，或沉其战船，此则声势相援、虚实迭用之道，而亦海军练胆、海防固围之要施。"③ 就是说，海军在护运兵船之外，还要配合陆军和扰袭敌人，重在采取机动灵活的战术。

---

① 张謇《张謇致翁同龢密信》，《中日战争》卷六，页447、451。
② 张謇《张謇致翁同龢密信》，《中日战争》卷六，页446、449。
③ 张謇《张謇致翁同龢密信》，《中日战争》卷六，页447。

　　第七策称:"请断自宸衷,无恤小挫,以坚将士之志。"张謇认为,战争不在于一时一地之得失胜败。"败固军家所不讳言",重要的问题在于能够"坚持一力图自强之心",即"上有必战之心,将心益坚,士气百倍",必可"因败为功"。根据他的分析,"以天理、国势、人力论之,中国固有致胜之道,而兵事万变,一彼一此之间、利钝难必"。这便决定了此次战争的长期性和持久性。正由于此,他特别强调"坚持"二字,不仅在疏中强调,而且致书翁同龢陈述"坚持"的好处:"此时除却坚持绝无他法,坚持则可以懈敌人之气而窥其瑕,坚持则可以保京津之局而观其变。"他最担心的是朝廷经不住几次败仗的考验而丧失信心,故寄希望于通过翁同龢的进谏,以坚定最高统治者的抗敌意志,因此在密信中写道:"今日之事,安得所谓先为不可胜以待可胜,正当先为可败以求不败耳。必须宫廷深明此意,乃为根本之要。"①

　　通过以上对策与其甲午战争爆发之初所写的"密信"的对比分析,可以看出,二者不仅内容相同,而且在观点上也是完全一致的。由此更可进一步证明,此策作于光绪二十年(1894)的推断是正确的。

三、张謇的和战观与"以战为和"方针

　　张謇在《代某公条陈朝鲜事宜疏》第八策中建议采取"以战为和"的方针,并把这一方针提到了战略的高度来认识,指出:"以战为和者,千古中外不易之长策。"这是应该注意和研究的。

　　张謇的"以战为和"思想不是始自此时,而是形成于十余年前,不过到此时更趋于成熟罢了。在他看来,战与和是一对矛盾。他说:"自来中外交哄,不过战和两策。"战与和,二者是既对立又统一的,在一定的条件下可以相互转化。因此,他认为,当权者在外敌入侵的

---

　　①　张謇《张謇致翁同龢密信》,《中日战争》卷六,页454、456、457。

战争中不仅要"善战"，而且也要"善和"①。

　　根据张謇的分析，有两种和法：一是"以和为和"，一是"以战为和"。他指出："和取目前之无事，而战为全局之通筹。以和为和，是罢战之论发于我，而彼强我弱；以战为和，使愿和之请出于彼，则彼绌我伸。"② 由于和法不同，所引出的结果自然因之而异了。所以，张謇认为，不是有战无和，而是要战和相济；立足于战，才可言和。多年以来，他反复地说明这个道理，如说"国家可百年无事，不可一日忘战"；"自来中外论兵，战和相济，西洋各国惟无一日不存必战之心，故无一人敢败已和之局"；等等。一句话，就是要"以战定和"③。他在此疏之最后强调："时时存必战之心，事事图能战之实，自然有可和之时机，无轻和之后悔。"在致翁同龢信中也特别指出："必能战而后能和。"④ 都是讲的这个道理。相反，一厢情愿的"以和为和"，既不立足于战，又不看可和之时机，便只能是"轻和"，甚至"败和"。这样，势必引起严重的后果，予列强以"窥伺之隙"，"迭起效尤"，国将不国了。揆诸事实，无不验之。

　　总之，《代某公条陈朝鲜事宜疏》是有关张謇的一篇重要文献，考订其确切的写作年代后，才能切实了解其写作意图和真实思想。

原载于《近代史研究》1996 年第 1 期
作者单位：山东社会科学院

---

①　张怡祖编《张季子九录·政闻录》卷一，页 5、24。
②　张怡祖编《张季子九录·政闻录》卷一，页 5—6。
③　张怡祖编《张季子九录·政闻录》卷一，页 3、4、24。
④　张謇《张謇致翁同龢密信》，《中日战争》卷六，页 446。

张謇与日本

张謇与中日甲午战争

谢俊美

　　1895 年 4 月（清光绪二十年三月），清政府在北京举行三年一度的会试。在这次会试中，张謇一甲一名，状元及第。授修撰，供职翰林院。张謇在京供职未久，便发生了中日甲午战争。甲午战争一爆发，他立即投入反侵略的主战活动。同年 10 月，他因父亲去世，回籍丁忧。张謇参加反侵略战争的主战活动时间虽然不长，但影响较大。本文就此作一论述。

一、随吴军入朝和对日本侵略野心的认识

　　张謇对朝鲜的关注和对日本侵略野心的认识早在甲午战前的 1882 年就已开始了。是年 7 月（光绪八年六月），朝鲜发生壬午兵变①。兵变发生后、署直隶总督兼北洋大臣张树声遵旨立即派遣驻防登州（今山东蓬莱）清军统领吴长庆率所部淮军六营三千人，在北洋海军的护送下，前往朝鲜平定叛乱。其时，张謇正在吴营"佐幕"，也随军东渡，"并颇多赞划"②。8 月 25 日，叛乱平定，朝鲜秩序恢复。

　　壬午兵变后，日本在朝鲜侵略势力的进一步扩张引起了张謇的严重不安。在张謇看来，凭借中国驻朝兵力，朝鲜暂可相安无事，但终非长久之计，日后必遭日本侵略。"日本定要逐步地把朝鲜脱离中国，

---

　　① 壬午兵变以朝鲜旧军对新军（由日本训练的别枝军）的矛盾为导火线，表现出明显的反日色彩，但其中又交织着开化党与保守党的政见之争，因不属本文论述范围，故不赘述。

　　② 刘厚生《张謇传记》，上海书店，1985 年，页 17。

收并到日本的版图以内。"① 而朝鲜为中国的邻邦，朝鲜若被日本侵略，中国东北亦将不保。中国现在如果看不到这点，不及早从长计议，终将陷于被动。又有见于朝鲜内政的紊乱，闵妃与大院君争权暗潮，日本浪人的伺机煽动，而当时朝鲜统治集团中确也找不到一个中心人物，心中更为焦急。所以，就在兵变平定不久，他代吴长庆草拟了一份《朝鲜善后六策》，希望北洋大臣转奏朝廷，择采而行。《六策》全文已难寻觅，据张謇事后回忆，内容大致是："于朝鲜则有援汉玄菟、乐浪郡之例，废为郡县；或援周例，置盐国；或置重兵，守其海口，而改革其内政；或令其自改，而为练新军，联合我东三省为一气。"②

《六策》的主旨是防范日本对朝鲜和中国的侵略，这一点是显而易见的。在这里，张謇对于朝鲜的安危提出了四种方案。这四种方案既反映了张謇对朝鲜前途的担忧，又深深地打上了封建宗主政治的印痕。其第一、第二方案，实际上已不可能。当时，朝鲜同英、美等国订立的通商条约中明确规定朝鲜为自主国家，后来日本正是以此来向中国发难，企图把朝鲜一步一步攫取到自己手中。而在朝鲜内部也希望摆脱宗藩地位而求政治自主的倾向，这种倾向代表了近代变局刺激下的合理愿望。因此，张謇的这两个方案均有悖于朝鲜国情，是根本行不通的。其第三、第四方案，不无见地。如果当时清政府顺应世界潮流，大力推动朝鲜内政改革，加强中国东北的防务和治理，把中朝联为一气，也许正如张謇事后所说的那样，1905 年的日俄战争以及1910 年日本吞并朝鲜之类的事情就不会发生了。

《六策》写好后，吴长庆将它寄给张树声，希望张氏转奏朝廷，但张氏署任仅及百日，三个月后，李鸿章又重回本任。张氏在列册交代时，将张謇《六策》一并呈交李鸿章，不料李鸿章阅后，"直嗤为多

---

① 张孝若《南通张季直先生传记》，中华书局，1930 年，页 4。
② 张怡祖编《张季子九录・政闻录》卷一，文海出版社，1983 年。

事"，遂"搁置不议"①。

　　张謇见自己的政治主张不为李鸿章所采纳，"乃自宛转致于京朝大官"。都察院左都御史潘祖荫、工部尚书翁同龢平日忧国忧民，礼贤下士，与张謇又同为江苏大同乡，见到《六策》后，"咸以为善"。大学士宝鋆并"采以入告"（一说是侍郎宝廷），慈禧太后询诸军机处和总理衙门，奕䜣遂向李鸿章查问，李氏以"韩虽可虑，有俄在旁，日断不遽生心"作答，再次斥责张謇《六策》为"荒诞不经"，是"杞人忧天"②。

二、力主出兵朝鲜抗击日本侵略

　　1894 年 6 月，朝鲜发生东学党起义。清政府应朝鲜国王的请求，派兵入朝帮助镇压起义。日本趁机大肆增兵朝鲜，最终一手挑起侵略战争。甲午战争爆发后，张謇旗帜鲜明地支持光绪主战，并追随翁同龢等主战派领袖，积极投入反侵略斗争。

　　张謇是翁同龢的门生，师生二人早在光绪初年就相识了，并彼此建立了深厚的友情。这种友情随着彼此对国内外重大问题的看法一致而日益深厚。共同忧虑民族和国家的前途命运把他们紧紧地连结在一起。还在 6 月 4 日（五月初一日）东学党起义消息传到北京，张謇就意识到日本对此绝不会袖手旁观，肯定要插手，因而对朝鲜局势发展予以密切关注。6 月 7 日（五月初四日），他致函翁同龢，向翁同龢提出出兵朝鲜，分兵"扰日"，中止中日贸易等建议。信中说，望朝廷"明发谕旨，揭明从前琉球、安南不问之故为息事安民。今日本强图臣服我藩邦，不得不用兵。饬北洋驻威海援朝鲜。一面饬东南各省派兵船分道径薄日本，以台湾为后路；一面起用刘锦棠，募哥老会二、三十营，许其自新；布告天下各国，并将日人码头暂停生意"。信中

---

① 　张怡祖编《张季子九录·政闻录》卷一。
② 　谢俊美《翁同龢传》，中华书局，1994 年，页 389。

还保举章高元、蔡金章、杨歧珍、李光义、张光前等人才堪任用。当时，叶志超、聂士成已奉旨率军入朝，所以，在信中，他又指出"叶志超夸诞不足当大事"，认为"聂某尚有勇气"，又保抗法名将刘永福"将才可用"。信尾还建言"请发庆典款及内府款"充战费①。叶、聂率军入朝后，报载日军也大举入朝，人数远在中国军队之上。他见后寝食不安，认为"日志蓄谋已久"，局势远比壬午、甲申严重。他再次致函翁同龢，建言海军分队袭击日本船舰，由水陆两路增兵援朝。信中说："请中国可战铁船共二十余只，约分四队，每队五、六船游弋于中国、朝鲜、日本之间，遇便则或毁其船厂，或沉其战船。援朝鲜之兵应由水陆两路。叶志超牙山兵才二千五百，应添三、四千人，以商船运而以战船一队护之。陆路应调旅顺十营，由大同江进，以四营驻平壤为后路。六营径壁〔进逼〕汉城。其行营仍仿壬午之法，一营化两营，践更屯扎。计旅顺距大同江水程约一日，大同江口至平境百余里，平壤至汉城约三百里，所分十二营亦应更番前进。"在这封信中，张謇再次保举刘锦棠、蔡金章、杨歧珍、李先义、张光前，认为起用刘锦棠可"以济湘淮之平"，认为袁世凯汉城来电，所提建议"多可采"，并劝翁同龢"勤见士大夫"②，同主战派官僚多接触。但当时李鸿章并不主张，正挽请英、俄调停，幻想通过国际调停，劝止日本罢兵。而中国海陆军状况也令人担忧。翁同龢在给张謇的复函中说：海军"怯敌"，陆军"单极，疲极"，"海陆大进恐不易"，"倭此来不仅虚声也"。"昨日日以二十一舰扑威（海卫），远无所得，转向成山，又驰而东南，今早扑旅顺，入我堂奥。远则断鸭绿，窥渝关，近则逼津沽"，在在可虑。③　不过，他还是把张謇从水陆两路增援朝鲜等建议作为个人意见在军机会议上提出了，并获得了谕准。

　　6月16日，日本拒绝从朝鲜撤兵，抛出中日共同改革朝鲜内政

---

　　①② 　翁万戈辑藏《先高祖所遗手札文件》卷六，第15号：《倭事杂记》、《张季直书》第一至第七函。

　　③ 　杨立强等编《张謇存稿》附录，上海人民出版社，1987年，页671—673。

的方案，企图以此把中国拖进它早已预设的战争陷阱。与此同时，日本海军频频出没于渤海、黄海海面，寻机挑衅。张謇有鉴于此，于19日致函翁同龢，条陈有关海军作战及"规大军于平壤"，"扼守大同江口"等事宜。信中说：海军"游弋之船必有后路，南洋则台湾为最，厦门为辅，舟山次之。北洋则威海最便，烟台为辅，旅顺次之"。"此时大同江口宜据"，陆上则应驻"大军于平壤"。"东顾元山，以防俄；西顾大同江以犄角旅顺，北通凤凰城驿路，南拊王京之背。"又一次举荐将才，"称陈湜办事认真，陈宝箴久于行列，有气节"。再保刘永福，说"刘永福曾上书合肥，愿帅旧部径攻日本"，但"合肥不答"。因此，他建议"似应以刘永福将所部先渡台湾，相机东渡"。又建议"湘刘（锦棠）帮办南洋，淮刘（铭传）帮办北洋"①。据翁同龢日记记载，张謇这次还给他带去几份搜集到的有关战事的信息供翁氏参考。张氏已三次致函翁同龢，翁感到有必要与张氏见面。所以，这天晚上，张氏亲自前往翁宅，与翁氏作了一次"深谈"②。面谈中，张謇除请翁呈奏饬令沿海沿江各省办防外，应实行海上"米石禁运"。事后，翁同龢基本采纳了张謇的这些建议，在军机会议上陈言调刘永福驻防台湾，调杨歧珍为福建水师提督。关于江防，在给张謇的复函中说："江防极要，闻布置尚妥。"关于米石禁运一事因关系京师市面，未即实行③。

　　7月26日，日本海军在朝鲜半岛海面偷袭中国运兵船，不宣而战。丰岛海战的第二天，日军又向驻守牙山的清军发起进攻。叶、聂奉旨北移，为了避开日军，绕道朝鲜东海岸，沿山路而进，以致同国内消息中断，引起翁同龢等人严重不安："乐浪以东，步步荆棘，势难长驱，牙军殆矣，忧心如捣。元山，检地图不得，闷极。"张謇得知后，立即致函翁同龢。信中说："日本五船可用，余二十九舰皆名

---

　　①　翁万戈辑藏《先高祖所遗手札文件》卷六，第15号：《倭事杂记》、《张季直书》第一至第七函。
　　②　翁同龢《翁文恭公日记》卷三十二"六、七月"，台湾商务印书馆，1973年。
　　③　杨立强等编《张謇存稿》附录，页671—673。

巡海快船，无铁甲。"建言撤换海军提督丁汝昌，"丁须速拔去，武毅军江提督可代，或林泰曾、刘步蟾代，候补道谭文焕游历德、法，粗豪可用"，但"海军衙门总办恩佑不可用"。提醒翁同龢"台湾须更张"，加强防守。至于陆军亦应抓紧训练，"河南、安徽间背枪命中可练"。请翁同龢奏请光绪帝召见"瑞安"（指御史黄体芳）、"意园"（指内阁学士盛昱）、听取他们有关主战的意见①。并遣人给翁同龢送去两张珍藏多年的朝鲜地图。

自中日朝鲜争端交涉发生后，李鸿章一直采取轻军事、重外交的做法。丰岛海战后，英国借"高升"号被击沉一事，向日本提出严正抗议。英国的抗议，又一次燃起李鸿章的幻想，而军机大臣孙毓汶、徐用仪等也认为"事有转机"，与之呼应。张謇得知李、孙挽请英国调停后，因不明中枢意向，函向翁同龢"备询一切"，要翁同龢坚持己见，不为动摇。8月9日，张謇与丁立钧、王懿荣、屠仁守等人一起前往翁宅，与翁同龢"谈东事，激昂慷慨"。第二天，张謇又致函翁同龢："撤使封港，可立李昰应或韩王长兄李载冕。"认为汉城城垣高"不过二丈稍零，易攻"。清军应坚守平壤。又有见台湾邵友濂与唐景崧"彼此攻讦不已"，认为"唐可替邵"。朝廷应对李鸿章进行"薄罚"，速将丁汝昌"革职"；"重赏，严罚假"，再次主张"拨庆典款劳军"②。翁同龢基本上都采纳了张謇的上述意见，并作为奏议，获旨允准施行。对于张謇有关坚持主张的劝告，翁同龢表示感谢："'坚持'二字，敬铭之。"③

8月18日，张謇就战争形势又一次致函翁同龢，并谈了自己对李鸿章主和避战贻误战机的看法。信中说："卫汝贵军不服其上恐易溃"，"倭铁甲三艘乃（光绪）十八年后所购"，虽可虑，但北洋将领"林（泰曾）、刘（步蟾）熟水师事例可行"。关于和议，他说："法越一

---

①② 翁万戈辑藏《先高祖所遗手札文件》卷六，第 15 号：《倭事杂记》、《张季直书》第一至第七函。

③ 杨立强等编《张謇存稿》附录，页 671—673。

战即和，李约之成若宿搆者，此次宜坚忍，庶吃亏略少。"① 张謇的这一看法，得到了翁同龢的首肯。认为张謇此论"语皆透骨"，并函复张謇：沈曾植、丁立钧也有类似的看法："知此意者培(沈曾植，字子培)、衡(丁立钧，字叔衡)两君也。"②

　　9月15日，日军围攻平壤，左宝贵壮烈殉国。第二天，贪生怕死的叶志超下令弃守平壤，率军溃退境内。同一天，日本海军联合舰队袭击中国北洋舰队，造成我船四沉三伤。前敌的败北，李鸿章的误国，激起全国上下的愤懑。这时的舆论极为纷乱。部分官僚愤激之余，主张集中所有水师船只"直捣东京"，进行军事冒险，以决胜负。也有少数官僚认为翁同龢身为帝师，又列席军机，战局如此可虑，而不能有所挽救，颇有微词。张謇听到后，一并将这些意见函告翁同龢。信中还建言朝廷"宜电购穿板铁甲二艘，闻德厂有造成者，似一月可到。直捣之说，日人必闻之，此时姑作势，免其来扰我沿海"。并告知翁同龢，台湾巨商"林维源可令购铁甲一号驻台，谕以为国即保家"③。其实，这时翁同龢内心也很痛苦，虽说光绪亲政有年，但朝廷大政半皆太后主之，光绪帝并无实权。尤其令他愤慨的是西太后竟不顾残酷的战争，仍在颐和园内大办她的六旬万寿庆典活动。他心中早已"热火中烧"，"日来热病，头痛欲死，三昼夜粒米不入口，牙肿，咳嗽"④。在日记中写道："复张季直昨日书，此时清议大约责我不能博采群言，一扫时局，然非我所能及也。"⑤

　　平壤失陷后，日军重新集结，准备向中国发动大规模进攻。朝鲜与中国东北仅鸭绿、图们二江之隔，朝鲜失，东北将不保。9月22日，张謇与翁同龢深谈时局，"声泪俱下"。"陪都重地，陵寝所在，

　　①③　翁万戈辑藏《先高祖所遗手札文件》卷六，第15号：《倭事杂记》、《张季直书》第一至第七函。

　　②④　杨立强等编《张謇存稿》附录，页671—673。

　　⑤　翁同龢《翁文恭公日记》卷三十三，九月。

设有闪失，大局堪虞"。翁同龢也不由发出"耸人骨，吁！可怕也"的叹息。张謇向翁同龢提出了设粮台，调湘军，起用吴长庆旧部，调袁世凯、陈宝箴、李正荣等入京"备询"的建议。翁同龢在复函中说："所示磊磊大策，人谓虱其间者可赞一、二，不知非也。最后二条极是。""最后两条"即起用湘军、召见袁世凯来京，后来均成为事实①。

金州、旅顺为辽东半岛的门户，金、旅失，辽东半岛亦将不守。10月8日，张謇向翁同龢建议，可否调集南洋水师配合北洋海军，与陆军实行水陆夹击，抵御日军进攻。但因南洋海军马力吨位较小，"殆形虚设"，在实际上根本无法做到，没有被翁同龢采纳。

到10月初，清政府从各地调往关外的军队已多达80余营，这些军队互不统属，各自为阵，急需统帅指挥。"将不易，帅不易，何论其他?!"要取得对日作战胜利，必须选贤拔能，起用宿将。张謇与文廷式、国子监监正盛昱，司业沈曾植、内阁侍读学士志锐等建言起用刘坤一、吴大澂，督办军务。刘坤一，字岘庄，湖南新宁人，湘军宿将，平日沉毅果敢，以能战知名，时任两江总督兼南洋大臣。吴大澂，字清卿，号卿斋，江苏吴县（今苏州市）人，早年曾在吉林办理中俄分界事宜，对东北情形较为熟悉，时任湖南巡抚。10月13日，张謇、文廷式等一起看望病中的翁同龢，建言朝廷能起用刘、吴。翁同龢表示赞同。其时翁同龢也想以此把反侵略战争推向新的高潮。第二天，他在督办军务大臣会议上正式提出这一建议。虽然荣禄、刚毅等人曾对此"颇不谓然"，但最后还是被光绪帝所采纳。12月，刘坤一、吴大澂先后奉旨来京，分别被授为钦差督办山海关前敌军务大臣和帮办军务大臣。

张謇的上述主战意见和建议直接为光绪帝和军机处制订对日作战部署提供了参考。

---

① 杨立强等编《张謇存稿》附录，页671—673。

三、痛斥李鸿章主和避战，贻误军机

张謇在支持光绪帝主战，为争取反侵略战争胜利献计献策，积极奔走的同时，还对李鸿章对日妥协、主和避战，贻误军机进行大胆的揭露和抨击。平壤清军溃败消息传到京城，主战派官僚无不愤慨。10月4日，35名御史编检连衔陈奏，弹劾李鸿章误国无状，要求罢免。第二天，张謇也向光绪帝上了一道奏折，痛斥李鸿章对日一贯妥协，不仅误战，而且误和①。

在折中，张謇首先指出，李鸿章求和避战，对日妥协，由来已久，绝非始于今日。他说：李鸿章"自任北洋大臣以来，凡遇外洋侵侮中国之事，无不坚持和议"。他列举了1874年日本侵台和1884—1885年中法战争为证。日本侵台是日本侵略中国的第一步，这次事件完全是日本一手挑起的，但最后李鸿章竟挽请美国出面调停，答应日本提出的赔款等要求。因此，张謇说："综其前后心迹观之，则二十年来，败坏和局者，李鸿章一人而已。"

接着张謇在奏折中列举了李鸿章在中日朝鲜问题上的种种失误。他说：李鸿章的这些失误，有先事的，有临事的，有事外的，也有事中的。关于"先事"之误，他说：1882年（光绪八年）李鸿章令丁汝昌、马建忠前往朝鲜，与英、美、德、法等国立约，承认朝鲜为自主之国，目的希图利用各国"之嫉"、以钳制俄、日，消灭日本吞并朝鲜的野心。但在与日本所订条约中则"无此一语"。此后日本遂以此为口实，离间中朝，挑起事端。李鸿章这样做，实际上早将朝鲜"出卖和断送了"，朝鲜"不待日人亡之，而亡于李鸿章之心久矣"。

在折中，张謇还指出，早在壬午兵变平定后，吴长庆就以朝鲜政敝民穷，兵单地要，函请李鸿章及早作"未雨绸缪之计"，协助朝鲜"修政练兵，兴利备患"。但李鸿章怪其多事，斥其为非。继后，吴长

---

① 张怡祖编《张季子九录·政闻录》卷一。

庆疏请入朝自陈，也因李氏阻挠而不果。结果二年之后，又发生了日本一手制造的反华的"甲申事变"，张謇说：当时若非吴长庆三营之兵在朝"守揸其间，则今日之事，早见于十年以前"。更有甚者，1885年李鸿章与伊藤博文在天津会谈时，竟在条约中规定中日两国同时撤兵朝鲜，此后便将驻朝清军全部撤回，并罢免吴长庆所定教练朝鲜军队一事。李鸿章这样做，非但未能遏制日本对朝鲜的野心，保证朝鲜的和平，反而"益坚日必得朝鲜之志，长日轻量中国之心"。

关于"临事"之误，张謇指出：中日朝鲜争端问题发生之初，驻朝商务委员袁世凯曾数十次密电李鸿章，报告日本在朝鲜的新的侵略动向，但未能引起李鸿章的重视。张謇说，当时"日谋已发"，李鸿章完全可以依据中日天津会议专条有关条文，责问日本派兵"何不先行知照"，对日本采取先发制人，加以"征伐"，也不至于酿成今日这样被动挨打的局面。再，7月初，驻日公使汪凤藻也向李鸿章报告了日本增兵入朝的情况。其时侵朝日军为数有限，在朝布署"尚不甚密"，若李鸿章派叶、聂统率一二十营，就像当年吴长庆率军入朝时那样，以迅雷不及掩耳之势，"尽占先着"，"反客为主，亦尚不碍于和"，与日本进行和平谈判解决争端也不是不可能。但李鸿章骄蹇庸劣、根本不加考虑，以致造成今日之败局。

关于"事外"和"事中"之误，张謇指出：李鸿章坐镇北洋三十年，军务、洋务、外交集中一身，权倾中外。然而，自中日争端发生以来，其军事部署诸多乖谬，令人费解。7月，日军大举入朝，牙山清军已成孤危之势，日夕盼援。大同江距平壤不及二百里，距汉城四百余里，卫（汝贵）、马（玉崑）之军，自应由大同江入口，进驻平壤，合丰（升阿）、左（宝贵）两军，以期迅速分别援守，但李鸿章却故意令迁道九连城，多行七八百里，弃牙军于不顾，致"被日人攻蹙，并命一战，不复可支"。自此以后，"日兵益张，乃无就款之势"，中日议和之机完全丧失。

对于平壤战败，张謇认为李鸿章有不可推卸的责任。所统淮军卫汝贵、叶志超两部，纪律败坏，"及至平壤，纵兵淫掠"，人所怨恨。

左宝贵、马玉崑曾电禀盛宣怀，请其"转禀设法，以免误事"，但也未能引起李鸿章重视。当时平壤前军一万余人，四川提督宋庆自请当前敌，"畀以节制调度之权"，遭到李鸿章的拒绝。李鸿章极不愿将兵权交给自己系统之外的人，最后竟任命了自己的亲信、贪生怕死的叶志超"总统"平壤清军。所以，张謇说：平壤战败是李鸿章"以贪私专忌，悖谬张皇"所致。

张謇指出：在海军作战方面，李鸿章同样负有责任。朝廷令海军击敌，而丁汝昌"诡称朝鲜口岸有无数水雷"，"托名游弋，实则避匿"，李鸿章对之徇庇，不予过问。黄海海战后，李鸿章在奏报中，"盛叙丁氏创伤"，而对邓世昌及殉难将领"不问也"。为了掩盖自己的罪责，竟委过其他派系的将领，以致"人心不服"。

张謇指出，事情尚不止此，李鸿章甚至把战败的责任推给户部，"言及军械，则转而委过户部"。张謇说，李鸿章这样做是毫无道理的："试问以四朝之元老，筹三省之海防，统胜兵精卒五十营，设机厂、学堂六七处，历时二十年之久，用财数千万之多，一旦有事，但能漫为大言，胁制朝野，曾无一端立于可战之地，以善可和之局，稍有人理，能无痛心。此又徇纵欺罔、骄蹇黠猾，兼而有之，见于事外而坏及事中矣。"因此，张謇得出结论：李鸿章"非特败战，并且败和"。

在奏折的最后部分，张謇还特意讲了一段意味深长的话，以杜日后李鸿章把责任强加给广大的主战派官僚："恐兵事一定，校论功罪，恩怨起于朝局，邪说祸及将来，此迫切忧危，而不得不为辨奸之论者也。国家优待勋臣，每逾常格，而北洋大臣实非天下唾骂之李鸿章所能胜任。"因此，他重申自己的主战立场，强烈呼吁光绪帝"圣明裁断，另简重臣，以战定和，固人心而申国势"，罢免李鸿章①。

1894年10月15日正当日本对我国东北发动大规模侵略，需要张謇为反侵略战争再作努力的时候，张謇远在南通老家的父亲因患

---

① 张怡祖编《张季子九录·政闻录》卷一。

"外症"，不幸去世。张謇闻讣，立即起程南归丁忧。临行前夕，又先后拜访了盛昱、丁立钧、费屺怀、文廷式、志锐、沈曾植、沈曾桐、刘可毅等主战官僚，再一次前往翁宅，与翁师话别。"濒行过我，尤言国事"，充分表现了他以国事为重的高尚爱国情怀。①

张謇在甲午战争期间大力支持光绪主战，积极协助翁同龢，为反抗日本侵略献计献策，是爱国行动，是不容否定的。战后，尽管李鸿章及其僚属，为了开脱他们因对日妥协、主和避战而导致清朝战败的罪名，散布各种流言蜚语，对翁同龢、张謇等人的主战爱国行动进行种种非议和责难，但张謇等人的主战爱国，将永远受到人们的颂扬。

原载于《贵州社会科学》1996年第4期
作者单位：华东师范大学历史系

---

① 杨立强等编《张謇存稿》附录，页671—673。

甲午战争前后张謇对日本的认识及其主体态度

王敦琴

张謇一生两次出国都与日本有关。第一次是 1882 年随吴长庆入朝平息"壬午兵变",第二次是以大清国头等顾问官身份出访日本。自早年赴朝参与平变至晚年拟向日本借款以渡企业难关,张謇与日本人打了大半辈子交道,对日本的认识和了解可谓入木三分。张謇既是较早识别日本侵华动机的士大夫,又是主张学习日本实行政治改良并发展实业、教育及各项事业的有识之士。特别是张謇能审慎而又辩证地处理抵制日本侵略与学其所长、提防日本与利用日资之间的关系。

一、甲午战争前,张謇察觉日本对华的觊觎之心, 忧虑政府未有应对之策

(一) 在平息壬午兵变中感受到日本的侵略野心

1882 年,朝鲜发生了反闵排日的壬午兵变,朝鲜政府向中国求援。中国作为宗主国,当然不能袖手旁观。驻守登州的淮军将领吴长庆奉命率军赴朝平乱,张謇作为吴长庆军幕总务及机要秘书一同前往。此番赴朝,既要面对兵变,又要遏制日本,责任重大。吴长庆与张謇对平变目标明确,在赴朝前夕,张謇代吴长庆拟信给时任直隶总督的张树声,提出"使四海知中国固非徒事敷衍,而日人亦无置喙之地"①。中国军队赴朝后很快取得预期成效,不仅平息了朝鲜乱局,

---

① 李明勋、尤世玮主编《张謇全集》2,上海辞书出版社,2012 年,页 14。

长了大清国威风，且也牵制了日本，使得日本未能找到对朝动武的借口。

平息"壬午兵变"前后，张謇对日本的侵朝野心感触甚深。一方面"壬午兵变"本身与日本存在一定的关系，另一方面日本在"壬午兵变"平息后的种种表现更令人发指。内乱平息后，吴长庆虽对日军时时斗智斗勇，使其不致干预朝鲜内政，"晓之以情理，禁之以威信"①，但在对日问题上，吴长庆并没更多的处置权。兵变平息后，在谈判桌上，朝鲜代表无知怯懦，日本代表狡诈贪婪，双方最终签订了《济物浦条约》。该条约共六款及续约两款，主要内容包括惩凶、谢罪、赔偿、驻军等。日本从该条约中不仅赢了"面子"，更赢了"里子"，特别是获得驻军朝鲜的权利。日本如此无理要求驻军朝鲜，表面是为了保护侨民，而其深层原因是不言自明的。该条约不仅使宗主国中国威风扫地，而且为后来日本的进一步侵略埋下了祸根。

（二）对日本侵华野心的警觉

日本对中国的觊觎由来已久。早在 16 世纪末，丰田秀吉就曾发动大规模侵朝战争，并密谋以朝鲜作为进攻中国的跳板。日本后来的历代统治者继承之并不断强化，征服亚洲乃至世界的美梦一直延续着。1868 年明治维新后，日本迅速崛起，对外扩张的野心越发膨胀。日本先是用七年时间将中国的藩属国琉球从容收入囊中，使之成为它的一个县；又以 1871 年琉球漂流民、1873 年日本漂流民在台湾被杀之事为借口，发动了对中国台湾的侵略；还侵略朝鲜，打开侵华通道。

日本政府的吞琉、犯台、侵朝"三部曲"看似是以强凌弱，以其先发展起来的优势向邻人示威。其实，从深层次看，"三部曲"之间是有内在联系的，因为琉球、朝鲜是中国的藩属国，而台湾更是中国的一部分。日本政府醉翁之意不在酒，侵占这些国家和地区，也是在

---

① 李明勋、尤世玮主编《张謇全集》2，页 17。

试探中国政府的态度和实力，最终占领中国大陆，因为这是其征服亚洲、征服世界的关键步骤。

关于日本的侵华野心，张謇早有预见。壬午兵变前后日本的表现，更使张謇察觉其对华的觊觎之心。张謇在代吴所拟信函中说，朝鲜发动壬午兵变，"日本乘机出兵，欲图干涉"。在平息壬午兵变后，张謇就认为，"东事之不可为而祸悬眉睫"，"近而三四年祸且踵至者"①。壬午兵变平息后，张謇作《壬午东征事略》《乘时规复流虬策》《朝鲜善后六策》等，提出规复琉球，解决朝鲜问题的一系列对策，以便更有效地遏制日本的侵略野心。

壬午兵变平息后不久，吴长庆去世，张謇悲痛而又落寞地回到了家乡。这时，中法战争爆发，日军认为进一步控制朝鲜的机会到了。于是，驻朝日军便与朝鲜开化党密谋发动了"甲申政变"。当张謇从报纸得知后，立即写信给吴长庆的继任者吴兆有，提出自己的强烈主张和建议："不可再赔兵费于日，更蹈从前覆辙。此事似不必待日本向我说，我即先须向日本理曲直。"②同时，张謇又写信给韩参判金允植，提醒他日本人的野心和阴谋，指出"日与朝鲜有唇齿相依之势，即有图为我有之心，饵之以甘言小惠，钳之以秘党禁戍，此皆事之彰彰者"③。

张謇的建议未被采纳。尽管在清军援助下"甲申政变"迅速平息，驻日公使及亲日派开化党的政变企图也被遏制，但是，日本逼迫朝鲜签订了不平等的《汉城条约》，朝鲜谢罪、惩凶、赔款、增加日本驻朝兵力等。该条约使日本又获得大量权益，对朝鲜的介入继续加深，也严重削弱了中国的宗主地位。其后，张謇代拟《条陈朝鲜事宜疏》，提出"援护朝鲜八事"，揭露日本"野心日张，无理日甚"，对朝鲜及中国"眈眈虎视"④。这些观点对朝野认识日本的侵略本性具

---

① ② 　李明勋、尤世玮主编《张謇全集》2，页 25。

③ 　李明勋、尤世玮主编《张謇全集》2，页 26。

④ 　李明勋、尤世玮主编《张謇全集》1，页 12。

有积极意义。

（三）对中国政府漠视日本侵华倾向的忧虑

在吞琉、犯台、侵朝之后，日本的侵略扩张野心更加膨胀，下一个目标便是中国大陆了。中国政府在这几件大事上都抱着息事宁人的态度，主要原因有二。一方面，日本表里不一，他们对清政府琢磨透彻，明里向中国不断示好，粉饰和平，松懈中国斗志，而暗里却加紧扩军备战及海军现代化建设，甚至连中国的几任驻日公使亦被蒙蔽，这些公使不时传递"亲善"信息，对朝廷形成误导。另一方面，"天朝上国"缺乏危机意识。大清帝国对"蕞尔小国"颇为不屑，对日本迅速崛起甚为漠视，日本侵台后，李鸿章嗤之以鼻，认为"蕞尔日本略效西人皮毛，亦敢睥睨上国，实逼处此，所恃多几件后门枪炮、两个小铁甲船耳"①。甲午战争前，清廷并未真正意识到日本对于中国的极大威胁。

中国高层并不太在意日本的对华策略，大清帝国一直未将日本威胁提上议事日程。1880 年，清政府内部讨论日俄对中国的影响时，竟有人提出"联日拒俄"。尽管在各种舆论及现实面前，清廷及李鸿章等也曾对日本有所警惕，在武器装备特别是战舰方面有所防备，但这些信息均被日本及时捕获，而中国并不重视对日信息的收集，对日本也缺少应有的警觉和防范，梁启超曾形容说："寡知日本，不鉴不备，不患不悚。"② 日本在武器装备方面大多时间保持着领先于中国的状态。1891 年及 1892 年中国海军军舰带有炫耀和示威意味的两次访日，不仅刺激了日本，激发了其斗志，而且也使得日本有机会详细、直观地了解中国军舰的性能、配置、人员等重要信息，使日本洞察到中国的海军实力。

清政府对日本的轻视及失防使张謇甚为焦虑。早在日本吞并琉球

---

① 顾廷龙、戴逸主编《李鸿章全集》卷三十一，安徽教育出版社，2008 年，页 95。
② 黄遵宪《日本国志》卷四十，上海图书集成印书局，光绪二十四年，页 9。

之时，张謇就曾大声疾呼："国家可百年无事，不可一日忘战。"① 其后，张謇在平息壬午兵变过程中深深感到了日本的野心之大，忧虑政府对军队建设、海防建设的忽视。他说："人无强弱，自胜者雄；国无大小，忘战者败。"② 即使在中日《马关条约》签订后，张謇仍告诫政府，提出"以前例后，则此次之和，犹未和也"③。当人们普遍认为"可以偷旦夕之安"之时，张謇代张之洞上书，预测到"不久即有眉睫之患"。后来，日俄战争在中国领土上进行，张謇仍提醒政府，指出"愚臣抑有所过虑者：日俄之事，在我本无完全中立之理。今为假息偷安之计，以此自解，将来必有中国极难应付之问题，施之于我"④。足见张謇对日本侵略本性认识之深刻，对清政府漠视日本而不能自强的深深忧虑。

二、甲午战争时，张謇痛恨日本侵华，主张"以战定和"

（一）对日本侵华的愤慨及《治兵私议》

1894 年，朝鲜爆发了东学党农民起义，朝鲜军队难以应付，便请求中国出兵。日本得知中国出兵后，欣喜万分，他们制造侵略口实的机会到了。

1894 年 7 月 23 日及 25 日，日本先后对朝鲜和中国发动了突然袭击。日本不宣而战，中国朝野在极为震惊之余措手不及。是战是和，朝廷争执犹疑。数日后，在主战派占据上风的情况下，中日双方终于公开宣战。

---

① 李明勋、尤世玮主编《张謇全集》1，页 4。
② 李明勋、尤世玮主编《张謇全集》4，页 4。
③ 李明勋、尤世玮主编《张謇全集》1，页 15。
④ 李明勋、尤世玮主编《张謇全集》1，页 64。

张謇对于日本侵华虽极为愤慨，但并不感到惊讶。他密切关注战争动态。他在"日本以是日突坏我北洋兵舰二"①之后，深为焦虑，随即撰长文《治兵私议》。

在《治兵私议》中，张謇针对中国在日本突袭之下的措手不及进行了反思，对如何保卫京师、东三省和东南沿海，如何部署兵力并把握战争主动权提出了建议，期望清军能迅速稳定局势。同时，他在提出如何应对日本突袭之时，还特别提出如何在西南、西北加强防务，以防有人趁火打劫。张謇在战争第一阶段，就已预测到海战的情形与后果："中国之所以见侮于外夷，并海七省五六千里，一有蚍蜉蛾子之动，上下相顾愕眙无策，蒽蒽而却缩者，海军之弱也。"②针对中国如何加强海防、如何应对侵略，他提出"自今日始，合中国十八省之力，岁购上等穿甲战舰"，"五年而成"，积极应对，巩固边防，迅速强军，"如此而十年之后，中国之海军有不抗于各国者乎？"③张謇还提出要为强军提供强有力的物质基础，特别是要增加税收、保护发展民族工商业、开荒屯田等。张謇还警示"天下势之强弱在兵力，而机之得失在民心，民心得，则兵力虽弱而犹可为迁延之图；民心失，则兵力虽强而终不免于灭亡之祸"④。

《治兵私议》是张謇在日本侵华危急时刻提出的对策，是他凭借赴朝参与平息"壬午兵变"以来的军事经验，根据中国当时军事现实，针对中国军队建设、海防建设而写成的，其中不乏闪光的思想。

（二）上书弹劾李鸿章

甲午战争爆发后，在平壤陆战、鸭绿江海战中，清军均败北。当时，李鸿章的民愤极大，翰林院35人合疏弹劾。张謇在激愤之余，独疏弹劾李鸿章。他写下三千字的《呈翰林院掌院代奏劾大学士李鸿

---

① 李明勋、尤世玮主编《张謇全集》8，页1009。
② 李明勋、尤世玮主编《张謇全集》4，页5。
③ 李明勋、尤世玮主编《张謇全集》4，页6。
④ 李明勋、尤世玮主编《张謇全集》4，页7。

章疏》，淋漓尽致地声讨李鸿章"主和误国""败坏和局"。李鸿章"自担任北洋大臣以来，凡遇外洋侵侮中国之事，无一不坚持和议"。不仅如此，他还败坏和局，张謇从"先事""临事""事外""事中"四个方面历数李鸿章是如何"败坏和局"，导致日本"构衅"朝鲜并侵犯中国的，"以为李鸿章有心，则是卖国；以为无心，此何等事而率略至此！"张謇甚至认为李鸿章与日本人沆瀣一气，"日之所欲，鸿章与之；日之所忌，鸿章去之"，"自来中外论兵，战和相济。西洋各国，惟无一日不存必战之心，故无一人敢败已和之局"，而李鸿章却敢冒天下之大不韪，"徇纵欺罔，骄蹇黯猾"。张謇责问："以四朝之元老，筹三省之海防，统胜兵精卒五十营，设机厂、学堂六七处，历时二十年之久，用财数千万之多，一旦有事，但能漫为大言，胁制朝野，曾无一端立于可战之地，以善可和之局。"因此，"李鸿章之非特败战，并且败和"[1]，其人"暮气太深，钝于机要"。如此种种，张謇认为"北洋大臣，实非天下唾骂之李鸿章所能胜任"[2]。

张謇对李鸿章的声讨，有理有据，掷地有声，的确将李鸿章"主和误国"及"败坏和局"控诉得淋漓尽致，从中可见张謇对李鸿章的愤懑、鄙视及对国家前途的深切忧虑。张謇对李鸿章的卖国行径早有不满，只是一直未能有机会充分表达，此时，他将心中郁积已久的情绪倾泻出来，甚至不计后果、不顾一切地请求朝廷"另简重臣"，可见张謇的胆识与魄力。

当然，如果我们冷静地、心平气和地分析，有些方面似可再行斟酌，如"综其前后心迹观之，则二十年来败坏和局者，李鸿章一人而已"，将二十年来败和局之所有责任都算在李鸿章一人头上似有失公允。同时，张謇认为李鸿章"必且幸中国之败，以实其所言之中；必且冀中国之败，而仍须由其主和，以暴其所挟之尊"[3]，这也带有偏激成分。

──────────

① ② ③　李明勋、尤世玮主编《张謇全集》1，页 14。

（三）主张"以战定和"

早在 1880 年，张謇就提出抵御外侮"以战定和"的对策和建议，"伏念自来中外交哄，不过战和两策。和取目前之无事，而战为全局之通筹。以和为和，是罢战之论发于我，而彼强我弱；以战为和，使愿和之请出于彼，则彼绌我伸"①。这里充分论述了"战"与"和"的辩证关系。甲午开战后张謇依然主张"以战定和"，旗帜鲜明地站在主战派一边。张謇在《呈翰林院掌院代奏劾大学士李鸿章疏》中最后写道："伏乞圣明裁断，另简重臣，以战定和，固人心而申国势。"② 尽管"另简重臣，以战定和"的请求并未被采纳，但参奏、弹劾李鸿章的影响是深远的。

张謇得知《马关条约》的内容后，极为愤慨，"和约十款，几罄中国之膏血，国体之得失无论矣"③。其愤激的心情溢于言表。于是，他代张之洞拟写了近万言的《条陈立国自强疏》，开篇就痛陈了条约的危害："此次和约，其割地驻兵之事，如猛虎在门，动思吞噬；赔款之害，如人受重伤，气血在损；通商之害，如鸩酒止渴，毒在脏腑。"④ 张謇将割地及日本驻兵的危害形象地比喻为猛虎闯入家中，可以随心所欲地吃人；将赔款比喻为人受重伤，元气大损，要恢复极其艰难；将通商比喻成为用毒酒止渴，其毒将深入内脏肺腑，如要解毒是难上加难。张謇对《马关条约》的认识和分析大多成为后来的事实，这也是"以和为和""以退让求团结"的后果。

---

① 李明勋、尤世玮主编《张謇全集》1，页 5。
② 李明勋、尤世玮主编《张謇全集》1，页 14。
③ 李明勋、尤世玮主编《张謇全集》8，页 389。
④ 李明勋、尤世玮主编《张謇全集》1，页 15。

三、甲午战争后，张謇深感自强方能御侮，主张学习日本之长，以达国强民富

（一）对日本崛起的反思与《条陈立国自强疏》

日本原也是落后的封建国家，但自明治维新之后便得到快速发展，一跃跨入强国之列。这引发张謇深深的思考。

早在 1879 年，张謇就认为"中国大患不在外侮之纷乘，而在自强之无实"①。要抵御外侮，必要条件是"自强"，如果中国强大了，外国即使有侵略之心，也无侵略之胆，更无侵略之果了。世界发展洪流滚滚向前，"与世界竞争文明，不进即退，更无中立。日人知之矣"②。张謇认为，中国人缺少的正是这种危机感和紧迫感，不知不觉中在天朝上国的优越感中沉沦迷失了。张謇考察了各国变法，认为最可急功近利者当属日本，"五洲变法之速，无逾日本者。彼变法之人，皆有行法、立法之权者也。然尚二十年而小成，三十年而大效"③。明治维新二三十年，日本就从一个落后的、封建的"蕞尔小国"一跃进入强国行列。在这样的情况下，"人有百能，而己无一焉"④，中国当然会落得失败的下场。

那么，中国应该怎样才能自强呢？张謇在代张之洞拟写的《条陈立国自强疏》中作了最好的回答。在洋洋洒洒近万言的《立国自强疏》中，张謇痛斥了《马关条约》的危害并对如何摆脱危机提出了建议："及今日力图补救，应以夜继日，犹恐失之，若再因循游移，以后大局，何堪设想？"与西方国家相比，日本对中国的威胁更大，"不知此次日本之和，与西洋各国迥异。台湾资敌矣，威海驻兵矣；南洋之寇

---

① 李明勋、尤世玮主编《张謇全集》1，页 3。
② 李明勋、尤世玮主编《张謇全集》8，页 542。
③ 李明勋、尤世玮主编《张謇全集》2，页 79。
④ 李明勋、尤世玮主编《张謇全集》2，页 229。

在肘腋，北洋之寇在门庭。狡谋一生，朝发夕至。有意之挑衅，无理之决裂，无从预防，无从臆料"。日本是中国的近邻，其若侵犯中国，"朝发夕至"，防不胜防。日本人在甲午战争中获得优势后，更是嚣张至甚，"久闻日人扬言，此次和约，意欲使中国五十年之后，不能自振，断不能再图报复"。对照日本这么多年对中国的态度，"以前例后，则此次之和，犹未和也"，"是日本之和不可恃，各国之和亦不可恃矣"。为此，张謇在《立国自强疏》中提出八条建议："练新军""治海军""分设枪炮厂""广开学堂""速讲商务""讲求工政""多派游历人员""预备巡幸之所"。

张謇代拟的这八条自强措施涵盖了军队建设、人才培养、保护商业、工业制造、对外交流等。这些建议是在充分总结甲午战争及此前中国近代历次战争失败之教训并反思日本发展道路的基础上提出的，有理有据且有实施之可能。这些建议尽管当时并未能引起朝廷应有的重视，但"开学堂""兴商务""讲求工政"等建议对后来的清末政策或多或少有所影响。

张謇所说的"自强"主要是指国家的强大。此外，他也倡导人人都应自强不息。个人的自强不仅包括学识、见识、技术、能力、水平等等，甚至还包括有健壮的体魄。张謇曾鼓励年轻人要加强身体锻炼，拥有健壮的体魄，使侵略者的野心有所收敛，"我东邻之日本，固师法德人以自雄者，今而后能不稍稍敛戢其野心乎?"[1] 国家强盛，人人自强，日人侵犯之心才会有所收敛。

(二)《变法平议》与取日之长的主张

八国联军攻占北京后，清政府可谓内外交困，不得不改革政治、除旧布新、设立"督办政务处"以实施"新政"。当时，清政府诏令各级官员提出改革建议。张謇受此鼓励，对中国政治制度进行了全面详细的考察，认为其积弊已久，如若墨守成规，则断难有前途。张謇

---

① 李明勋、尤世玮主编《张謇全集》4，页384。

在经过全面调查及深入思考后，写就了《变法平议》。

如果说《条陈立国自强疏》偏重于"立"，那么，《变法平议》则更多地偏重于"变"。在近三万字的《变法平议》中，张謇对清政府六部提出系统而又详尽的改革办法。

张謇首先阐述了变法的紧迫性及可行性，论述了变法的内容、方法、步骤及目标等。要变法，一定会触及既得者利益，一定会引起反对之声，"伊古以来，变法固未有不致乱者矣"，但不能因此而拒绝变法，"法之拿破仑，美之华盛顿，德之威廉，日本之明治，其变法皆出于创巨痛深；而因势委蛇，屡进而屡变者，盖数十年而未已"①。于是，张謇从吏、户、礼、兵、刑、工六部列出 42 条改革措施，对当时中国的政治、经济、军事、文化、教育等各个方面改革提出了全面、系统而又详尽的阐述。该文充分体现了张謇的改革精神和改革思路。从总体上说，他认为中国必须改革，而又必须循序渐进地改革。他提出的数十条改革措施主要体现了其学习日本的主张。因为日本在学西方的过程中已经进行了筛选并且取得了实际效果，我们学习它可以减少探索的时间并少走弯路。当然，张謇也认为，对于为我所用的日本经验，有些我们可以仿效，有些还需斟酌。

《变法平议》最大的特点就是从中国当时的实情出发，效仿日本一些行之有效的改革措施，对中国从中央到地方都提出了一个全面、系统的改革方略。这样的系统工程并非由当时政府部门提出，而是由张謇一人在全面调研、多方听取意见并反复思考后而产生的，如非百科全书式的人物是很难做到的，如非全身心地投入也是很难做到的。

当然，张謇的这些改革方略并不是要变"道"，而仅仅是变"法"，正所谓"道不可变，而法不可不变"②。可见，张謇一方面维护封建道统，另一方面又坚持主张变"法"。张謇不仅认为"法"必须变，而且对变与不变的辩证关系也进行了独到的阐述，提出"法久

---

① 李明勋、尤世玮主编《张謇全集》4，页 34。
② 李明勋、尤世玮主编《张謇全集》4，页 62。

必弊，弊则变亦变，不变亦变。不变而变者亡其精，变而变者去其腐，其理固然"①。

明治维新后的日本社会经济得到迅速发展，值得中国学习的地方颇多。在张謇拟就《变法平议》两年后的 1903 年，终于有机会目睹这个快速崛起的邻国了。这一年，张謇以大清国头等顾问官的身份考察了日本。在日本的七十多天中，他详细考察了大阪博览会，寻访了 30 个农工商单位及 35 个教育机构，足迹几达大半个日本。大阪博览会为日本第五次国内劝业博览会，日本国内物品共设有八个馆，聚集了国内生产、制造的各类物品，琳琅满目。另设参考馆，为各国物品展馆。张謇先后八趟去博览会，对陈列之物品、陈列之方法一一仔细察看、记录。同时，他对日本先后五次举办博览会情况进行了调研，特别是对日本人如何精心筛选参展物品、通过博览会"增长发达"② 的情况进行了考证，深感博览会对日本农工商发展具有重要的意义。当张謇看到中国仅有六个省份的物品参展，且"彼此不相侔，若六国然，杂然而来，贸然而陈列"③，甚至连展区都未布满时深感遗憾。每参观一处，他都会联想到中国的物品，或者是中国应该怎么做。参观日本博览会使张謇眼界大开，感触良多，也深受刺激。他关于中国也要举办博览会的想法就是由此萌生的。1910 年，中国南洋劝业会在南京举行，张謇为主要策划者和总审查长。南洋劝业会对中国实业、教育等的推动和促进是不言而喻的，也被学界视为百年后上海世博会的预演。

张謇除精心考察大阪博览会外，还仔细考察、寻访了日本教育与实业的历史和现状，每到一处，必定细心察看、详细询问、精心记载。在他所访问的 35 个教育机构中，有幼稚园、小学、中学、大学，也有师范学校、职业学校等，大到学校的发展规划，小到学生课桌椅的高度，无一不在张謇的考察范围之内。这些为他后来创办各级各类

---

① 李明勋、尤世玮主编《张謇全集》4，页 62。
②③ 李明勋、尤世玮主编《张謇全集》8，页 539。

学校奠定了初步基础。由于对日本教育的了解及赞赏，也就出现了后来他在自己所创办的学校聘请多名日籍教师的情形。张謇还详细考察了30多家农工商单位，包括造币局、各种株式会社及至各种工厂、印刷所、水力发电厂等，这些也为他后来兴办工厂、工场、电厂、印书局等提供了很好的学习和借鉴。

《变法平议》主要是张謇对中国政治、社会管理进行规划设计，而日本之行则更加增强了其感性认识并激发了他奋发图强的决心。对日考察使得张謇深深感到，中国不仅政治改良应效仿日本，其他各方面都应取其所长。七十多天的用心考察，使他看到一个与保守、腐朽、任人宰割、受尽凌辱之中国不同的世界，更增强了他发展实业和教育并在多方面学习、赶超日本的决心和动力。

（三）合理利用日资的主张及其努力

《马关条约》使得中国受到极大伤害，除割地、赔款、开放通商口岸、承认朝鲜独立外，还有一条最为苛刻的条款，即允许日人在中国通商口岸开设工厂。日本人在中国投资办厂，攫取中国的巨大利润，对中国民族工商业的发展危害极大。其余列强依据此前"最惠国待遇"和"利益均沾"的条款，纷纷在中国开矿设厂。这使得列强对中国的经济掠夺出现新特点，即由原来的商品输出转化为资本输出。而这些所谓"输出"的资本，从实际意义上说是对中国赤裸裸地掠夺。列强在中国通过战争进行掠夺，通过商品输出获取巨额利润，通过巨额赔款发了横财。《马关条约》使列强获得了日本除割地、赔款外的所有特权，刺激了列强瓜分中国的野心。因此，《马关条约》签订后不久，帝国主义掀起了瓜分中国的狂潮。外国资本在中国设厂、开矿、筑路，不仅使中国利权尽失，更为严重的是列强逐渐控制中国经济命脉，甚至挟持了中国政权。

在当时的条件下，发展民族工商业是极为艰难的，但又是极其必要的。只有民族工商业尽快发展起来，才能与外人争利权。要发展民族工商业，须有庞大资金。在那个对外资谈"虎"色变的时代，张謇

提出了与时人不同的观点，即利用外资，振兴实业。张謇不仅看到了
合理利用外资的益处，而且对利用外资的危害性也有充分的认识：
"利之所在，害亦因之"①，重要的是必须"密定标的，确示范围"②，
"趋利避害"③。关于利用外资的方法，张謇认为主要有三个途径：一
是合资，二是代办，三是借债。关于合资或代办，张謇曾作过大量努
力，曾与美国、英国、日本、比利时等国相关方面进行过各种联络、
洽谈、磋商、探讨，只是最终都未能取得成效。关于借外债，张謇的
思想比时人更具超前性，"世界各国之兴大利，除大害，无一不借外
债"④。农、工、商、银行、水利、筑路等各项宏大事业耗资甚巨，
借外债可解燃眉之急。张謇认为，关键是国家必须制定合理政策，
"为新借巨债关系国家存亡大计，请饬阁臣宣布政策，以释群疑而定
责任"⑤。当时，清政府借英美德法四国银行一千万磅，日本横滨银
行一千万元。在此情形下，如不制定相应政策，恐会"饮鸩自毙，势
必不救"⑥。特别是担保条件要极其谨慎，"此种担保，即以厂房、机
器为最宜"⑦，断不可附加任何政治条件。

　　南京临时政府成立之初，经费极度困难。张謇曾以大生纱厂作为
抵押，向日本三井洋行借银元 30 万，以缓临时政府资金的燃眉之急。
在临时政府经费奇缺之时，孙中山等听从盛宣怀的建议，拟将汉冶萍
煤铁厂矿公司与日本合办。时任临时政府实业总长的张謇认为万万不
可，并据理力争："凡他商业皆可与外人合资，惟铁厂则不可；铁厂
容或可与他国合资，惟日人则万不可。日人处心积虑以谋我，非一日
矣，然断断不能得志。"⑧ 当张謇得知孙中山与日本人签订《中日合办

---

　①②　李明勋、尤世玮主编《张謇全集》1，页 272。
　③　李明勋、尤世玮主编《张謇全集》1，页 385。
　④　李明勋、尤世玮主编《张謇全集》1，页 1276。
　⑤　李明勋、尤世玮主编《张謇全集》1，页 220。
　⑥　李明勋、尤世玮主编《张謇全集》1，页 221。
　⑦　李明勋、尤世玮主编《张謇全集》1，页 273。
　⑧　李明勋、尤世玮主编《张謇全集》2，页 316。

汉冶萍草约》后，愤然辞职。尽管孙中山尽力挽留，但仍未能说服张謇。由此可见张謇在原则问题上坚定不移的态度。张謇不仅在呼吁国家制定政策借外债并从国家层面合理借债的同时，而且当他自创的企业处于困难之时也曾想向日本借巨款。1921年，国际形势发生变化，对民族工商业的发展极为不利。通海地区连年自然灾害，加之摊子铺得过大，大生资本集团开始走下坡路，资金链也出现了问题。于是，张謇考虑向日本涩泽财团借款8000万元以渡难关。此项借款，张謇拟以大生第三纺织公司作担保。日方颇慎重，特派专人来华对张謇事业进行调查评估，以确定能否借款。日方派驹井德三前来对张謇事业进行细致的考察和调查。驹井德三经过20天实地调查及访谈写下《张謇关系事业调查报告书》。张謇对驹井德三的调研极为重视，曾三次与其会晤，长时间促谈，并在日记中记载30多处。虽然这项谈判进行两年多且最后未能兑现，但从中不难看出张謇对利用日资的态度和决心。张謇借外债所拟定的政策条款大多比较强硬，且偏向于中方，这与债权国的目的并不吻合，因此，大多不了了之。张謇虽曾耗费大量精力，试图探寻一条利用外资之路，然终究未能成功。

　　综上，在甲午战争及其前后，张謇对日本既有较为清晰的认识，又有一个认识深化的过程。一方面，他洞察了日本的侵略野心及其行径，另一方面，他也深感日本的确有许多方面值得中国学习。张謇对日本的认识构成了其对日本主体态度的两个方面，即警惕其野心，学习其所长。

原载于《南通大学学报(社会科学版)》2015年第4期

作者单位：南通大学文学院

张謇癸卯东游日本及其影响研究

蒋国宏

光绪二十九年癸卯(1903),张謇东渡扶桑,对日本进行了考察。此行是他一生中唯一的一次出国考察,对其此后思想的嬗变,人生道路的抉择有着巨大影响,因此,对张謇的癸卯东游进行研究无疑有着十分重要的意义。

一、东游的目的与愿望的实现

黄炎培曾经把在国内考察称作"寻病源",将到海外学习考察喻为"读方书",并且强调方书"不可不读"[①]。事实上,张謇非常重视到国外考察。1895 年,他在《代鄂督条陈立国自强疏》中就主张向海外"多派游历人员",强调"外洋各国开疆拓土、行教通商皆以游历为先导",绝不能因为过去出国游历者中混有"庸陋"之辈便因噎废食、停止派员游历,而且风气由上而开,"视在下者,事半功倍",所以特别希望选派亲贵大臣及满汉世家子弟中的"贤者"出国游历考察。[②]

张謇生于一个普通农民兼小商人家庭。儒学的长期陶冶使他具有满腔的忧患意识、炽热的爱国思想、经世致用的良好作风以及天下兴亡、匹夫有责的社会责任感和舍我其谁的历史使命感。他自言 16 岁后即无时不在忧患之中,丙戌会试报罢后"即谓中国须兴实业,其责

---

① 黄炎培《黄炎培教育考察日记》卷一,商务印书馆,1916 年。

② 张謇研究中心、南通市图书馆编《张謇全集》第一卷,江苏古籍出版社,1994年,页 38。

须士大夫先之"①，并在家乡着手农业改良。甲午战争的惨败和《马关条约》的签订使他受到极大的刺激，产生了实业与教育并进迭用的思想，他毅然"弃官经商"，筹办大生纱厂，在纱厂建成后为解决原料问题，他又创办了通海垦牧公司。同时，他对科举制度的危害了然于心，在主持旧式书院的过程中大胆地进行教育改革的尝试并着手创办新式教育，1902 年他创办了通州师范。大生纱厂和通州师范的创办为他赢得了声誉，也奠定了后来事业发展的坚实基础。

　　在师夷制夷思想的指导下，张謇主张向日本学习。他在《条陈立国自强疏》中明确提出要学习日本向海外派遣留学生，回国后大胆任用，以满足国内建设对人才的需求；发展工商业，精制土货，在通商都会遍设劝工场，政府则"行护商之法"②。他对日本变法速度快、效果好大加赞赏，在致吴长庆之子吴彦复的信中说："五洲变法之速无逾日本者。"③ 1898 年春，康有为、梁启超领导的维新运动渐入高潮，张謇入都销假，予以支持，但"百日维新"很快夭折，张謇为之扼腕长叹。为什么日本明治维新取得胜利，而戊戌变法却遭到失败？张謇陷入了沉思。他渴望亲赴日本实地考察。另外，在创业的实践中，他深深地感到，要将实业和教育事业推向前进，要救亡图存就必须向日本学习，所以早在 1899 年前后就产生了东游日本的愿望。他在《自订年谱》中写道："甲午后益决实业教育并进迭用。规营纱厂，又五年而成。比欲东游，以资考镜，不胜谗谤之众。"④但戊戌变法失败后，顽固势力气焰嚣张，维新派和帝党遭到打击和迫害，全国笼罩在白色恐怖之下。张謇在《日记》中写道："搜索株连，至今未已；手滑之后，何所不至。读书识字之子皆自危矣，祸至真无日哉。"⑤ 他只好暂时打消了赴日考察的念头，以免遗人以口实。

---

①④　张謇研究中心、南通市图书馆编《张謇全集》第六卷，页 864。

②　张謇研究中心、南通市图书馆编《张謇全集》第一卷，页 30—37。

③　张謇研究中心、南通市图书馆编《张謇全集》第一卷，页 43。

⑤　张謇研究中心、南通市图书馆编《张謇全集》第六卷，页 433。

　　八国联军侵华战争和《辛丑条约》的签订使中国"创巨痛深，实与
亡国无异"①，清政府被迫改弦更张，实行新政。另外，在列强的压
力下，一些守旧的王公大臣、贵族和官僚被杀被抓，顽固势力遭到严
重打击。政治环境大为宽松，这一切无疑为张謇的东游提供了良好的
客观条件。

　　民族危机的加深促进了广大知识分子的觉醒，国内许多开明官绅
纷纷出国考察游历，寻觅救国之良方。日本因为路途近、费用低、文
化风俗接近、变法效果明显等理所当然地成为首选地点，于是出现了
一个东游日本的高潮。1901 年 12 月，张謇的好友罗振玉（叔蕴）奉张
之洞、刘坤一之命赴日本考察教育和财政。罗振玉回国后，与张謇一
起到南京诣刘坤一商讨教育改革之事，主张先立师范中小学，但"衙
参司道，同词以阻"，他们扬言"中国他事不如人，何至读书亦向人
求法？此张季直过信罗叔蕴，叔蕴过信东人之过也"②。结果可想而
知。张謇和罗振玉受此刺激，愤而自立师范，这就是后来的全国第一
所民立师范——通州师范。张謇"相信眼睛甚于相信耳朵"③，日本
的情况到底如何，罗振玉的介绍是否全面、准确，他很想自己去看个
究竟。1902 年 6 月，京师大学堂总教习吴汝纶对日本进行了 6 个月
的考察。张謇得知其回到上海后马上乘船赴沪。"十八日，晤挚老（吴
汝纶）、叔蕴"，"十九日，观挚老《东游丛录》"④。就在同一年，缪荃
孙、徐乃昌等也对日本进行了考察。百闻不如一见，在罗振玉、吴汝
纶、缪荃孙等好友的劝说和推动下，张謇终于决定择日东游，以了却
多年的心愿。

　　光绪二十九年癸卯（1903）正月，曾随缪荃孙一起考察日本的三江
师范教习南陵徐乃昌寄来了日本驻南京领事天野恭太郎发来的赴日本

---

　　①　中国科学院历史研究所第三所主编《刘坤一遗集》卷五，中华书局，1959 年，
页 2289。
　　②　张謇研究中心、南通市图书馆编《张謇全集》第六卷，页 466。
　　③　章开沅《开拓者的足迹》，中华书局，1986 年，页 153。
　　④　张謇研究中心、南通市图书馆编《张謇全集》第六卷，页 474。

参观大阪博览会的邀请书，这直接促成了张謇的东游。对博览会的重要性，张謇早有认识。他在《变法平议》中肯定博览会"尤有益于工"，认为各种商品汇聚一堂、争奇斗艳，一方面可使人们在观摩中得到启发，从而开发出更好的产品；另一方面可激发和培养厂家的争先意识。"良楛并陈生竞心，新奇多见生巧思"，苏、杭、川、粤等地之所以产品较他省精制，一个重要的原因就在于他们见多识广。他主张在博览会上陈列"洋货畅销品"，以方便国人学习仿制，最终达到抵制洋货塞漏厄、挽利权的目的，并希望政府"鼓舞商人于各业公会款内量集专款，设博览所，以为劝工之助"①。因此，张謇在大阪博览会期间东游不是偶然的。

二、东游的性质和内容

（一）张謇东游的性质

张謇甲午中状元被授翰林院修撰后不久即辞官南下，以在籍士绅的身份从事实业、教育活动，并无实际官职，东游后第二年（1904）才被授商部头等顾问官，因此，他是以非官方的身份自费访日的。启程前相送的是其兄张詧，好友汤寿潜、沈子培、郑孝胥等，到日本后，接触到的是旅日华侨、日本工商和文教界人士。这种非官方学习考察的性质使他可以根据自己的兴趣、爱好及对在经济和社会发展中重要性的认识、可借鉴程度等自主地选择参观单位，但也给其联系参观带来一些不便。

张謇首先来到长崎，同行回成城学校留学的章静轩带他进行了参观，后来经神户来到大阪，本拟"籍府知事介绍以观农工场也"，但没有成功。于是他来到大阪朝日新闻社，寻访西村天囚时彦，后在其家中得见。西村为其故人，在《喜见西村君于大阪》一诗中，张謇写

① 张謇研究中心、南通市图书馆编《张謇全集》第一卷，页72—73。

道："握手重言笑，霜花鬓已催。艰难五年别，辛苦百忧来。"① 光绪
二十六年（1900）五月二十六日，张謇有《赠日本西村子隽（时彦）》诗一
首："旧知进一与冈千，子复新诗手自编。游学远征唐史传，观云来
识禹山川。"② 可见张謇与西村那时即已相识。他此次来大阪，即想
通过故人为之联系以便顺利地进行参观。他因西村的介绍认识小池信
美，又通过他们的介绍认识了有"汉学老儒"之称的藤泽南岳，其子
士亨元造及小山健三、冈田祯三、宇佐美敬之等人。经华商孙实甫等
的介绍结识了日本人岛津源吉，另外，张謇还巧遇20年前在朝鲜时
的对手和相识——当时的日本驻朝公使竹添进一及其婿嘉纳。在前引
《赠日本西村子隽》诗中的进一即指竹添进一，冈千指冈千仞。他们都
曾在中国工作或游历。嘉纳曾于前一年（1902）因考察中国学务来到南
京。张謇的好友、与之并称"通州三生"的著名诗人范当世曾作诗相
赠，"日本嘉纳治五郎以考察中国学务来江宁。余方营通州小学校，
故于俞观察席上多所请质，而感君来意，甚悲甚惭、即席为二诗赠
行，并因挚父先生（即吴汝纶）游彼国未归，附声问之"，诗云："吾曹
所学真安用，泪眼乾坤见此儒。不信愚心生作梗，虚烦热血走相输。"
"青山一角方联社，碧海千层欲化涂。指点扶桑问君处，倘缘风便一
相呼。"③ 竹添、嘉纳等也为张謇的游日提供了很大的帮助。显然，
张謇的东游是通过私人关系辗转相托，在日本民间友人的热心帮助下
达致的，故其东游既是一次学习考察，又是一次成功的民间外交活
动。它加深了两国人民的了解，增进了彼此友谊。

（二）考察的内容与侧重

张謇在日本期间除了顺便为金、徐二生寻找留学学校，为通师聘

---

① 张謇研究中心、南通市图书馆编《张謇全集》第五卷，页127。
② 张謇研究中心、南通市图书馆编《张謇全集》第六卷，页115—116。
③ 姜光斗《近代杰出诗人范当世》，南通市政协《南通文史资料》卷九，页145—
146。

请保姆、教习及购买农业机械外，主要考察了"农工及町村小学校"。张謇坚持从本国本地的实际出发，以我们能接受为原则去选择考察对象。他在向嘉纳介绍东来调查宗旨时说："学校形式不请观大者，请观小者。教科书不请观新者，请观旧者。学风不请询都城者，请询市町村者。经验不请询已完全时者，请询未完全时者。经济不请询政府及地方官优给补助者，请询地方人民拮据自立者。"① 因为中日国情有着巨大的差异，处于不同的发展水平和发展阶段，所以日本现时的做法对中日尚不适用，倒是明治初年经济和社会发展刚刚起步时的做法更具借鉴意义。另外，清政府只会苛商扰民，民办实业根本别指望得到它的扶持、奖掖。他在日本期间，在工业方面，考察了花多隆太郎铁工所、岛田玻璃厂、织物株式会社、北海道制麻株式会社、筑地活版制造所、《大阪朝日新闻》社印刷所、水力发电场等；商贸方面着重参观了大阪博览会，先后共八次参观了机械馆、工业馆、通运馆、动物馆、水产馆等。在金融方面，参观了大阪三十四银行及日本造币局等。张謇对农业也很重视，视之为立国之本和实业的重要内容，当时又正致力于实现传统农业向近代农业的转变，因此参观了不少农业单位，如札幌垦殖、真驹内种育场、前田牧牛场、北海农校之农事试验场等。张謇不仅是一个"实业救国"论者，也是一个"教育救国"论者，他非常重视教育的作用。在日本，张謇参观的教育单位主要有：私立鹤鸣女子学校、伊良林寻常小学校、大阪市小学校、爱日小学校、爱珠幼稚园、东区第一高等小学校、桃山女子师范学校、中之岛高等工业学校、医学校、东成郡鹤桥村农学校、大阪府立师范学校、单级小学校、京都染织学校、大学院、名古屋商业学校、静冈商校、弘文学院、成城学校、函馆官立商业学校、私立寻常小学校、北海道农学校、真驹内公立单级小学校、石狩川寻常小学校、高等师范学校、高等工业学校。另外他还参观了西京的盲哑慈善机构和《大阪朝日新闻》、北海道泰晤士新闻社等新闻机构。日本医学发达，但他

_____

① 张謇研究中心、南通市图书馆编《张謇全集》第六卷，页502。

因"兹事繁重，非绵力所能办，故绝未注意"①。

三、东游中的态度及东游的影响

（一）东游中表现出来的对清政府和对日本的态度

张謇在考察中对清政府的腐败无能有了进一步的认识，他无情地揭露了清政府在展品的选择与组织协调方面的不足：国内参展的六省"彼此不相侔，若六国然"，一些足以"与五洲名产争衡"的名优产品"皆不与焉"②。他对清政府官员素质低劣也予以抨击，揭露了日本考察商务的尚书载振、侍郎那桐的"不喜购书""无暇究商务"，对日本将福建沿海地区绘入其版图竟无动于衷，以及尚书写错自己的名字、侍郎写不全官衔等丑行，并对此表现出极大的愤怒。清政府官员素质如此低下，又怎么能推进近代化事业、完成富国强兵、救亡图存的历史重任呢？他对清政府不注意发现人才、推行苛商扰民政策也进行了抨击。张謇在日本期间与旅日华侨进行了广泛的接触。函馆华商董事潘荻洲说华商在日本"犹得与欧美人权势平均，若回华甚涩缩矣"，张謇闻之心寒。日本邮船会社自开办以来，政府一直予以扶持，他劝华商合力创办汽船公司从事中日之间的运输，他们却因对清政府的阻挠破坏、敲诈勒索心有余悸，担心清政府不会同意，即使同意了也不会加以保护而"逡巡逊谢"。张謇由华商的谈虎色变联想到自己"遵朝旨兴扬内河小轮，犹有阻挠者"③的遭遇，在日华商的恐惧担忧又算得了什么呢？

张謇一贯主张发展两国人民的友谊、反对日本军国主义的侵略，他早就听说日本人用五种颜色在中国地图上画界，企图与西方列强瓜

---

①　张謇研究中心、南通市图书馆编《张謇全集》第六卷，页514。
②　张謇研究中心、南通市图书馆编《张謇全集》第六卷，页483。
③　张謇研究中心、南通市图书馆编《张謇全集》第六卷，页503。

分中国，并扬言十年实现。如果说这些仅是道听途说，那么他在参观博览会时却真的发现："台湾模型极精审，可异者，乃并我福建诸海口绘入，其志于黄色，亦与台湾同。"① 日本侵略者贪得无厌、得陇望蜀，强占了台湾、又企图染指福建，实在令他义愤填膺！马关春帆楼是当年《马关条约》签订之地。他触景生情，吟诗一首："是谁亟续贵和篇，遗恨长留乙未年；第一游人须记取，春帆楼上马关前。"② 告诫国人勿忘国耻，发愤图强以免历史的悲剧重演，表现出可贵的爱国热情。

（二）张謇在东游中表现出不怕困难、虔诚求教的精神和一丝不苟、认真踏实的学习态度

张謇此次东游日程安排紧凑，常常一天要参观多处，日本的旖旎风光没有使他流连，私费东游的性质更使他珍惜这来之不易的学习机会。有人要为他开恳亲会，他以"遽行"为由谢绝。他舟车劳顿，不遑寝处，为参观克服了诸多困难。他乘汽车作长途旅行，车上无食堂寝台，只好沿途买饼充饥。为赶时间，他常乘夜间车船，在车上过夜。在吉原，他投宿鲷屋旅馆，晚上蚊虫肆虐，无法入眠，苦不堪言。没有不怕艰难险阻求取真经的坚强决心和毅力是难以做到的。

正如日本方面所说的那样，作为"知识精英兼实行之勇士观光者"，张謇的东游"与以视察为名而一般泛泛走马观花者大相迥异"③。他所到之处，细看勤问，详细记录，甚至是一些琐碎的数据和专业性较强的技术工艺也不遗漏。如张謇参观西京水利发电场时记录了水的落差、单位流量、用电企业数量、发电量等；在大阪桃山女子师范学校，张謇除重点了解其教学管理外，对其建筑物、课业内容无不详细考察，甚至仔细测量了教室内椅子之大小尺寸。

---

① 张謇研究中心、南通市图书馆编《张謇全集》第六卷，页 491。

② 张謇研究中心、南通市图书馆编《张謇全集》第五卷，页 129。

③ 《大阪朝日新闻》明治 36 年 5 月 31 日，南京大学留学生部《近代改革家张謇》，江苏人民出版社，1996 年，页 912。

（三）东游对张謇教育思想的影响

张謇在结束考察后认为日本"教育第一，工第二，兵第三，农第四，商最下。"① 教育是日本最成功的方面，也是张謇考察的重点。在大阪市小学校创立 30 周年纪念会上，4 万名学生齐集，虽风雨交加仍能行列不乱。张謇受到强烈的震撼，断定这是日本教育"三十年之成效也"，从而对教育的效能有了更直观的认识和亲身的体验。而枢密顾问官田中不二"教育为开亿万人普遍之识，非储少数人非常之才"及"立国之强不在兵而在教育"的主张引起了他思想上强烈的共鸣，视之为"言教育者不易之大纲"②。对教育重要性、必要性的认识，成为他披肝沥胆大办教育的精神动力，而教育以普及教育为主，造就有知识国民的思想则成为其教育思想的重要特色。

日本教育从幼稚园到小学、中学、大学形成了一个完整的体系。而当时中国对幼儿教育则知之甚少，重视不够。张謇在日本参观桃山女子师范及附属幼稚园时表示"返国后将创办师范学校附属幼稚园"。他后来能在南通办起一系列学校，形成了从幼稚园到大学，从普通教育到实业教育，从学校教育到社会教育的完整体系，与其东游有着一定的关系。

东游对张謇教育思想方面影响的第三个方面是对德育的重视。日本商人不讲信义、商德最下引起了他的深思。他认为商校教谕斋藤清之丞在学校教育中"兢兢于私德"实在是对症之良药，并强调中国也应高度重视，始终把德育放在首位。在德育的内容方面，对日本的考察也为他提供了生动的素材。商业学校培养学生面向世界开拓进取精神、师范学校学生"浣濯皆自为之，亦习庖事"、鹤桥村农校"使学生知为学，不求饱而敏于所事，不可使饱食而无所用心"的做法令他大加赞赏，觉得日本的做法用心良苦、值得学习。

---

① 张謇研究中心、南通市图书馆编《张謇全集》第六卷，页 514。
② 张謇研究中心、南通市图书馆编《张謇全集》第六卷，页 511。

1923年，他在《女师范校毕业演说》中还回忆说："二十年前，余参观日本实业教育，其学生勤俭之风，实令人钦敬。"① 他把"勤俭"写入许多学校的校训，如盲哑学校为"勤俭"，女子师范学校为"学习家政、勤俭温和"，商校为"忠信持之以诚，勤俭行之以恕"②。他希望学生养成艰苦奋斗的习惯，为将来克服各种困难、在事业上有所成就奠定良好的基础。他教育学生不要贪图物质享受，应树立远大的理想和追求，在报效国家、服务社会的实践中体现自己的价值、获得人生的幸福。

东游对张謇教育思想影响的第四个方面是使他对自由平等更加反感。张謇是由封建士大夫成长而来的资产阶级代表人物，对民主、自由、平等等西方资产阶级理念本就缺乏准确理解和价值认同，在参观中看到日本学校校规特别着重于"信用服从""日人不尚男女平权之说"后，更坚定了原来的立场，所以，张謇后来反对学生追求自由、平等，反对蔡元培主张的男女同校是有因可循的。

（四）对日本成功经验的总结和中国实现富强道路的探索

日本实业发展具有良好的外部环境，而这又是与日本政府采取的鼓励和扶持实业发展的政策分不开的。张謇认为日本实业和教育突飞猛进、一日千里，其命脉在"政府有知识能定趣向，士大夫能担任赞成，故上下同心以有今日"③。在参观中，张謇感触最深的首先是日本政府励精图治、开拓进取。他赞扬日本政府"勤矣哉！孔子曰，禹无间然，卑宫室而尽力乎沟洫。禹之明德，宁非吾中国所当取法者乎？"④ 又说："与世界竞文明，不进则退，更无中立，日人知之矣"⑤。与之形成鲜明对比和强烈反差的是腐败的清政府仍歌舞升平，

---

① 张謇研究中心、南通市图书馆编《张謇全集》第四卷，页1197。
② 张謇研究中心、南通市图书馆编《张謇全集》第四卷，页270。
③ 张謇研究中心、南通市图书馆编《张謇全集》第六卷，页503。
④ 张謇研究中心、南通市图书馆编《张謇全集》第六卷，页499。
⑤ 张謇研究中心、南通市图书馆编《张謇全集》第六卷，页486。

苟且因循，不思进取，在国际竞争中处境更加危险。他为此作诗一首，题为《一人》："一人有一心，一家有一主；东家暴富贵，西家旧门户。东家负债广田园，西家倾家永歌舞。一家嗃嗃一嘻嘻，一龙而鱼一鼠虎。空中但见白日俄，海水掀天作风雨。"① 二是日本政府精心规划、全面安排、进行宏观指导，他们"治国若治圃，又若点缀盆供，寸石点苔，皆有布置"，深谙老子所谓的"治大国若烹小鲜"之道。② 三是日本政府奖掖实业不遗余力。张謇在对伊达邦成、黑田清隆开发北海道的成绩充分肯定的同时，也流露出不甘服输的自信，因为他们的成功很大程度上得益于政府的支持，"国家以全力图之，何施不可"，伊达和黑田不过"竭其经营之理想，劳其攘剔之精神而已"③。四是日本政府的重视人才。山东日照农民许士泰在故乡被政府视若草芥，后赴北海道垦荒。他十几年如一日，辛勤劳作，受到日本政府的嘉奖。张謇感慨万千："今中国人中若许士泰者何限十百，千万倍于许士泰者亦何限。其视政府若九天九渊之隔绝，当其一晋一嘲，十百千万倍于许士泰者。许士泰又宁足论其幸不幸哉。"④ 这是对封建政府不注意发现和使用人才的强烈控诉！许士泰在中日两国的不同遭遇是清政府腐朽昏庸的真实写照。许士泰在日本受重视或许是他个人的幸运，但却是清政府的悲哀和人民的不幸！张謇在东游期间对日本成功的经验进行了总结，对中国实现富强的方案进行了探索，并在东游后根据自己的结论大胆地进行实践。他认识到政治既无处不在又与教育和实业的荣枯休戚相关，所谓"政因而业果"，"实业之命脉，无不系于政治"⑤。因此，又不禁把注意的目光投射到政治层面，进而提出以日为师、改革政制、实行立宪政治的主张。他买来日本政

① 张謇研究中心、南通市图书馆编《张謇全集》第六卷，页482。
② 张謇研究中心、南通市图书馆编《张謇全集》第六卷，页483。
③ 张謇研究中心、南通市图书馆编《张謇全集》第六卷，页484。
④ 张謇研究中心、南通市图书馆编《张謇全集》第六卷，页504。
⑤ 沈家五编《张謇农商总长任期经济资料选编》，南京大学出版社，1987年，页11—12。

治书籍进行研究，并在回国后在兴实业、广教育的同时积极投身政治运动，成为立宪派的主要代表人物之一。其子张孝若说他自日本回国后，"见到官员友人，遇到谈论通讯，没有不劝解磋摩各种立宪问题"的①。他组织译印了《宪法义解》《日本宪法》《日本议会史》等，并分赠各方人士，甚至还托人将日本宪法送到内宫。另外鉴于"地方自治为立宪之根本"②，所以他自日本回国后"益致力于地方自治事业"。

原载于《河南师范大学学报》(哲学社会科学版)2000 年第 4 期

作者单位：南通大学文学院

---

① 张孝若《南通张季直先生传记》，中华书局，1931 年，页 136。

② 张謇研究中心、南通市图书馆编《张謇全集》第四卷，页 376。

张謇与森村父子凿井欺诈未遂事件小考

刘　佳

张謇 1903 年东游日本，曾有"日本唯商德最下"① 一说。引发张謇如此激烈言论的导火索正是以森村扇四郎、森村要父子为中心，高野周省参与，日本外务省翻译小林光太郎牵涉其中的凿井欺诈未遂事件。笔者调查日文相关文献，发现张謇《癸卯东游日记》中所载内容存在与事实些许不符之处。本文拟还原事实真相，分析导致张謇怒斥"日本唯商德最下"的要因。

一、森村父子凿井欺诈未遂事件

据张謇《癸卯东游日记》所记，森村父子事件概要如下：1902 年张謇曾雇日人伊藤泽次郎父子在通州凿井，未见成效。张謇从罗振玉处获知，日本驻上海领事馆领事小田切（即小田切万寿之助，张謇误记为"小田"）为森村父子代售矿井机器图，于是委托罗处理相关事宜。因钱念劬跟随小林学习日语，因此罗振玉托钱代为咨询。后罗振玉与森村要商定，拟考察其在日本伊豆的凿井成果。抵达东京后的 6 月 20 日、22 日、23 日，他与扇四郎商谈凿井事宜。24 日，似已谈妥，于是张謇"订购凿井器议稿"。28 日，扇四郎与其友人高野又为凿井一事而来。但张謇此时已认定森村父子不可信，"已无意观其伊豆之工矣"。森村要在上海时曾向张謇借钱，张謇以还钱一事试探，见父子二人百般推诿，更断定二人意图欺诈，于是严词拒绝了凿井

---

① 李明勋、尤世玮主编《张謇全集》8，上海辞书出版社，2012 年，页 552。

合作。①

张謇对森村父子的怀疑并非无端臆想，而是一步一步加深的。

张謇与森村要第一次见面是在上海，"要举止佻荡，目动而言肆"②，即对其印象不佳；第二次见面，森村便开口借钱，更令张謇起疑。或许因罗振玉愿意为其作保，或许迫于垦牧事业亟需凿井技术，张謇并没有中止与森村要的交往。与张謇同游日本的蒋黼有记："季直又携日本人森村要为舌人。"③ 可知在东游前，森村要已有作为张謇随行翻译的经历。但森村刚到日本就去嫖娼，又引发了张謇的恶感。不过，此时张謇与森村合作的计划还未受影响。6 月 15 日，《大阪朝日新闻》披露了张謇的拟定行程，前往伊豆考察森村凿井的成果仍在他的计划之中，报道还称双方已就通州垦牧地凿井相关问题协商完毕。④

在东京与扇四郎几次面谈之后，张謇发现其言辞与罗、钱书信中所写多有矛盾之处。更可疑的是，扇四郎的名片上自称"工师"，但高野却称之为"海军技师长"。张謇查访海军，却未能验证扇四郎的这一身份。不止如此，张謇在横滨也未找到扇四郎所说的矿业商会，却发现他搬入横滨户部町仅三个月，户籍之下仅有一子就读中学校。这让张謇认为森村要与扇四郎的父子关系也是谎言。⑤

高野与小林则加剧了张謇对森村父子的疑虑。因高野自称"农学士""兽医"，张謇却未在农科大学学士名单中发现高野之名，在警察厅查到其"名下仅署一农字"。再加上小林素来风评不佳，张謇获悉森村与小林交好，上海领事馆为其代售图纸乃是小林所为。⑥结合种种端倪，张謇显然已将凿井一事归结为政商合谋的商业欺诈手法了。

---

① 李明勋、尤世玮主编《张謇全集》8，页 553—554。
②⑤⑥ 李明勋、尤世玮主编《张謇全集》8，页 554。
③ 蒋黼《东游日记》，苏城宫巷中斐韫斋，出版年不明。
④ 《張謇氏の出発》，《大阪朝日新闻》，1903 年 6 月 15 日。

二、森村扇四郎与森村要其人

事件真相究竟如何，单凭张謇一家之言难免有以偏概全之嫌。笔者调查日文相关文献，可知张謇确实对森村父子存在一定误解。

首先，森村要确为扇四郎之子。森村要著有《凿泉之梗概》(1918)一书，称扇四郎为"先考"①。如果说 1903 年两人有可能为欺诈张謇而谎称父子，那么十五年后断然没有这种必要了。张謇没有查到森村要的户籍，极有可能是因为他的户籍已经迁出扇四郎住所。

其次，扇四郎的海军技师与凿井专家身份确实可信。

1912 年，《实业之横滨》②第 9 卷第 11 号起，分三期刊载了扇四郎撰写的《水道上水之新研究》。文章从水源、水管设备、掘井技术、挖掘地点的选定等方面进行论述，援引德国、美国实例，指出研究东京水源问题以及发展凿井事业、提高土地生产力的重要性。其中，扇四郎提及了自己的履历：曾以技师身份在海军服务多年，精通机械，后潜心钻研、改良技术，为日本凿井业的发展做出了贡献。文中还列举了日本农商务省授予森村式凿井机的专利：

① 回转凿泉器的构造及特长享有 8 种专利权；

② 自动回转槌、凿泉用砂扬器、凿泉用砂扬唧筒的构造及特长享有 14 种专利权；

③ 凿泉锥兼砂扬器享有 8 种专利权；

④ 便搬凿泉器享有专利领域最大的 29 种专利权③。

森村要在《凿泉之梗概》一书中对扇四郎生平的介绍则更为具体：扇四郎明治初年奉职于帝国海军造兵厂，后被派往法国留学。留法期间，他深感凿井事业利国利民，回国后转向凿井领域，又两度赴欧美

① 森村要《凿泉之梗概》，小川八郎，1918 年，页 3。
② 1904 年 10 月由石渡道助创办。其内容以日本横滨的产业、经济、商业相关信息为主，也涉及政治、教育、金融等领域，是横滨实业界的重要杂志。
③ 森村扇四郎《水道上水之新研究》，《实业之横浜》，1912 年 9 月，卷 12 页 22。

深造。其后半生投身凿井事业，却在事业终有起色之际病逝。①

如果说森村父子所言尚不足信，还有扇四郎参与创办的凿井公司——日本凿泉合资会社②成立八十周年所编纂的公司史可为佐证。现摘要扇四郎相关记录翻译如下：

曾为海军技师的森村扇四郎发明了森村式凿井机，在与处理专利事务的律师松本隆治的接触中，二人意气相投。松本提供资金，森村提供技术与劳力，于 1912 年 4 月 25 日共同创办了日本凿泉合资会社。森村式凿井机是日本最早以石油为动力的凿井机。③

松本 1904 年开设律师所，主营业务之一就是专利代理。④ 松本作为法务专家，从为扇四郎代理申请专利事宜到共创公司，也从侧面说明扇四郎确实掌握着先进的凿井技术。至于专利取得的具体时间，根据目前掌握的资料，估计应该是在 1911 至 1912 年 4 月之前。

也就是说，张謇对森村父子关系及扇四郎海军技师与凿井专家身份的怀疑其实是不成立的。凿井事业无法一蹴而就，森村家又有图纸在领事馆托售，即便扇四郎在 1912 年取得的成就并不能说明他 1903 年时的水平，但其凿井技师身份是确实无疑的。结合森村要的说法，笔者推测最有可能的情况是，1903 年扇四郎在日本凿井业郁郁不得志，转而希望能在中国拓展业务，获得资金支持，于是才有了与张謇的这一段交集。

三、高野周省其人

据张謇所记，高野自称农学士，张謇曾往农科大学调查其身份，

① 森村要《凿泉之梗概》，页 39。

② 现名为株式会社日さく（Nissaku），仍以凿井、地下水相关设备等为主要业务，注册资金 1 亿日元，公司员工 273 人。

③ 日さく80年のあゆみ编纂委员会编《80 年のあゆみ：株式会社日さく》，日さく，1992 年，页 1—4。

④ 佐藤岩《大分县人士录》，大分县人士录发行所，1914 年，页 306。

但未见其学位记录。若张謇记录无误，所谓农科大学即今东京大学农学部，1890 年帝国大学下设农学分科大学，因此冠以"农科大学"之名，1919 年 2 月改称"农学部"。笔者查阅学生与毕业生名册，确实没有高野相关记录。① 1903 年前有资格授予农学士学位的还有札幌农学校（今北海道大学农学部），校史记录中亦无高野之名。② 虽然这并不能完全排除高野在海外取得农学士学位的可能性，但若真如此，张謇也不会专程前往农科大学一查究竟了。此外，还有一种可能性，就是高野曾就读过某所农学校，却宣称自己是农学士。当时东京还有一所农业专科学校——私立东京农学校（今东京农业大学），创办于 1893 年，1901 年改名为高等农学校，1911 年升格为私立东京农业大学，③ 此后才具备授予农学士学历的资格，该校亦无高野就读记录④。至于高野是否曾就读过日本其他地区的农学校，目前尚不清楚，但毫无疑问，他在学历问题上是对张謇说了谎的。

而高野敢自称农学士、兽医，或许与其曾为下总牧羊场⑤职员及东洋农会⑥非正式会员的身份有关⑦。下总牧羊场创办于 1875 年，同年即开始招收所谓"牧羊生徒"教授畜牧业，学制 3 年，但高野不是该牧羊场的学生。⑧ 现在尚无法考证高野在就职于牧羊场前是否已经

---

①　东京帝国大学编《东京帝国大学一览从大正元年至大正 2 年》，东京帝国大学，1924 年，页 226—237。

②　北海道帝国大学编《北海道帝国大学一览自大正 7 年至 8 年》，北海道帝国大学，1926 年，页 170—212。

③　东京农业大学图书馆编《东京农业大学创立五十年式典记念写真帖》，东京农业大学校友会，1940 年，页 1—2。

④　笔者曾于 2015 年 12 月 25 日电话委托该校图书馆查询毕业生名册，未见高野之名。

⑤　1875 年由曾任日本大藏省理事官、赴欧美考察过农业的岩山敬义创办。

⑥　1879 年，以岩山敬义为核心、下总牧羊场职员与学生参与的东洋农会正式创立。东洋农会是日本最早的全国性农会——大日本农会的最重要母体。

⑦　友田清彦《明治初期の农业结社と大日本农会の创设(1)—东洋农会と东京讲农会》，《农村研究》2006 年，第 102 号，页 1—3。

⑧　友田清彦《下总牧羊场の系谱》，《农村研究》2003 年，第 96 号，页 28。

具备农业或畜牧业专业知识，他在牧羊场的工作是否直接与农畜相关亦不得而知，不过，至少可以确认的是高野在 1880 年并不具有兽医资格①。而张謇查到高野在警察厅的档案署有"农"字，说明从 1880 年以来他确实从事农业相关工作。

四、张謇对森村父子等人的认识

那么，究竟是什么原因导致了张謇对森村父子等人产生了一定的误解呢？笔者认为，除了翻译错译、误译的可能性之外，双方信息不对等、森村父子等人为招揽业务夸大其词是最合理的解释。当然，张謇对日本人所抱持的警戒心也是重要因素。

首先是因信息不对等而产生的误解。张謇对扇四郎的过往履历并不了解，见名片只印"工师"两字，森村父子应该也未对此作出说明，那么，高野称扇四郎为"海军技师长"，当然会引起张謇的怀疑。

再者，森村父子等人在与张謇交涉的过程中，确实存在弄虚作假、言过其实的情况。扇四郎的凿井机虽有领先之处，但在技术向实际转化的过程中，却存在着不小的问题。森村式凿井机在日本凿泉合资会社成立后的第一项工程中即发生事故，导致工程被迫中止，扇四郎引咎辞职。② 此后，他在凿井技术上也未再取得突破。扇四郎死后直到 1918 年，森村式凿泉商会亦无新技术诞生。森村要撰写《凿泉之梗概》的目的，其实是为争取大阪府堺市普及自来水的市政工程。③ 该书除了罗列扇四郎所取得的专利之外，仅有几张照片展示了两项实际业绩：一为仙台市铁道院停车场凿井工程，二为东京府下落

---

① 友田清彦绘制的《东洋农会会员名簿》中对会员身份职务有明确标记，甚至细化到"马医"与"兽医"之分，而高野的身份职务栏中仅有"隶属下总种畜场，新泻县"的说明。

② 日さく80年のあゆみ编纂委员会编《80年のあゆみ：株式会社日さく》，页 4。

③ 森村要《凿泉之梗概》，页 40。

和村凿井工程。① 前者无法查证，后者就是上文所述日本凿泉合资会社遭遇失败的那项工程。森村要自称继承父亲遗志，先后两次留学美国，钻研凿井技术，累积了丰富的实际作业经验，其凿井技术在日本无人能出其右。② 他抨击日本凿井界多有跳梁小丑，但自己毫无成绩可言，还将其父的败绩混入业绩之中企图鱼目混珠，既缺乏能力又无诚信可言。森村父子如是，高野亦如是。他谎称自己是农学士，也是为自己贴金，抬高身价。

对于日本，张謇从朝鲜壬午兵变之后，就开始对其扩张野心抱持着高度的警戒心；对于日本人，他一直谨慎务实，秉持听其言而观其行的态度。1898 年，张謇就曾说过"日人言则甘矣，须观其后"③，隐晦地表达了对只作口头文章的日本人的反感④。森村父子与高野越吹嘘自己，本就心怀警戒的张謇自然也就越发怀疑他们。不过，即便是对森村父子存在一定的误解，但张謇确实看清了这几个日本人的品性。

五、张謇"日本唯商德最下"论

张謇"日本唯商德最下"之言发于 6 月 17 日。当天，他参观名古屋商业学校，"市村示其校规，加意于信用服从，斋藤示其伦理书，亦兢兢于私德"，张謇却突兀地提及"日本唯商德最下，二君注意于此，真对证之良药"。⑤ 此时张謇还未与扇四郎见面，如此激烈之辞似乎师出无名。实际上这句话是张謇回国后修改校订《癸卯东游日记》

---

① 森村要《凿泉之梗概》，插图。
② 森村要《凿泉之梗概》，页 39。
③ 张謇研究中心、南通市图书馆编《张謇全集》第八卷，页 445。
④ 戊戌前，为建立"日清同盟"，日本参谋本部、外务省派人在江浙一带对督抚、士人进行积极游说。1898 年张謇的友人郑孝胥、郑观应、文廷式等人为建立上海亚细亚协会而积极奔走，但亚细亚协会最终不了了之。
⑤ 张謇研究中心、南通市图书馆编《张謇全集》第八卷，页 552。

时添加的①，可见回想此事仍余怒难消，才在参观商业学校的日记中借题发挥。

森村父子凿井欺诈事件是激发张謇"日本唯商德最下"论最直接的导火索。除此之外，还有以下几点因素。

首先，日人长年以来在商业活动中缺乏诚信。1903年2月，就在张謇赴日之前不久，上海发生过一起日本人伪造中国通商银行五元、十元钞票的案件，导致该行一度发生挤兑风潮，被迫收回所有已发行纸钞，而在日本政府的庇护下，伪造纸钞的4名日本人却免于经济赔偿。② 中国银行都无法维护自身权益，更不用说普通中国人了。张謇日记中有载："余谓日人商业甚无信义，十余年来，中人之受诳者，指不胜屈"，"闻半年来，中人受诳于日人者，复有数事。其甚细者，值仅五圆"。③

其次便是日本近代教育史上的最大丑闻——"教科书疑狱事件"。明治后期，从事教科书出版的各出版社为使自己所制作的教科书通过检定，纷纷向拥有教材审核权的各府县官员、校长、教员等行贿，一时竟蔚然成风。日本教育界近200人被卷入其中，1903年3月，经过案件审理、上诉，最终116人被判定有罪。张謇东游的主要目的之一就是聘请富有经验却因牵连其中而无法在日本教育界立足的日本教习。这是他在教育资金严重缺乏的情况下，迫于现实的无奈之举，并非完全无视其私德上的瑕疵④。于是，张謇自然将两件事联系了起来："日人谋教育三十年，春间教科书狱发，牵连校长、教谕等近百人。今察其工商业中私德之腐溃又如此，以是见教育真实普及之难，

① 张謇《柳西草堂日记》，沈云龙编《近代中国史料丛刊第三编》，文海出版社，1985年，页2049。

② 陈礼茂《中国通商银行的创立与早期运作研究(1896—1911)》，复旦大学历史学系，2004年，页139—140。

③ 李明勋、尤世玮主编《张謇全集》8，页554。

④ 刘佳《通州师范学校和教科书疑狱——论张謇的对外人才观》，黄贤全、邹芙都编《中国史跨学科研究博士论坛文集》，科学出版社，2018年，页290—291。

而人民性质迁贸于开通，有不期然而然之势。"①

　　此外，通州师范学校日本教习吉泽嘉寿之丞的毁约行为也累积了张謇对日人商德的不满。吉泽是张謇在创办通州师范学校时就聘请的教习，却曾有不守契约、长时间离开南通的行为。张謇就曾严厉批评说："吉泽久不来，甚不合信义。"②

六、结语

　　张謇《癸卯东游日记》中记载的发生于 1903 年的凿井一事，或许原本只是寻常的商业合作，但森村父子等人为达目的，夸大其词、弄虚作假的失信行为招致了张謇的怀疑，即便扇四郎确有一些真才实学，张謇还是将此事定性为欺诈未遂事件。耳闻目睹，加上亲身经历，使得张謇长期以来对日本人缺乏商业信誉的不满爆发，这也是"日本唯商德最下"论的由来。

作者单位：南通大学张謇研究院

---

①　李明勋、尤世玮主编《张謇全集》4，页 554。
②　李明勋、尤世玮主编《张謇全集》3，页 1421。

张孝若之欧美日十国实业考察述论

许冠亭

20世纪20年代，著名实业家张謇之子、年方24岁的张孝若由政府委派为欧美实业考察专使，他率领考察团在历时7个多月的时间里，环绕地球一周，先后考察了法国、比利时、荷兰、德国、奥地利、瑞士、意大利、英国、美国、日本10国。《申报》对考察团的活动作了全过程跟踪报道，据笔者不完全统计，相关报道有60多篇，可谓当时舆论的一个热点。[①] 但是，对张孝若的这一重要活动，并无人进行过专门的论述，已有的零星述说也多有舛误。其主要原因就在于忽视了《申报》所作的大量报道。对中国实业考察的这一典型个案全面的梳理和展示，不仅可以匡正一些史实上的谬见，更可以领略商人在国民外交中曾经发挥的重要作用，体会其无法承受的历史重担。

一、任命、受命及考察前的准备

20世纪20年代初的中国，一方面是"兵争不已，财匮于上而力弊于下"，军阀相互混战、南北分裂；另一方面是"待兴之业，百业未举，望治之人，若饥企食"，人民渴望统一、改善民生。[②] 1922年6月，总统黎元洪再度出任中华民国大总统后，提出废督裁兵，南北统一，发展经济的政策主张，受到包括民族工商业者在内的社会各界

---

① 此统计数字的搜检范围为《申报》从1922年7月15日刊登任命张孝若为赴欧美调查实业专使的"大总统令"至1924年5月9日刊载《张孝若之海外侨胞情形报告》。

② 张孝若《南通张季直先生传记》，中华书局，1936年，页493—494。

的赞同。他于 7 月 13 日颁布"大总统令",任命张孝若为赴欧美调查实业专使,"前往欧美调查实业事宜",了解欧美、日本在第一次世界大战后工商业的最新情况。这就是以张孝若为专使的赴欧美实业考察的由来。①

张孝若,江苏南通人,1898 年生,1917 年赴美国留学,次年获美国亚诺尔特商科大学商学士后回国,协助父亲张謇从事实业教育等活动,任南通县商会特别委员、淮海实业银行总经理、南通大学评议员会会长、教授,并倡导组织了南通自治会,任江苏省议会会员。但张孝若既非政府官员,更无外交经验,他被委任为赴欧美调查实业专使,无疑与张謇在当时中国政商学各界的显赫地位密切相关。对此任命,张孝若自认为"年少才轻,识疏学浅"。张謇的心情也是"喜惧交并,喜则元首重临,特重国家大计;惧则行人要选,被诸乡里小儿。实业主经验、有时地,儿子粗习见闻,而经验浅;专使尚交际、有学识,儿子略涉经训,而交际疏"②。他们深知当时国内政争激烈,稍有不慎会陷入政治漩涡,而"一踏进这个粪坑,没有不弄到浑身烂臭的"③。犹豫不决中,张孝若"迭接各省工商团体纷电敦促",张謇遂以"调查欧美实业状况,归告国人取法,实国民报国之天职",劝张孝若"勉为担任"④。张謇声称:"惟念此行,只在谋获于野,归贡于人……无事折冲于樽俎,或可备试于辀轩,用是不辞。"张孝若则表示:"以仕为学,始进宁敢必其优,闻诏无诺,后生不敢违于礼。"⑤张孝若对外界的解释:"一、此事与其他官职不同,既无地盘、更无权利、不致为他人所不谅;二、华会闭幕后,全世界均注重实业及经济之改进,吾国政治纷扰,决非久局,政府既注意及此,予为国民之一,似亦未可卸责;三、欲借此一行,增长个人之阅历见识。"⑥

张孝若接受任命后,便极为忙碌地开始准备,到 1923 年 9 月 17

---

① 《七月十三日大总统令》,《申报》1922 年 7 月 15 日。
②④⑤ 《张謇父子对调查实业之表示》,《申报》1922 年 7 月 18 日。
③ 张孝若《南通张季直先生传记》,页 491。
⑥ 《张孝若之谈话》,《申报》1922 年 8 月 2 日。

日动身，准备时间长达一年零二个月。

其一，为了使调查能取得实效，他将调查内容分门别类，征求各方意见。他频频出席各种聚会，讲述自己对于中国改进实业之意见及对欧美调查的方针，要求与会者献计献策。他还制定了考察欧美日本各国实业专使悬赏征文章程，向"现在各国留学之大学肄业生或毕业生，或本国大学之肄业生或毕业生，或各国留学生已返国者"就涉及中国实业如何根据国情利用、吸收、借鉴发达国家的重要课题以及当时世界政治经济的一些棘手问题，进行研究，撰写论文，"1924 年 1 月 1 日前邮寄驻美中国公使馆转考察实业专使，由专使交特派委员三人评定次第发奖"①。张孝若的行动赢得了社会各界的响应和支持，其中南通图书馆职员胡汀云特上书张专使，他认为："我国近年出洋考察实业，虽不乏人，惟多注重大制造大工业，而人力之小机器小工业，鲜有注意及之者，然工业一道在乎普及，愈小愈易推广，除钢铁与轮船枪炮等厂，固非有大规模之组织不可，此外之工业，皆可大可小。"所以，"请嘱随员代为调查欧美日本各国最新发明之各种人力机器及各种小工业，并开列应行特别注意之事项"②。

其二，他北上北京，于 1923 年 1 月 28 日中午与黎元洪总统见面，下午赴全国商会联合会向各省代表演说出外考察方针，及对于工商界之希望，晚上与国务总理张绍曾会谈。旋赴南京与江苏督军齐燮元，省长韩国钧及财政厅、实业厅等各厅长，总商会，江苏省议会等接触，赴上海与淞沪护军使何丰林、外交部驻沪交涉员许沅、上海总商会、青年会、武术会、道路协会、银行纱厂各公会、职业教育社、科学社等晤谈，他还与力促中国南北和平的何东爵士进行会谈，并与各国驻沪总领事进行会晤。

其三，认真挑选考察团成员，组团出发。为了使调查能顺利进

---

① 《考查欧美日本各国实业专使悬奖征文章程》，《申报》1922 年 9 月 12 日。
② 《张孝若明日放洋》，《申报》1923 年 9 月 16 日。

行，张孝若挑选了七名随员。他们是：席德炯、朱中道、张文潜、徐德称、钱昌照、许兆凤、李敏孚。整个代表团成员风华正茂，学识不凡，分工明确。

其四，商定行动路线和出发时间。先拟于1923年3月15日"乘赴日本考察，次及美英法印度南洋各埠，约需六个月方能回国"①。后又"请发经费暨国书等问题，稍为稽延"，而"定于六月底由沪乘日邮船香取丸号放洋，先至日本，然后分赴英、美、法、意、德、比、和、瑞等国，依次调查"②。但后来调整考察路线，决定先从香港、南洋而至法国开始考察第一次世界大战后的欧洲国家，然后再赴美、日。最终成行的时间则是1923年9月17日。考察的国家原定为法国、意大利、德国、比利时、荷兰、瑞士、英国、美国、日本九国。但途中因为"应奥政府及总商会之请"而访问了奥地利③，最后实际访问了十国。张孝若等经过一年多热烈繁忙的准备工作，一切就绪时，中国政局却又发生了激烈的动荡，黎元洪徒托空言，大小军阀拥兵如故，为曹锟手下逼下台，而曹锟积极谋划贿选总统。中国政治更形黑暗。但抱着实业救国的理想，肩负社会各界的殷殷期待，张孝若决定率领考察团出发，张謇专门做了一篇"使行训"告诫张孝若的考察"必度我所尤需，审我所能至，准天时而因地利，权国势而导人情"④。

二、关于考察过程及其内容

1923年9月17日，张孝若在上海码头启程远行。自此到1924年4月19日中国赴欧美日各国考察实业之专使张孝若率考察团回到

---

① 《张孝若放洋期已定》，《申报》1923年3月5日。
② 《张孝若月底放洋》，《申报》1923年6月7日。
③ 《奥京维也纳电》，《申报》1923年12月19日。
④ 张孝若《南通张季直先生传记》，页494。

上海，"为期历 7 个月零三天，经历十国，凡三万英里"①。

　　10 月 27 日张孝若抵达法国巴黎，开始正式考察。在法国期间，张孝若在法政府特派员陪同下考察克罗索电厂、斯乃德军工厂，又参观矿穴并穿工衣留矿井考察两小时，考察了法国最大的酿酒厂，在法陆部备专车派员陪同下冒雨查视雷姆战场，其他随员则分头考察。11 月 20 日，张孝若到达第二站比利时。代表团连日考察玻璃、煤矿、纺织事业。11 月 20 日，张孝若一行启程赴第三站荷兰。代表团在荷兰连日考察阿姆斯特丹、鹿特丹等名城，考察海港、水利工程、纱厂、人造丝厂、飞艇厂、机器厂、铁厂等。12 月 2 日，张孝若一行赴第四站德国进行访问。在德国柏林、汉堡、爱森等城市参观考察，各随员分途考察各实业。张孝若参观了海港、造船厂、白兰地酒厂、克虏伯兵工厂等。12 月 16 日，张孝若一行又应奥地利政府及总商会邀请到达维也纳，考察该市工业各机关。12 月 20 日，张孝若一行从奥地利赶到瑞士首都伯诺进行访问，参观伯诺的一些工厂。22 日上午代表团又从伯诺赶到日内瓦。12 月 23 日，代表团离开瑞士赴意大利，24 日到达意大利首都罗马、米兰等城市，参观丝厂等。1924 年 1 月 6 日，张孝若率团到达英国伦敦，这是代表团在欧洲的最后一站。在英国期间，考察团赴各省考察一切。考察了伦敦、曼彻斯特、利物浦等城市，视察造路工程、农业机械、惟考钢铁厂、亚雷军械厂、织呢厂等。1 月 23 日晚，张孝若率其他成员在英国政府代表等欢送下坐船赴美国。

　　1924 年 2 月 3 日，张孝若一行到达美国纽约。考察团先到费城考察了钢铁厂、纺织厂，由勃特将军导观费城的市政组织。然后又返回纽约，视察海港，参观了孔雀公司、最大影戏公司、造纸厂。然后考察团赴波士顿参观海港，考察了赛康洛尔器厂、太平洋纺织厂。2 月 24 日，张孝若来到布法罗。2 月 26 日，张孝若到钢铁基地匹茨堡考察，随后赴底特律参观美国汽车工业，受到汽车大王福特的款待。

　　① 《八团体欢迎张孝若》，《申报》1924 年 4 月 21 日。

3月2日，张孝若来到芝加哥考察各厂。考察团又赴圣路易斯考察各厂、银行。他们到洛杉矶市后，考察海港及电影公司。然后赴旧金山视察海港及各工厂，最后到达西雅图，结束了在美国之考察。日本是张孝若整个实业考察的最后一站。1924年4月3日，张孝若到达日本横滨。随即赴东京，之后代表团到大阪考察各厂，到神户考察船坞、船厂。4月16日，他在神户与下野赴日的总统黎元洪见面。然后在日本各界华侨学生的欢送下乘坐轮船回国。①

从其考察活动情况可以看出，考察范围非常广泛，行程安排十分紧凑。为了对每一个国家的考察有比较充分的准备并拟订考察大纲以及考察后及时总结。例如，代表团离开意大利返回法国巴黎，就"谢绝一切交际酬应"，着手"汇编考察实业报告书"，并积极准备赴英考察。② 考虑到"实业门类繁多，各国亦互有短长"，考察团就"特择其重要者二三事，加以精密之调查，俾作回国后兴发实业之借镜"③。考察期间，"重洋跋涉，舟车之暇，流连山水，触景生情，兴会所至，便做诗消遣，也有二三百首"，后来张謇将这些诗题名为《士学集》。④

三、考察中的广泛接触

张孝若在率领考察团"勤审考察，随时讲求记录"⑤ 外，还与各国政府的首脑及地方长官、议会、商会各界接触，与万国商联会、国际联盟、国际劳工组织等国际组织进行了广泛的接触，参加了华侨及中国留学生的各种欢迎会、茶会。这些广泛的接触，使考察成果大大丰富。

其一，与各国政界要员和实业界要人进行了广泛的接触，其言辞

---

① 以上为笔者翻阅当时《申报》对7个多月考察所作的各种追踪报道而归纳写成。
② 《巴黎电》，《申报》1924年1月4日。
③ 《八团体欢迎张孝若》，《申报》1924年4月21日。
④ 张孝若《南通张季直先生传记》，页495。
⑤ 张孝若《南通张季直先生传记》，页494。

使各国朝野人士"很为动容"①。

　　张孝若在法国期间参加在巴黎市政厅举行的欢迎会。面对法国朝野各界头面人物，他就华工关系与欧洲胜利的关系、中国留学生赴法勤工俭学与两国关系、滇越交通关系及合作之必要等问题发表演说。11 月 19 日晚，世界各国最大无线电台请张孝若向总机演说。张孝若在演说中阐述了无线电与通商关系及学术之相助。11 月 20 日晚，他又赴法国大理院全国政治经济协会演说，认为"以条约束缚关税自由为不合经济大同之潮流、失国际相助之精神，并解释中国现今关税不但不公、且又不利于他国对华通商之发展"②。张孝若的精彩演说表达了中国要求废除协定关税以求国际商业平等的正义要求。张謇即在日记中记道："由沪无线电传怡儿在巴黎演说关税，极有价值。"③

　　考察团在荷兰出席了荷兰总理及各部部长的欢迎会，荷兰全国著名实业家均到场。张孝若在演说中对中荷通商关系特别是水利工程方面表示希望得到"更多导助"④。在德国，张孝若出席有许多要人参加的柏林市长举行的欢迎茶会及各地方议会、行政的欢迎会，他在演说中强调了中德之间在原料、技术等方面互助之利益。

　　12 月 24 日考察团到达罗马，恰逢圣诞节休假，但意大利政府及工商各团体仍约期宴会。张孝若就"中意文化及其他彼此相同之点、及中国对于通商希望"发表演说，意大利"各报著论欢迎"⑤。

　　在英国，考察团出席了英国政府、商会、各地方政府及各界头面人物举行的各种招待会，发表了各种演说。张孝若在演说中，一是强调"中国政治混乱、系局部不和，不久必能大定。实业发达甚速，观

　　①　张孝若《南通张季直先生传记》，页 494。
　　②　《巴黎电》，《申报》1923 年 11 月 23 日。
　　③　张謇研究中心、南通市图书馆编《张謇全集》第六卷，江苏古籍出版社，1994年，页 895。
　　④　《荷京 Sgravenhage 电》，《申报》1923 年 11 月 29 日。
　　⑤　《罗马电》，《申报》1923 年 12 月 28 日。

近年进出口货连年增加，即可证明"①。他希望通过演说能使英国对中国的政治保持耐心和信心，尽可能以此恢复国家的国际声望；二是强调英国纺织机器在中国之价值及中国纺织情形，阐述了中英商贸关系的互补性及发展的必要性。②张孝若还与英国海外商部克拉克爵士举行会谈，与英国农商总长交换意见，与英国各地商会及重要商行之代表及与关心中英商业关系的人士进行讨论，交换通商意见，并讨论资本家、劳工界合作计划。

在美国，张孝若一行在 2 月 6 日受到美国总统柯立芝、国务卿赫夫司在白宫宴会款待。在纽约参加中国协会举行聚餐年会，"政学商界要人到者五百余"，张孝若发表演说，认为："中国实业现与英美初兴时期大略相同，深有厚望。中美两国感情素好，在政治有亲密事实可证，通商关系自必渐次发达。"③张孝若在纽约、波士顿参观考察，在宴会演说中，张孝若指出"中美谅解及互助，必能使太平洋两大国合尚世界各国于和平健旺之域"。2 月 24 日晚上，张孝若在布法罗的无线电台演说，张孝若谓："今日华盛顿极为世界各国追念，因华盛顿不独为美国国父，亦世界各民主国导师，对于政治，渐知奋斗，且知立国根本在实业。"④ 3 月 2 日，张孝若前往林肯墓敬献花圈，他在演说中表示"中国共和前途，正希望有林肯其人"⑤。

在日本东京，受到日本外务大臣款待，继赴日本商界领袖涩泽子爵的欢迎茶会。张孝若在东京期间，与日本政界、商界、议会进行接触，受到日本总理大臣款待和摄政太子的接见。张孝若在演说中强调"中国实业，因历史社会情形，取法日本较欧美各国为多，但实业相助，以人民友谊为基础"⑥。

① 《伦敦电》，《申报》1924 年 1 月 18 日。
② 《曼给斯德电》，《申报》1924 年 1 月 21 日。
③ 《纽约电》，《申报》1924 年 2 月 16 日。
④ 《保菲罗（Buffalo）电》，《申报》1924 年 2 月 26 日。
⑤ 《芝加哥电》，《申报》1924 年 3 月 6 日。
⑥ 《东京电》，《申报》1924 年 4 月 9 日。

其二，与万国商联会、国际联盟、国际劳工组织等国际组织进行了广泛的接触。在巴黎，参加万国商联会（即国际商会）茶会举行的宴会并发表演说。对万国商联会希望中国参加该组织，张孝若表示将在回国后与国内商会商量。12月22日上午代表团又赶到日内瓦，"专事考察国际联盟组织及国际劳工局"。代表团在国际劳工局和国际联盟受到了"诚挚之欢迎"。张孝若在欢迎会上表示"国际联盟为解决国际争端维持世界和平之唯一机关，而不以施行任何政治势力为务，国际联盟所成之事业，实令人不胜钦佩"。在欢迎宴会上他又就"联盟对于世界各国之关系、中国加入之希望"等作了演说。①

其三，受到中国留学生和海外华侨的热情欢迎和欢送。在中国留德学生举行的欢迎会上，张孝若发表演说，阐述中国提倡实业要旨，希望留学生"注意德意志体制方法"②。在英国期间，张孝若参加了中国学生联合会之欢迎会、华侨学生茶会，发表了演说。张孝若在中国学生联合会的欢迎会上"谓中国之前途、实在学生之手"，"国内教育、实业、商务，近均日有起色"。并鼓励大家"无庸抱持悲观"③。在华侨学生茶会的演说中他强调："华侨须有团结创立之精神，学生须有稳定奋发之志愿，中国前途全在商学界合作。"④ 在美国费城，张孝若也赴中国留学生欢迎会演说。几年后，张孝若这样回忆道："我对于国人留外之团体或私人，亦多量力资助。而各处侨胞对我表示极隆重的接待和鼓舞的情状，很使我脑海中得到极深刻的印象，永远不能忘去。"⑤

①　《日内瓦电》，《申报》1923年12月25日。

②　《柏林电》，《申报》1923年12月13日。

③　《实业团莅英记》，《申报》1924年1月13日。

④　《伦敦电》，《申报》1924年1月15日。

⑤　张孝若《南通张季直先生传记》，页495。

四、考察回国后的演讲和报告

1924 年 4 月 19 日，张孝若与随员回到上海，受到沪上官商各团体的热烈欢迎。行装甫卸，即于次日应上海总商会、江苏教育会等八团体邀请参加欢迎茶会并发表演讲。他说："此次往各国考察，乃类学生出外求学。今日报告，又无异身受考试。"他指出这次调查，"最注意者，即为：（1）各国朝野不明了中国之情形，致多隔阂，故随时对外宣传我国文化与社会之进步，使各国得由了解而臻友好。（2）实业门类繁多，各国亦互有短长，特择其重要者一二三事，加以精密之调查，俾作回国后兴发实业之借镜。（3）注意各国华侨、华工、留学生之状况，大都富勇敢冒险勤劳刻苦之精神。"

首先，在实业考察方面，张孝若对各国经济与工商业之状况，根据第一次世界大战"所受影响的不同"，分为五种类型。然后对这十个国家的经济在战前、战中、战后的变化分别说明，并且对于各国煤铁出产情形、纺织业、航运业的情况作了比较并提出了我国应该借鉴的地方。张孝若提出，"在此次考察后，对于整理国内实业之办法，窃觉有重要之道五，次要之道亦五。其重要者，一为清理外债，二为举办交通，三为提倡农垦，四为促进贸易，五为救济劳工。次要者，一为实行统计制度，二为补充实业知识，三为改良币制，四为裁免厘金税，五为划一度量衡制。"

在关于各国对华态度方面，张孝若认为："各国对华态度，殊不尽同，略可分为数种，（1）对华情形不甚明了，而愿研究者；（2）对华悲观者或轻视者。此种态度之由来，一方由于日人对华不利之宣传，一方亦由于旅华外人对于中国紊乱情形，直觉困苦而起；（3）崇拜中国历史文学美术者，而能谅解中国情形，并希望中国富强者。"中国应该分别不同情况采取相应措施进行外交努力。

对于国际联盟会的功能，张孝若认为，国际联盟"欲以会议之形式，免除国际间战争之痛苦，事实乃极困难"。但"我国既经加入，自当利用该会，故吾人当承认该会胜于任何单独之国家。吾人既为该会之一部分，则国际交涉，自当以国际公论为后盾。深望我国人士，对于此点勿放弃也"。对于华侨华工留学生方面，张孝若指出："吾国旅外华侨，无地无之，政府不加保护，彼等以个人信用与劳力积极奋斗，目下在各国工商业占势力者甚多。"他一方面介绍了华侨在海外的发展和对祖国的经济上的贡献，另一方面又反映了各地华侨遇到的许多困难，呼吁国内人士对在日本大地震中生命财产遭受严重损害的华侨"予以相当之援助"。他认为留学生"大都学理充足，经验丰富"，"此项人才，与我国实业前途，大有用处"，"故希望国内对于此种归国之留学生，予以相当之机会，使得展其所学，为国家社会谋幸福，实业发达，胥有赖焉"①。该演讲长达3小时，是张孝若率领的实业考察团的全面汇报。

4月24日下午，他与随员到南京秀山公园出席江苏省议会之宴请并发表演说，指出："立国要素，仍在法制。各国议会虽亦有争执，而争执原理，在政见不在私党。如比国荷兰瑞士三国，其土地不过各如中国一省之面积，而于国际地位上，能较高于中国，可见其建设之伟大，具有合作精神。苏省如能立法与行政协力合作，尽人力以谋建设，前途正未可量。"②

4月26日张孝若出席南通总商会召开的欢迎会，强调："论者为南通事业，犹倒置之埃及金字塔，此讥事业基础之不稳固，孝若闻之耿耿于心。若地方人才辈出，可免人存政举、人亡政息之痛。今亟须注意者，贵乎由人治而进于法治。……因人有兴亡而法无凌替也。"他又提出南通的教育、交通、实业、财政等重要方面的改革设想。③5月1日又应南通学生会邀请，在更俗剧场向各校学生四千多人发表演说，谈到考察各国实业的情形及美国教育之新趋势及中国应

①　《八团体欢迎张孝若》，《申报》1924年4月21日。
②　《省议会欢迎张孝若》，《申报》1924年4月26日。
③　《各界欢迎张孝若》，《申报》1924年4月28日。

行注意改革之点。①

　　张孝若又认真"辑刊报告，汇印成册"②，"将全部报告送呈政府"③。其中，《考察欧美纺织之报告》《考察日本纺织之报告》《欧美日本航业之报告》《海外侨胞情形报告》等相继发表在《申报》上。在这些报告中，张孝若指出："中国素为万国之市场，其竞争当最烈。吾国之纺织，经近年来之发展，成为国内之重要工业。然其发达之程度，实甚幼稚。苟不顺世界之趋势以求进步，或将无以永久。愿吾国纺织业务当时之急，先他人而进，则现时立业之基可固，而将来之发展可期矣。"④张孝若指出："欧美日本各国，几无处无侨胞之足迹，人数极多。……若与谈国事，关怀异常，但海外侨胞，一则因份子复杂，而团体殊形涣散，一则因国事纠纷，而保卫实有未尽，故欧美各国，有添设领事必要之处甚多。""吾政府社会，应竭其能力，护其基础巩固事业之扩张，对于联络感情，互通消息之机关，急应设法组织，金融商情，宜使活泼灵通。"⑤

五、评价

　　张孝若的考察有着精心的计划和安排，进行了认真的考察和研究，最后又进行了全面的总结，是近代中国实业考察的一个典型个案。

　　中国商人出国考察实业，较早的有著名实业家张謇应邀出席1903年日本举行的劝业博览会，在日本参观教育及实业事业。此后，由商会组织或商会成员个人进行的考察活动增多。1912年8月，前天津商务总会总理王贤宾访问日本，参观日本工商学，受到日本商会

---

①　《张孝若在更俗剧场演讲》，《申报》1924年5月3日。
②④　《张孝若考察欧美纺织之报告》，《申报》1924年4月28日。
③　张孝若《南通张季直先生传记》，页495。
⑤　《张孝若之海外侨胞情形报告》，《申报》1924年5月9日。

欢迎。1915年中国代表团赴美国考察实业。在20年代初，则有中国赴南洋考察实业团、上海总商会长聂云台赴欧美考察、马玉山赴欧美考察制糖、冯少山和唐宝书赴欧美考察、中国实业代表团访问日本等等。① 在这些出国考察中，有一些属于实业家个人的商务活动，有的则虽以实业考察为名却不以实业考察为主要任务。只有张孝若是由政府委派为专使担当外交代表出国进行考察的，而专注于对世界各主要工业国家的实业考察。而考察的国别多、范围广、时间长，在中国近代史上是空前绝后的。

　　张孝若的实业考察既非常全面，涉及工业、农业、商业和市政建设等各个方面，包括矿井、钢铁、机械、汽车制造、军工、电力、水利、交通、纺织、航运、金融、电影业等各领域，同时又不失重点，主要围绕着中国的实业需要而集中在纺织和航运等项目上。张孝若在考察中与其他国家政商界进行了广泛的接触，诚如其父所嘱之"儿见各国元首要人，务须诚笃谦谨而以礼自持，固不可亢，亦不可卑"②，充分展现了张孝若的外交才能。他在国际讲坛上对于中国关税自主等问题的呼吁，对中国收回关税自主权的斗争有积极的影响。他有鉴于当时中国的工人运动和世界的社会主义运动，在考察中注意到了劳工问题的重要性并考虑劳资关系的协调，这表明他力图适应社会潮流。他对华侨、华工和留学生的分析和由此提出的一些政策建议也相当中肯。张孝若的考察报告表明他具有全球视野并对解决国内问题具有极强的针对性。他归国后的演讲总是根据不同的受众，发表如何借鉴别国的经验教训的许多真知灼见，实际上也表达了他对社会现状的不满和对国家民族前途的期望。

　　但是，张孝若的考察所得在当时显然无法实行。张孝若考察前，各界寄予厚望。许多团体和个人也纷纷致电张孝若，如中华工商研究会、中国花边联合会致电张孝若："使者星轺所至，触于目者时警于

---

①　以上为笔者搜检20年代《申报》报道后举其要者。
②　张謇研究中心、南通市图书馆编《张謇全集》第四卷，页676。

心，何者堪为吾人师资，何者堪醒国人迷梦。""使者于此次欧战后，考查所得，归饷一般军阀政客，咸使之趋于工商一途。并得利用其资金，俾工厂如林。消纳一切游惰。非常事业必待非常之人。使者家学渊源，此行所关綦重。"考察归来后，各界也是期望殷殷，在欢迎会上，诸如"此次返国后，吾国实业之改进与发皇，张使谅有宏筹硕划，以善其后"[①] 等言论不绝于耳。令人遗憾的是，当时中国政治风云变幻莫测，不久江浙之战和第二次直奉战争爆发，政局动荡，金融工商，无不恐慌，"举凡关于交通农垦贸易劳动各要端"又何能"骤谋大规模之改革"[②]。而在张孝若考察期间及回国后，其父所经营的实业也遭受着严重的危机，"无一日不在忧患之中"[③]，他归国后忙于应付自身困难局面。在当时的动荡局面中，他亦无意于仕途，北京政府于 1924 年 5 月正式任命他为驻智利公使，为其坚辞。此后他又推辞了许多委任或推举，仅于 1926 年担任了几个月的扬子江水道委员会会长。张謇逝世后，张孝若便辞官回南通继承父业。动荡的时世使张孝若怀抱希望的实业考察和其他各种努力"没有多大功效"[④]。

原载于《江苏社会科学》2007 年第 1 期
作者单位：苏州大学政治与公共管理学院

---

① 《闸北五团体欢迎张孝若》，《申报》1924 年 4 月 26 日。
② 《张孝若在沪之酬酢》，《申报》1924 年 4 月 22 日。
③ 张謇研究中心、南通市图书馆编《张謇全集》第四卷，页 677。
④ 张孝若《南通张季直先生传记》，页 495。

国外经验的引进与传播

张謇学习、引进国外先进技术的思想和实践

黄鹤群

自 18 世纪中叶发生第一次科技革命后，人类社会便从手工作坊时代进入了机器大工业时代，第二次科技革命后，人类又从蒸汽时代进入了电气时代。原处在闭关自守状态下的近代中国人在资本主义工业文明的冲击以及帝国主义列强的侵略下，也唤起了新的觉醒，开始对世界重新审视，有了新的认识。中国的先进分子为了拯救国家，积极地寻求救国图强的道路。张謇正是从这种时代背景下提出了"开放主义"的一系列主张。其中学习外国先进经验，引进国外先进技术的思想和实践，是张謇对外开放思想的重要组成部分。

一、学习、引进国外先进技术思想的形成与发展

张謇主张学习西方先进经验、引进国外先进技术的思想，在不同时期有不同的特点。其形成与发展，可分为四个阶段：

（一）启蒙阶段

张謇一生经历着"幼猎书史，长业贸迁"的曲折道路。但张謇盘桓于科举场中的历程较长，约占他有生之年的一半以上。他长时期接受儒学的熏陶，自幼便怀有"我踏金鳌海上来"的夺魁期望。然而屡试科举，却并不得意。而当时外患日亟，国事日非，又使他同当时朝野一些爱国人士一样，忿时忧国，寝食难安。随着传教士泛海东来，西方文化的不断输入，特别是鸦片战争、五口通商以后，西洋文化又通过译著不断地被介绍进来。张謇在接触外国著作、吸收西方文化营

养、受到启蒙教育的同时，尤其对西方的科学技术抱有很大的兴趣。据张謇自订年谱所述，大概早在1866年"丙戌会试报罢"时，就萌发了学习西方，改造传统文化，为中国文化寻找新出路的想法。后来，由于新学的提倡和传播，导致了文学领域的变革，以传播和鼓吹新文体的《时务报》在上海创刊，张謇备受鼓舞，积极建议，帮助该报扩大宣传，并在上海发刊《农会报》，致力于介绍西学。

当得悉清政府要变通科举章程，废八股，改试策论，并将全国书院改为学堂时，他写了长达二万字的《变法平议》，主张设议会，兴实业，讲教育，办报刊，扩女权，伸法律，在兴实业中又特别强调了学习西方自然科学的重要性。他大力提倡翻译西方格致工艺之书，并主张在江南、上海、江西、湖北、湖南、山东、四川等地广揽通才，分年赶译医科以及其他科学类书籍。他还建议翻译各国政治、文学、史学、经济学、伦理学、博物学，乃至教育、农工商业诸史，"与夫日本法科、理科、文科、工科、农科"。他说："中国之失而当求诸夷者，不独礼教为然"①，"中国从前没有过的，找不到考证的榜样，都要想法去请教先进国"。他认为，"西政之书，翼我中华，岂能不学"，"彼之法可为我法，则当学之，又当法之"②，明确指出博采外域知识是推进中国科学文化发展的重要途径。这一见解，反映了他对外来科技文化的开明态度。

（二）觉醒阶段

张謇中了状元之后，仅数月，就发生了日本以武力吞并朝鲜、侵略中国的中日甲午战争，北洋陆军一败涂地，北洋舰队全军覆没。此战的失败，充分暴露了清政府的腐朽。不久，清政府又同日本政府签订了丧权辱国的《马关条约》《通商行船条约》，使中国陷入英、美、法、德、俄、日等帝国主义列强瓜分的铁蹄下。面对国家民族的严重危机，张謇抛弃了原来寄希望于清政府变法富强的幻想，通过对西方

---

① 张怡祖编《张季子九录·文录》，文海出版社，1930年。
② 张怡祖编《张季子九录·教育录》。

先进国为何强盛、中国为何贫弱问题的探讨，对洋务派"以兵强国""以商求富"的主张失败原因的分析，认识到"外洋富民强国之本实在于工"，而"中国仅恃农业一端，断难养赡"①；日本明治维新之所以成功，就是日本"知西洋富强之由来，竭全力以振兴实业"②。张謇看出了中国之贫弱是由于对外闭关自守的传统政策酿成的。因此，他在研究外洋富强经验的基础上提出，要"学习西方"，"振兴实业"，各省要"分遣多员，率领工匠赴西洋各大厂学习"③，然后仿造洋货，敌其所入，加工精造土货，销往国外。

　　张謇在这一阶段对学习西方的先进经验和先进技术的看法，已较先前更为深刻。他认为学习西方先进的经验和先进的技术，关键在于人，在于人的观念，在于人的开放思想。他强调"世不能复茕茕闷闷老死不相往来"，主张打破"封闭人"的观念，走向世界，发展国与国、民族与民族之间的交往。在人的自我开放中，又特别强调智力的开放、交流和开发。"民智兮国牢"④，他抱有开发国民智力、并与西方列强竞争先后、兴我国家的愿望。张謇学习西方先进经验、引进国外先进技术的思想和实践，既受维新思想的影响，又有自己的创新和发展。早在19世纪60、70年代，著名的维新思想家王韬、郑观应为达到"富强救国"的目的，也提出同外国资本主义进行兵战、商战、心战，并公开地宣称："知识、学问是国家强盛的基础"，"无学问，则无政治、无武备、无实业"，"知识、学问者，强国势之起点也"，只有"广学业以启聪明"，"开艺院以育人才"⑤，才能使衰弱的中国"臻于富强之境"。张謇在继承王韬、郑观应这一思想的基础上，进一步发挥："夫世界今日之竞争，农工商业之竞争；农工商业之竞争，学问之竞争也"，"民不竞不智，必须群生竞力，士竞学，农工商竞

————————

　　①② 　张怡祖编《张季子九录·政闻录》卷一。

　　③ 　张怡祖编《张季子九录·实业录》卷二。

　　④ 　张怡祖编《张季子九录·教育录》。

　　⑤ 　郑观应《商战论》，《盛世危言》，光绪二十年。

业"①。在他看来，只有讲求切实的学问，用西方的文化科学知识武装人们的头脑，才能振兴国家，复兴民族。为此，他痛切地向国人呼吁："吾辈之学问，存亡之关键也。"他还进一步指出："要变贫弱的中国为富强的中国，必须学习西方的长处，更新知识，挖掘人才，进行智力的开放、交流和开发。"因此，他强调："一定要学一学欧美、日本，留心实用的学问。"只有这样，才能"与世界争进文明"②。这种"取人之长，补己之短""以智竞胜"的思想，在当时尚处于传统、封闭的社会状态下能有如此见地，应该说是很难能可贵的。

1903 年，张謇东渡日本考察科技教育，历游东瀛各地，主张师日本明治维新之业，兴我文明古国之强。他一再指出，要使中国登于富强之境，"不能锢于旧习，斤斤于先王教化政治之蹄筌，而自以为卓，彼彝之法度政治，皆足以资中国愤发而为天下雄也"③。他又说，不但要学习西方的生产技术，还要学习西方的科学文化，"对于欧美各国工商业的建设，科学的发明，都应该研究它，师法它，不应该轻视它，蔑视它"④。他在《申报五十周年纪念序》中进一步阐述："世觉而我未觉则我聋我盲。"认为做一个中国人，必须要有了解世界、学习西方的眼光和心思，"乘时思奋"，把外国好的东西及时学习过来。"在世界新趋势则顺，在世界旧观念则逆。"⑤ 当时，只有西方资本主义制度和西方科学给封建末世的中国人带来一些希望。因此，张謇这种学习西方的主张，是符合历史发展趋势的，是一种进步的表现，也是他在封建传统制度桎梏下的一种觉醒。

（三）实践阶段

张謇中了状元后，授翰林院修撰，但他没有沿着光宗耀祖、荣华富贵的仕宦之途走下去，而是在翌年回归家乡，走上了从事实业、教

---

①③④　张怡祖编《张季子九录·文录》。

②　张怡祖编《张季子九录·教育录》。

⑤　张怡祖编《张季子九录·专录》。

育的道路。1895 年，他筹建了大生纱厂，1899 年就试车投产。由于
经营得法，该厂成为中国棉纺工业初创时期最成功的一家。艰难创业
的实践和坎坷曲折的经历，使他深切地认识到学习西方经验，引进国
外先进技术、先进设备的重要性。他筹办大生纱厂时，机器是购自西
方的，技师是雇自西方的，管理体制甚至厂房结构也是仿西方的，这
是南通有史以来第一个资本主义企业，也是学习西方先进经验、引进
西方先进技术在南通的第一个产儿。至于建立垦牧公司等企业，更是
"仿西法，集资为公司"，"推求西人种植获利之事"① 而创立的。这
也是张謇学习西方先进经验、引进国外先进技术的具体实践和途径。

（四）提高阶段

张謇投身实业以后，遇到了种种艰难困阻，这迫使他逐步认识到不
变革封建专制政体，就不可能实行对外开放，引进先进技术，保证其社
会改革事业的顺利进行。为此，他又从资产阶级实业家、教育家转变为
对社会制度进行资本主义改造的事业家和社会活动家。他认为，要发展
民族经济，必须解决人才、技术、资金问题。而要解决这些问题，满清
失败的教训和日本成功的经验都证明，闭关锁国，沿用老的经济手段和
模式，用自然经济对抗商品经济、市场经济、外向型经济是绝对行不通
的。其出路在于变革体制，实行开放，方能真正引进先进技术和设备，
即"非用开放主义无可措手"②。只有打开国门、面向世界、引进人才、
引进技术、引进资金、引进先进的资本主义经济制度，才能增强中华
民族的自我发展能力，才能在激烈的世界竞争中，求得生存和发展，
自立于世界民族之林。因此，张謇把实行开放主义，引进先进技术和
设备作为他从事经济活动的重要内容。特别是 1906 年，日本在日俄战
争中打败了大国沙俄而震惊了世界。这在张謇看来，是日本君主立宪
制的胜利，从而坚定了他改革政体，走日本君主立宪道路的决心。他

---

① 张怡祖编《张季子九录·实业录》卷二。
② 张孝若《南通张季直先生传记》，中华书局，1930 年。

强调指出："中日较近，宜法日，日师于德而参英，宜兼取德英；法美不同，略观其意而已"①，从而奠定了他在后来的社会改革活动中以"法日"为主的指导思想。日本是亚洲唯一的"西化"国家，张謇以日本为榜样，进行资本主义改造，就是要中国实行以日本为"中转站"的西化。

张謇还以历史主义的目光看待科学技术的发展。他认为科学技术也是推陈出新的，不能墨守陈规，不能固步自封。他引用易经卦理说，凡是闭塞、关闭的文化，久而久之必如蛊卦所云"闭塞成害""物久必坏""过腊必毒"。凡陈年的腊味，其中必含有毒素，一个久不交流的文化必自腐，因而不能一味地固守旧学。他说："世界的进化，国际的竞争，决不是旧理论、旧法子可以办得到的"，"生乎今之世，而反古之道必灭及自身"，不要一味地食古不化，"思想要有时代性，事业要应着世界潮流"②。这就是说，随着时代的变迁，文化也应相应地变迁，并在变迁中与时俱进、日臻完善。在张謇看来，中国古代是个文化发达的国家，科技技术有过辉煌的成就。可是到了近代，比西方落后了，因此，只有急起直追，认真学习欧美、日本的先进经验和先进技术，把中国改造成为独立的资本主义国家，才能强国富民，才能抵御外国的侵略。

二、学习、引进外国先进技术活动的内容与特点

张謇在创业实践中，学习国外先进经验、引进国外先进技术是全方位的，有着广泛的内容和鲜明的特点。

（一）引进外国的先进技术，提高产品的质量和竞争能力

张謇从自己20多年实业救国的实践中体会到，科学技术在经济的发展中具有举足轻重的作用。他在研究入侵的洋货中得到启发，中

---

①②　张怡祖编《张季子九录·政闻录》卷一。

国之所以贫弱，一个重要的原因就是科学技术落后，"吾国工业，当在幼稚时代，大抵手工制造者多，机械制造者少"①。由于技术工艺落后，因此产量低，质量粗劣，竞争能力差。而"查西洋入国之货，皆由机器捷速，工作精巧，较来物料本质，价贵至三四倍、十余倍不等"②。因此，要提高我国产品的质量和竞争能力，必须引进西方先进的生产技术。为了鼓励企业引进技术，张謇到任后首先制定了保息条例，接着他又在1915年3月提出了整饬国货办法，规定凡是采用先进技术，使以往靠进口的日用品，"而为本国所能仿制者，此类工厂，尤应特别保护"③，并给予奖励，"借以督促国民技术之增进"。为了引进和消化国外的先进技术，张謇还提出，"宜速设一化学工艺研究局，举凡各特需化学物理制造者，研精求之，必使所制之物，不劣于外国者"，"得以抗衡外货"④。

（二）学习国外精励垦荒的先进经验，提高集约化经营和规模经营的水平

盐垦公司的科学种田，集约化经营，是张謇开放思想的具体体现。张謇认为，要振兴中国实业，需要解放思想，借助外力，因为中国"资力不足。外国人有资力，又有技术"，应当"合并而利用之"⑤。早在1903年，张謇初办垦牧公司时，日本邀请张謇参加日本国第五次国内劝业博览会，他便乘此机会，采用"观人于微"的方法，在日本考察70天。在这期间，他获悉日本北海道许士泰精励垦荒万余顷，富有开垦经验，便专门去北海道访问了许士泰，虚心学习许士泰变荒地为良田的技术和坚韧不拔的精神。从此，日本的许士泰便成了他后来废灶兴垦的榜样，并下决心要超过他。果然，后来张謇经营的通海、新南、华成、新通垦牧公司等，占地面积共达500多万亩，1901—1922年垦牧投资总

---

① 张謇研究中心、南通市图书馆编《张謇全集》第一卷，江苏古籍出版社，1994年。
②⑤ 张孝若《南通张季直先生传记》。
③④ 张謇研究中心、南通市图书馆编《张謇全集》第一卷。

额达 2000 多万两银，开垦面积达 70 多万亩，在组织形式、管理方法、集约化程度和规模效益等多方面均超过了许士泰。为了改良盐业，张謇在吕四同仁泰盐垦公司坚持了三年多试验，先后借鉴了日本法、海州法、松江法和浙江法，并进行了试验比较，然后择优而从。

（三）引进外国先进的机器设备，提高企业的劳动效率和经济效益

张謇认为，中国办工厂"用机器精细制造"，可达到"化粗为精，化少为多，化贱为贵"的效果①。他在倾力兴办实业时，中国近代的民族工业才刚刚开始，国内尚无机器设备，均需向国外购买。为此，张謇大胆地引进国外的先进机器，武装自己的企业。例如，大生纱厂采用的全套纺纱设备都是英国赫直林登厂制造的，后来采用的自动布机购自日本，广生油厂采用的榨油机购自美、英两国，电灯公司的发电机组和锅炉从德、英两国引进，通燧火柴公司生产用的机器由德、日引进。由于这些企业引用了先进设备，企业生产效果十分明显。大生纱厂的机纺纱具有均匀、整洁、抗拉力强的特点，冠于苏沪，甚为畅销。据史料载，从 1899—1921 年，大生纱厂共盈利 1161.9 万两银，相当于 1921 年大生纱厂资本总额 250 万两银的 4.6 倍。当然，这个盈利同较适宜的历史环境、科学的经营管理、压低童工工资等多方面因素是密切相关的。

（四）引进良种，加快棉牧的发展进度和提高棉牧的品质

张謇深深懂得，"不征实事，不特西人新法之与中土宜否，无从真知，即中国旧法之与今日宜否亦无从真知"，"非设法试验，明效众著，无以开风气而昌实业"②。故张謇大胆从国外引进良种，进行试验比较，引进成功后进行推广。（1）引进美国陆地棉。张謇为了改良

---

①　张孝若《南通张季直先生传记》。

②　张怡祖编《张季子九录·教育录》。

棉种，花了 8 年多时间，"搜集世界棉种至百五十种"①，进行试验种植、驯化后推广，改善棉花的品质。张謇绝意仕途，重返家园后致力于兴办实业。他所办的大生纱厂生产的主要产品是棉纱，其主要原料是棉花。然而，南通原来只种通州棉，其品质不好，影响到棉纱产品的质量。因此，急需改良棉种，推广良种。从 1901 年起，张謇想方设法从美国引进陆地棉，先在通海垦牧公司试种。1907—1908 年间，张謇又从清政府农工商部领得一批美棉种子，由南通农校、农会和第二棉作试验场试种驯化，并在新建的 9 个盐垦公司推广，获得成功。1914 年，张謇为扩大经营，在给大总统《请批准筹办棉糖林牧等试验场》呈文中，提出了拟办试验场的规划。"因财政支绌，不能同时并举，仅就各场中择选关系国际贸易最要紧者，提前先行试办。"② 并于次年开设了正定县、南通县、武昌县三个棉作试验场，崓山、长清县两个林业试验场和京师西山、安徽凤阳两个种畜试验场。其中南通棉作试验场从外地引进了多种良种进行驯化试验，其棉种主要是美国陆地棉。为了引起农民对改良优良棉种的兴趣，张謇采取了三条措施：一是请农校师生携带各种作物图画、良种标本，向周围农民宣传推广良种的好处；二是运用试验改良的棉种，专门举办棉作物展览会，以吸引周围农民，参观者络绎不绝；三是消除棉农的顾虑，订立了试种美棉的合同，规定所产棉花全归大生纱厂收购，如收益不及原品种的南通棉农，其损失由大生纱厂补贴。据资料记载，第一年贷种者只有 300 人，第二年就增加到 3000 人。这样，美棉得以较快推广。淮南盐垦区特别是南通地区也就成为近代中国植棉史上推广美棉较早和成绩卓著的专业棉区。据 1934 年统计，南通、如皋、海门、启东、盐城、阜宁 7 县植棉总面积 481.7 万亩，其中美棉种植面积达 193.9 万亩，占总面积的 40.25％；7 县美棉皮棉产量共 313573 担，占总产

---

① 张怡祖编《张季子九录·教育录》。

② 张謇《请批准筹办棉糖林牧等试验场给大总统呈文》，沈家五《张謇农商总长任期经济资料选编》，南京大学出版社，1987 年，页 371。

量的 32.38％，为苏北形成全国重要产棉区打下了基础。（2）引进日本鸡脚棉。1903 年，张謇与南通农校孙润红去日本考察，带回了日本的鸡脚棉种，并于 1909 年在农校试验场试验种植，开始大量推广，前后达 9 年时间。据东南大学农科系 1920—1921 年征集的中棉品种，其中优质的鸡脚棉 7 种，南通就占了 6 种。通过改良棉种，南通各县棉田亩产量普遍大幅度提高。据华商纱厂联合会民国九年(1920)出版的《季刊》报道的消息称，南通总产达 74 万担，居全省之冠。（3）引进德国槐树种。张謇除从美国、日本引进棉种外，还从德国购进 4000 余磅槐树种子，放在林业试验场种植。（4）引进澳洲名种羊。为改良畜种，张謇还向澳大利亚购买种羊，在种畜试验场交配繁殖。所引进的 400 头名种羊，与中国羊、蒙古羊进行改良繁殖，获得了生命力强、产毛高、质量优的新品种羊。同时，张謇对改良良种者规定了奖励标准：凡"牧场改良羊种者，每百羊奖银三十元"。（5）引进甜菜、甘蔗种。张謇还引进了德国的甜菜、爪哇的甘蔗种，并制定了奖励办法："凡扩充甜菜及改良蔗种者，一百亩以上奖二十元，三百亩以上奖六十元，一万亩以上奖三千元。"①

三、学习、引进外国先进技术把握的原则和尺度

张謇主张学习国外的先进经验、引进外国的先进技术，并不是一味地模仿洋人，照搬照套，而是有其原则和分寸的。这就是坚持从自己的实际出发，知己知彼，洋为中用，量力而行。

（一）因地制宜，从实际出发

无论是学习国外的先进经验，还是从国外引进先进技术设备，张謇的态度是，坚持从本国本地的实际出发。他认为，"人不同世，世不同地，地不同事，事又各有不同。执古以例今，执此以例彼，执甲

①　张謇研究中心、南通市图书馆编《张謇全集》第一卷。

以例乙，扞格而不入，龃龉而不容，火水而不亲。各宜其所宜，各适其所适。"他批评清政府"一切规程，均仿欧美，其是否合于国情，或未暇计也。譬之医术，徒泥守古方，而未尝临症，安可冀其必效！"张謇还强调，在南通讲教育，先要想什么是南通需要的，什么是适合南通的。如果一味模仿人家的方法，不考虑"各国教育各有特殊情状"，就"好像拿他人的帽子戴在自己头上"一样的无知可笑。

自鸦片战争以后，又经洋务运动，至甲午战争失败，不少仁人志士虽曾喊出了"引进西学"的口号，输入了大批先进的科技，但张謇却认为，学习外国科技，不能只是简单的移植。如一味地靠移植，不过像盆栽的花，搬来欣赏供养，然而与中国广大的泥土没有接触，很难收到实际的效益。如江南制造局创立伊始，一切主要设备是经容闳从西方购置的，比较先进，但因清政府的腐败，没有相应的教育培训措施，缺乏大批技术力量，对引进的西方设备无法及时更新改造，与日新月异的西方技术进步相比，就日益相形见绌了。江南制造局的深刻教训是有普遍意义的。因此，他主张科学技术应"取法泰西"，"修政兴学、练兵造路、明农劝工，均应讲求西法"。这种见解，确是抓住了问题的要害。

（二）知己知彼，师夷之长

张謇认为，学习外国的先进经验、引进外国先进技术，要"师夷之长技以制夷"，即要了解这种经验、技术的利弊，以便于知己知彼，取长补短。他批评政府官员"罕有洞悉中外形势、刻意讲求者，不知不见之故也。不知外洋各国之所长，遂不知外洋各国之所短，拘执者狃于成见，昏庸者乐于因循……今欲破此沉迷，挽此积习，惟有多派文武员弁出洋游历一策"。他对两名留日学生指示说："凡观察所及，皆须识得主客。我所欲知，我所能行与不能行，我所宜否，皆主体也。取足以补我之知扩我之知者，辨别能行与不能行及适与否，皆客体也。当观其构造谨严、计划廉平、效用切实、经济优人处，不当震于其规模宏大、器具完美处"，"所谓民心者，谓我于所观，合之于我之得也。"①

───────

① 张怡祖编《张季子九录·实业录》卷二。

（三）量力而行，审时所当

张謇强调，引进国外先进技术除从本地实际出发，适用本地外，还必须量力而行，审时所当，考虑到本国的财力许可。张謇提出，订计划、办事情都要量力而行，"对于世界先进各国，或师其意，或撷其长，量力所能，审时所当，不自小而馁，不自大而夸。"故在一次对南京河海工程专门学校毕业生的演讲中指出：大家学的都是欧美式的新知识，但要考虑从"吾国财力远不及欧美之富厚"的实际出发，在以后的工作中，应"审量财力之丰啬以定趋向"①。

（四）突出重点，抓住根本

学习国外的先进技术，要认真总结经验，善于抓住根本。张謇的"西学"活动之所以从实业和教育入手，并始终以此为重点，是跟他认真总结国内外的经验教训分不开的。他说："中国前清政府亦尝言维新矣，而收效迥异者，则以日本人能窥知西洋富强之由来，竭全力以振兴工业。中国但知西洋之有坚甲利兵，而竭全力以练兵，舍本求末，因至今仍陷于困境也"，"凡有国家者，立国之本不在兵也，立国之本不在商也，在于工与农，而农尤要。盖农不生则工无所作，工不作则商无所鬻，相因之势，理在固然。"② 当然，要彻底改造旧中国，真正做到富国强民，只有推翻帝国主义和封建主义的反动统治才能实现，但在如何学习外国的问题上，张謇能认真总结经验，突出"西学"的重点，抓住根本，洋为中用，这对今天在经济全球化中认真学习西方发达国家的先进经验和先进技术的我们来说，仍是有借鉴意义的。

原载于《南通工学院学报》（社会科学版）2003 年第 3 期

作者单位：中共南通市委

---

① 张怡祖编《张季子九录·教育录》。

② 张怡祖编《张季子九录·政闻录》卷一。

张謇取用西方文明之"公器"的思想和实践

羽离子

在张謇的时代，中国十分落后。张謇超越了"中体西用"思想的束缚，认为一切知识文明是"天地之公器"，倡导深层次向西方学习以会通中西。张謇在几十年里身体力行，积极向西方文明学习，并将之与政治活动和工商业活动等结合起来。对于张謇的文明观，史学界和思想界虽然没有明确地提出这一命题，但一些著作已从不同的侧面论及了与张謇的文明观有实质关联的一些内容。本文提出这一问题，并尽可能地透过分析历史活动来较为系统地探索张謇的实际思想。

一、努力改变国人对西方文明的偏见，实现对"中体西用"思想的超越

张謇在推动中外文化交流方面的重要贡献，首先是改变国人对西方文化的偏见和对洋务派的"中学为体，西学为用"思想的超越。

十九世纪中叶，扩张的西方文明猛然地和东方文明相撞，一直以"夷夏有别"而自矜的中华帝国因此而久久地不知所措，一些人继续恪守尊华攘夷的思想。举国独醒的冯桂芬于 1861 年著《采西学议》，孤勇地抛弃了中国传统的卑夷思想，石破天惊地主张"以中国之伦常名教为原本，辅以诸国富强之术"①，从而揭橥了"中本西辅"的大旗。经过郑观应、沈寿康、张之洞等社会精英的阐明，"中本西辅"最后演变成了"以中学为体，以西学为用"，简称为"中体西用"的

---

① 冯桂芬《校邠庐抗议·采西学议》，上海书店出版社，2002 年，页 57。

治国方略。"中体西用"在中国的政权和知识界广为传布，深刻地影响了晚清社会的发展方向。左右朝廷的洋务派以承续经学，以至高无上的专断皇权，以等级严密的封建制度为本；同时花巨资从西方购买铁甲舰、大炮、枪械，甚至进一步地开矿、设厂、造路、架电线、练新军等来"以西学为用"。然而，在1884年的中法战争中，中国新式的福建海军全军覆没，马尾船厂被摧毁。1894年的中日甲午战争，清军全面战败。洋务派的"中体西用"的国策未能奏效。

　　而在清朝统治阶级中，绝大多数人都只是惊恐彷徨、昏庸颟顸，除了恪守祖制或继续乞灵于中体西用术以外而不知所措。但在在职和在序的士大夫中，却有一位冷眼洞察世事，能把握时代脉搏的人，他就是甲午科状元、授过翰林院修撰的张謇。张謇阅历丰富，视野高阔，能对清王朝的痼疾所在有比较清醒的认识。他认为仅仅承认西人的船坚炮利、器用精好，是一个偏见。西方文明之所以日益昌盛发达，是因为其政治制度的先进。他突破了"中学为体，西学为用"的对待中西文明的旧规桎梏，决意鼎革作为根本的国家的旧制度，而吁行西方的君主立宪制度。光绪二十七年（1901），张謇挺身而出，向清廷上约两万字的《变法平议》书，请效"法之拿破仑、美之华盛顿、德之威廉、日本之明治"的制度变革。他条陈更新之事四十二项，其首即为"置议政院"，以"采辑古今中外政治法之切于济变者，厘定章程，分别付行"。张謇提出被人们视为中学之本的政治体制应率先改革，他在论述四十二项变法的先后时说："其施行之次第：则第一，请设议政院。"其他还有"设课吏馆""改外部""设府县议会""酌变科举""译书分省设局""派亲贵游历"等①，几乎无不与引入西方文明有关。尽管有研究者认为张謇式的宪政与西方宪政大有差异。然而，在立宪、设国会（初称议政院）和人民参议这些方面并无根本性的不同。两年后，张謇还亲身前往日本考察科技、工农商业、政制及文

---

　　①　张謇《变法平议》，张謇研究中心、南通市图书馆编《张謇全集》第一卷，江苏古籍出版社，1994年，页48—76。

教。回国后，张謇为将西方的政治文明引进中国而奔走呼号了多年，并领导了宪政运动，极大地动摇了满清封建王朝的统治。因此，日本的藤冈喜久男教授等认定张謇对推翻满清王朝有着巨大的贡献。①

二、译采西书，取用"天地之公器"

光绪二十七年(1901)，张謇建议朝廷"译书分省设局"，"就江南、上海、江西、湖北、湖南、山东、四川、浙江、福建、广东十处原有书局经费，各议若干门，延致通才，分年赶译。"② 他甚至提出译西书以供政府官吏学习并以此来考核、决定升迁或降职的惊人之论。他奏请："其未译之各国政治、文学、史、法、经济学、伦理学、博物学、教育、农工商业诸史，与夫日本法科、理科、文科、工科、农科、医科各专家学业之书，另由译书馆随时译成，送馆备课。"③ 张謇谓："五洲各国进化之程度，佥视新书出版之多寡以为衡。今者科举废、学校兴，著译之业盛行，群起以赴教育之约，然而书籍之不注意，何也？"④ 因此，他于光绪三十二年(1906)发起招股，创立了中国图书公司。他在说明公司缘起时在给清政府商部的电文中称："謇等合中国绅商资本，创立图书公司，纂译学堂课本教科，并仿造各种机器模型，以保国家教育权。"第二年，张謇即将译出的《日本议会史》《英国国会史》等各印二百部以传，以期满汉大臣们能以此为窗口，看看保障了当代西方的科学文化得以迅速发展的根本是什么。

1918 年 5 月，游日本、美国历一年的张謇的公子张孝若回国。"七年，儿子怡祖游美归，述彼财豪行举其图籍为饷。乃拓地馆西为楼，亦十有六，筑复道以通。庋书三架楼，凡三百三十。先后凡用银二万六千二百四十三元。"张謇造此楼干什么？除了增收汉籍外，张謇接着就有自陈：

---

① 　藤冈喜久男《中华民国第一共和制》，汲古书院，1999 年。
②③④ 　张謇《中国图书有限公司缘起》，《张謇全集》第二卷，页 37—39。

　　泰西文化较后，重译而通东方之学，其人精敏锐厉，日新又新，后务胜前。又其国势不同，观感殊异。农工商兵，举而并重。一事有书，一物有图，上而天地日星风雨电雷水火之测占，下而金石草木鸟兽人体物质之化验，靡不如是。而其图书之多，乃往往秩我上。夫学问者，天地之公器也，圣人之耻相师。世有圣人，其必观象玩物之求而无外内出入之见。謇诚不敏，诚薄劣，妄欲甄集泰西旧新有用之书十万册，延我熟精泰西诸国文字之士数十人，尽十年二十年之岁月，择要移译，以证通我六经诸子之说，以融德艺，以大启我后进。审己而抉科，分程而道轸，以裨佐世宏儒者之效，岂非衰年之至乐乎？或尚有是适然之时也乎？①

　　这不是张謇对泰西文化的一般性的热忱，从事如此超大规模的译书工程的志向是基于张謇对西方文明是"天地之公器也"的深刻认识。

　　除赶紧译书，介绍西方的文化与科学知识以开民智外，张謇也想方设法直接购入西书以佐国用。光绪二十二年(1894)来华，次年兼任英国《泰晤士报》驻远东记者的英籍澳大利亚人乔治·厄尼斯特·莫瑞森(George Ernest Morrison，1862—1920)，于1897年起常驻北京，并不遗余力地持续收集中国兼及东南亚各国乃至俄国远东地区的以西文为主的图书文献。十余年后其藏书总数达二万五千册，莫瑞森自己为其藏书编的书目，就厚达二千六百多页，因此他的私人图书馆很有名。1913年9月，张謇至京就任中华民国农工商总长。为充实在南通新建的图书馆，张謇曾托人与莫瑞森联络，欲购其书。1913年12月2日，张謇在京，往见与莫瑞森相熟的前清驻意大利公使钱念劬，就收购莫瑞森图书馆事进行商谈，后因莫氏索价太高，张氏资本集团无法满足而未成功。

① 张謇《南通图书馆记》，《张謇全集》第四卷，页293—294。

三、仿设西式的教育、文化、
艺术的机构并引入新的理念

　　张謇不遗余力地在国内建立了一些学校等教育和文化机构，但其意义并不在于建校立馆，而在于是按西方的理念和规制设立了这些机构。

　　张謇在中国先后创办了各种西式学校。因语言文化、地域和国情的相近，他很注意向日本学习。张謇终生痛斥日本的对外扩张和侵略，但他对日本的明治维新及其后的新气象、新文化却虚心向学。他于1902年创办的通州民立师范学校就以日本的《师范学校令》《师范学校学科及程度》等章程为本校章程之本，一些教材也据日本现代教材改编，并聘日本教师来讲授。张謇其后创办的通州女子师范学校、南通农业学校、南通私立甲种商业学校、私立南通医学专门学校、南通纺织专门学校、河海工程专门学校及各类现代小学等，无不是包含日式在内的西式学制。宣统元年(1909)，张謇在呈学部的文中，曾细细比较过中西学制及各课程的异同优劣。他认为："东西国教育程度，其高于我国，固彰彰矣！"

　　当然，张謇不是生搬硬套。他说过："试看各国教育，各有其特殊情状。例如，英国教育很严重，美国最活动。他们的风俗，也是不同的。法国和美国，比较奢侈些，英国最为严整。试把三国的教育方法，移到中国来，这好像拿他人的帽子，戴在自己头上，哪里可以呢？"① 张謇主张，西学的应用要顾及中国的具体情况。

　　光绪三十一年(1905)，张謇请仿西方在京师建帝国博览馆，为之特上书学部，称："窃维东西各邦，其开化后于我国，而近今以来，政举事理，且骎骎为文明之先导矣。"② 同时又上书张之洞请建，称：

---

① 张謇《女师范校友会演说》，《张謇全集》第四卷，页207。
② 张謇《上学部请设博物馆议》，《张謇全集》第四卷，页272。

"夫近今东西各邦，其所以为政治学术参考之大部以补助于学校者，为图书馆，为博物苑，大而都畿，小而州邑，莫不高阁广场，罗列物品，古今咸备，纵人观览。"① 清政府当此作耳边风。张謇无奈，就以个人之力于同年将上一年建于南通的公共植物园扩建成博物苑。为了征集博物馆所需的展品，张謇启示各界人士："自欧人导公益于文明，广知识于世界，上自皇家，下迄县郡地方学校，咸有博物馆之设。"因而"外而欧美澳阿，内而荐绅父老，或购或乞，期备百一……倘不鄙夷，伫拜嘉赐。"②

光绪三十四年，张謇又仿西方的文化制度，在南通建成公共图书馆。他还特别注意兼收并蓄东方和西方的图书："东西译籍当以科学门类为经，时代先后为纬。近数十年中，欧美各国科学日新，述作益侈，宜留余屋以待旁搜。"③

在南通，张謇于光绪二十八年(1902)创设了出版与印刷一体的翰墨林股份有限公司，1913年创建公共体育场，1919年创建西式的更俗剧场。同年与朱庆澜、程龄荪、卢寿联等集资筹建中国影戏制造股份有限公司于上海和南通。这些无一不是引西方文化及其文化活动的新体制、新方式以更中国旧制旧俗的举措。张謇率先立范，大力鼓动了欧风东渐。

但作为一名在野人士，张謇的力量也是有限的，而且还得不到帮助。1924年9月13日，中美双方共同组成了中华教育文化基金董事会，以决定另一部分庚款余额的分配与使用，初步意向是用退款来发展中国的科学和促进永久性的文化事业。张謇闻讯，立刻在南通成立了对应的"南通文化教育事业基金"，希借此导入部分退款以用于南通的文化与教育事业。当年张謇即向美国政府送交了书面的请求酌拨庚款以补助南通文化教育事业的意见书。张謇在此意

① 张謇《上南皮相国请京师建设帝国博览馆议》，《张謇全集》第四卷，页284。
② 张謇《通州博物馆敬征通属先辈诗文集书画及所藏金石古器启》，《张謇全集》第四卷，页278。
③ 张謇《国家博物院图书馆规划条议》，《张謇全集》第四卷，页280—282。

见书中陈述：

> 前闻贵国以沉挚优美之交谊，退还庚子赔款；近复于美国、中国各报纸，悉贵国会同意，有以此款支配于敝国文化用途之表决，厚意隆情，钦佩无任。中国之南通县……水利、交通、文化，向较他省他县为胜；而新文化事业，尤较他省他县为独早，久为中外人士所知。惟此种种新文化事业，有久经开办者，有须扩充者，有正在建设者，均恃数人之捐助以为中坚，视实业之状况以为转移。经济充足则进行速，经济短绌则进行迟。兹闻贵国慨以赔款退还，用于扶助中国文化，南通为国内文化计，粗有先路之导，正求增进之方。窃希于全数中拨分十之二三，分年资其助力，以期各文化事业之易于发展。按诸各专门校，所收学生及于各省，是直接助南通，间接即助全国。①

张謇又就南通文化事业的情况和发展计划向美国政府作了介绍。然而很不幸，张謇的努力未能成功。同年，因法国也退还庚款以用以于中国的教育事业，张謇也为南通纺织学校而向法国方面提出过要求部分退款以办各科教习的意见，此事也受挫。

南通未能争取到退还庚款的原因较复杂，原因之一是张謇在当时已远离了中国的政治权力的中心，又曾是过去与日本有着更紧密联系的袁世凯政府的重要成员，欧美人士错误地把他视为既要拉拢又要警惕的旧人士。只有清华大学及后来与欧美关系也很密切的东南大学、武昌大学、成都大学、东北大学等得到了庚款补助的实际情况也证实了这一点。同时，张謇支持马相伯脱离天主教的震旦大学而另立复旦大学，也是他未被列入法国庚款援助名单的原因之一。此外，中国政府方面也宁愿让庚款用于具体的范围较小的项目，而不愿让它作用于某一地区的全面的科文教事业。

----

① 张謇《致美国政府请求以退还庚子赔款酌拨补助南通文化教育事业基金事业意见书》，《张謇全集》第四卷，页205。

四、"为其先者在借异域之才"和
"择其才识较优者遣令出洋肄业"

尽管在清末时，国内不肯展眼看世界而生奋发图强之心的昏昧顽庸之辈仍然视大清为物博地广、才士浩荡、艺文祺昌的泱泱大国。甚至在慈禧从西安回銮，实行"新政"，国势稍有好转之后，还感颂"盛世"不已。但知天下格局与大势的张謇视此等人为"俗物"。作为一名推动中国以尽快追赶先进国家的力行者，张謇放眼宇内，"为其先者在借异域之才"①，他延聘外国的专家学者来华工作或至其家乡作短期讲授。在文化教育方面有教师，如日本人木造宫俊、吉泽嘉寿之丞、森田政子、西谷虎二、宫本几次、木村忠治郎、远藤民次郎、照井喜三，德国人夏德门；有摄影师，如美国人哥洛今；有哲学家和教育家，如美国人杜威、推士，德国人卫西琴等。至于张謇所聘请的理工农医等方面的科学家与工程技术人员，就更多了，如纺织技师英国人汤姆斯，工匠英国人忒纳，化学工程师德国人密勒，药学教授德国人托姆司，化学博士德国人替尔，制盐技师日本人崛田信男、德田乙五郎、石井千代吉，水利工程师荷兰人奈格及其子特来克，意大利人平爵内等。即便对不是自己邀请而来的外国学者也同样地加以襄助和借用，如曾协助中国科学社安排著名的英国哲学家罗素来江苏演讲。

中日甲午战争后，清国战败，日本强迫中国签订马关条约，从中国勒索白银二万万两和台湾。湖广总督张之洞上了著名的《条陈立国自强疏》，而这一疏的真正作者即张謇。贯穿于张謇条陈的变革之法中的重要内容，即是派年强有志者"出外洋学习"，他条陈："应请各省广设学堂。自各国语言文字以及种植、制造、商务、水师、陆军、开矿、修路、律例、各项专门名家之学，博延外洋名师教习，三年小

---

① 张謇《条议全国水利呈》，《张謇全集》第二卷，页159—160。

成。乃择其才识较优者，遣令出洋肄业。"① 经考证，从 1904 年起，经张謇直接选派出国就学的，就有曹文麟、赵邦荣、李元蘅、陶驷原、秦汝励、熊辅龙、尤金缄、于忱等十多人，宋希尚则被派往美德法比荷各国详细考察水利建设，张孝若被派往日本和欧美考察实业与社会。张謇还为请助我国留英海军学生的学费事出过力。对选聘的学成归国者，不论当初是否是由自己所派，都能给职重用。尚有史可稽的张謇所聘的归国人员中，有曾在日本留学的欧阳予倩，在美国学戏剧的洪琛、学语言文学的倪达，在英国伦敦西南学院学习文学的朱东润，在日本文科大学学习伦理的王国维、在早稻田大学学习法政的杨迁栋、在东京法政大学学习法律的孟森、在日本高等师范学习博物的陈衡恪、在大阪农学专门学校学习化学分析的吴求、在日本宏文师范学习地理的费元韫、在日本高等工艺学堂学习日文的徐潜、在帝国体育会学习体育的陈勇、在神户高等商业学校学习财经的钱新之、在美国哥伦比亚大学学习经济学的徐赓起、在威斯康星大学学习纺织的沈燕谋、在费城纺织专门学校学习织染的黄秉淇、在波士顿罗维尔大学学习纺织的张文潜、在俄亥俄州立大学学习机电的黄友兰等等。无论是派出去的还是请回来的人中，后来做出贡献而功成名就的不在少数。张謇对留学归国人员不被清廷重视事十分惋惜："大抵向来各省所设学堂及出洋学习之学生，视之皆不甚重。……迨学成返国，又更未尝予以出身，收其实用；听其去就，实为可惜。"建议参日本之制："出洋归国后，分归各部省，考列其高下，即任以实官。入任以后，再以积劳升擢。"②

派遣青年留学海外，在张謇之前就已有之，但一地的企事业能坚持数年自行派遣并以自身之力资助学生留学国外，在近代则从张謇始。而重视海外学归人才，充分发挥他们的长处，当时也只有少数人可与比。

---

① ② 张謇《代鄂督条陈立国自强疏》，《张謇全集》第一卷，页 29—41。

五、海纳百川的博大文明观

　　张謇积极地向西方文明学习，是为了祖国的强大。1919 年 2 月 11 日，为争取中国的权益在巴黎和会中能得到尊重和保障，国际联盟同志会在北京大学成立。张謇和蔡元培、王宠惠、熊希龄、严修、李盛铎等被推为理事。五天后，宗旨与前述同志会相同的各界各团体联合组成的国民外交协会在京成立，张謇又一次与蔡元培等人被推举为理事。之所以有如此推举，正是有鉴于张謇的爱国态度。民国十一年（1922），日本宇治兵舰入江口内的天生港，日军登陆狩猎，为了维护祖国的利益，张謇以个人身份向日本政府提出了强烈的抗议。但张謇的坚定不移的爱国主义从来不表现为排斥西方文明。张謇的最高企求，在于改良社会，其毕生所致力者，或主张政治，或经营工商，或振兴文教，无不以致福社会为宗旨。天下万邦，国无分远近敌友，族无分夷狄华夏，凡合理之思想，凡可用之器物，凡有益之技艺，无不采纳。1917 年，为送张孝若游学美洲，张謇以诗策之，诗首谓："大道炳六籍，散著区宇间；未尝限中国，蛙井拘墟观。""大道"，即伟大之真理。在张謇看来，以为"大道"仅仅在中国才有，只是井蛙之见。"大道"实是广布世界。大道所在，绝无主次之分，并非中国文明的真理才是大道，而西方文明的真理就是小道。在经办各项事业时，他多次提到要"沟通中西"，及恳言"而彼之学可为我学，彼之法可为我法"。

　　1918 年 11 月，马相伯因欲创办民治通信社事致信张謇，该社是以翻译编辑西文、介绍新知识为主的组织，意在沟通中西，助国民了解世界。张謇回信于马相伯，称："秦国固未尽无人，楚材亦堪为晋用。"[1] 张謇以秦、晋来喻指世界上不同的国域。这句话形象地表述了张謇对东西文明的态度：文明不分畛域，治世者应广采博用。张謇的思想已远远超出了"中体西用"的陋见，而融入了现代文明的

---

　　①　张謇《复马相伯函》，《张謇全集》第四卷，页 415。

精神。

　　张謇自己是读四书五经出生，不识外文，却比与他同时代的大多数人更了解海外世界和社会发展的大势潮流。张謇对中外思想与社会的真知灼见，他的胸怀辽阔、海纳百川的文明观已经实践证明是正确的。张謇的视西方文明为"天地之公器"的思想和实践，在那时的中国是彪炳于世的，即便是在今日的中国，也仍然是深具教诲意义的。

　　　　　　原载于《南通工学院学报》(社会科学版)2003 年第 3 期
　　　　　　　　　　作者单位：南通大学文学院

张謇与清末宪政史知识的译介与传播

邹振环

　　清末立宪的实践掀起了 20 世纪初中国历史舞台上一幕壮观的活剧，在这一历史剧演出的过程中，无论是中国的宪政理论还是宪政实践都打上了广泛从西方输入宪政知识的烙印。在长期实行专制统治的国度，宪政领域的这种外国理论与历史著述的输入，引发了 20 世纪前十年对中国社会产生深远影响的立宪运动的实践。在这出历史剧中，不少著名的学者都参与其中并充当主角或配角，如梁启超、郑孝胥、汤寿潜、张元济、夏曾佑、雷奋等，张謇是其中举足轻重的积极参与者，并担任过江浙民族资产阶级组织——预备立宪公会的副会长。期间他不仅提出许多发人深省的建议，而且还积极组织译印日本议会史，并通过日文转译西方的立宪史译著。本文拟从清末宪政史输入的角度来讨论张謇及其宪政史译刊对于 20 世纪立宪运动的影响与意义。

一、清末立宪史与议会史的译述

　　1901 年 1 月在庚子事变后"西狩"到西安的清政府，迫于国内外的强大压力开始了立宪改革，1901 年慈禧太后以皇太后与光绪皇帝的名义，连续发表了三道宣布改革的"上谕"，强调"惟有变法自强，为国家安危之命脉，亦即中国生命之转机"。[①] 并设立"督办政务处"，主持"新政"，揭开了清末新政的序幕。1901 年 6 月 7 日流亡日本的维新派领袖梁启超在《清议报》上发表了《立宪法议》一文，比

---

　　① 何勤华、李秀清《外国法与中国法——20 世纪中国移植外国法反思》，中国政法大学出版社，2003 年，页 30、46。

较了君主专制、君主立宪和民主立宪三种政体的异同和得失，认为君
主立宪政体是"政体之最良者也"，① 表示了对清政府新政改革的认
同。由梁启超主编的《新民丛报》连续发表了介绍各国立宪历史的《各
国立宪史论》等文章，这一时期的留日学生围绕着救亡变革所必需的
政治内容与理论形态，也开始广泛系统地翻译介绍了日本及西方诸国
的宪政史和议会史等，诸如佩弦生的《欧洲各国立宪史论》、麦孟华译
《英国宪法史》、罗普译述《日本维新三十年史》《日本国会纪原》，以及
《日本立宪史谭》《国立宪史论》等，以配合鼓吹在中国实行立宪制度，
为清末预备立宪提供了舆论和思想上的双重支持。正如晚清立宪派重
要人物张元济所言："光绪己亥以后，东游渐众，聪颖者率入其国法
科，因文字之便利，朝受课程于讲室，夕即移译以饷国。斯时杂志之
刊，前后相继，称为极盛。鼓吹之力，中外知名。大吏渐为所动。未
几而朝廷有考察宪政之使命，又未几而仿行立宪政体之国是定矣。溯
厥原因，虽至复杂，然当时输入法学，广刊杂志，不得谓无丝毫助力
也。"② 继"亡国史鉴"与"血与火"译书潮之后所掀起的是议会史
与宪政史的译述，是晚清西方史学输入的又一高潮，此将有关这些内
容的译作例举如下③：

书名	原著者	译述者	出版者	出版年份
明治政党小史	［日］东京日日新闻社	出洋学生编辑所	商务印书馆	1902
明治政党小史	［日］东京日日新闻社	陈超	广智书局	1902

① 梁启超《立宪法议》，《饮冰室合集》文集之五，页 1。
② 张元济《法学协会杂志序》，《东方杂志》1911 年第 5 期。
③ 本表统计资料除了笔者在图书馆查检的内容外，还依据如下文献：徐维则、
顾燮光《增版东西学书录》，顾燮光《译书经眼录》，参见王韬等著《近代译书目》，
北京图书馆出版社，2003 年；谭汝谦主编《中国译日本书综合目录》，香港中文大学，
1980 年；中国社会科学院历史研究所编《1900—1980 八十年来史学书目》，中国社会
科学出版社，1984 年。

书名	原著者	译述者	出版者	出版年份
明治政党小史	[日]井上毅	商务印书馆	商务印书馆	1902
第十九世纪欧洲政治史论	[日]酒井雄三郎	华文祺	作新社	1902
日本政治沿革史	[日]秦政次郎	张品全	上海富强斋译书局	1902
欧美政体通览	[日]上野贞吉	出洋学生编辑所	商务印书馆	1902
欧罗巴政治史	[日]幸田成友	中国新是谋者	秦东时务译印局	1902
（译述）英国制度沿革史	[英]非立啡斯弥士	[日]工藤精一译，广智书局重译	广智书局	1902
日本变法次第考	程思培编辑	程尧章	政学译社	1902
政治史	[日]森山守次	范迪吉等	上海会文学社	1903
英国宪政史	[日]松平康国	麦孟华	广智书局	1903
日本国会纪原	[日]细川广原	译书汇编社	译书汇编社	1903
明治政史	[日]原安三	王锺	译书汇编社	1903
明治政史	[日]白海渔长	漠堂居士、王锺	宏文阁	1903
日本明治法制史	[日]清浦奎吾	商务印书馆编译所	商务印书馆	1903
日本法制史	[日]三浦菊太郎编	李铭文	开明书店	1903
俄国政略	[日]加藤房造	林行规	京都译学馆	1904
日本议会史	[日]工藤武重	汪有龄	通州翰墨林书局	1904—1905
英国国会史	[英]比几斯渴脱	[日]镰田节堂	通州翰墨林书局	1905
明治维新四十年政党史	[日]太阳杂志社	胡源汇、张恩绶	东京宪政研究社	1907
日本国会史	[日]鸟谷部铣太郎	至诚社	上海至诚社	1907
日本议会史	[日]工藤武重	彭均	群益书社	1908
英国立宪沿革纪略		[英]马林译，李玉书述	美华书馆	1908
明治政党小史	[日]井上馨		商务印书馆	1911前

书名	原著者	译述者	出版者	出版年份
日本政体史	［日］秦政治郎	李志仁	苏州励学译社	1911 前
日本政治沿革史	［日］秦政治郎	中西书会译	中西书会	1911 前

从上述列表我们可以见出，20 世纪的宪政史和议会史译述大多是从日文翻译的，即使少量关于西方的宪政史也是由日文译本转译的。这些译本构成了戊戌变法后到辛亥革命前十余年间中国的宪政和议会知识的丰富来源。

而以唤醒民众为宗旨的政论期刊在鼓吹和宣传立宪方面也发挥了重要作用。继梁启超主编的《新民丛报》鼓吹立宪之后，其他各种政论期刊也纷纷为变法和立宪振臂高呼。如《知新报》《湘学报》《国闻汇编》等作为改良派在国内创办的代表性期刊，与《清议报》等遥相呼应，共同发出变法立宪的呼声。除上表所列单行本外，很多报刊上都连载过外国宪政史和议会史的著译，如《励学译编》1901 年 7 月 30 日的第 5 册、8 月 28 日的第 6 册、9 月 27 日的第 7 册、10 月 26 日的第 8 册、11 月 25 日的第 9 册、12 月 25 日的第 10 册和 1902 年 1 月 24 日的第 11 册、2 月 22 日的第 12 册等连载有《日本政体史》；《译书汇编·政法学报》1903 年 3 月 13 日的第二年第 12 期还刊有日本法学博士户水宽人的《俄罗斯之国会》等。一些出版机构也成为宣传立宪新政的主角，如当时上海积山乔记书局出版的《新学大丛书》，收集了许多关于宪法的书籍，其中包括《宪法通义》《宪法论》《各国宪法论略》等，其中还有不少宪法史沿革方面的书籍，如《日本宪法创始述》《英国宪法沿革考》《德意志宪法沿革考》《普鲁士宪法沿革考》《法兰西宪法沿革考》等。

留日学生对日本及西方近代政体的理论与实践的称颂和宣扬，使日本及西方的一些宪政史和议会史译著在中国得到了较为广泛的传播和介绍。他们之所以热衷于宪政史和议会史的翻译和介绍，一方面是因为他们认为国家要改革，"宜取法欧美日本之制度"，但又不满足于只是照搬皮毛，从而更加强调："各国之制度，非可徒求诸形迹，要当进探乎'学理'，否则仅知其当然，仍不知其所以然。盖各种之经营结构，莫不本乎'学理'之推定。而所谓学理者，盖几经彼国之巨儒硕学朝考夕稽，以得之真谛也。"[1] 因此，为使国人对于维新立宪，既需知其当然，亦知其所以然，他们便很自然地将眼光聚焦在译介日本及西方诸国宪政史和议会史这一有效途径上。鉴于日本"维新之初步，适与我邦时势相合，而足为邦人之师资"[2]，所以，在此类译著中，尤以日本的维新变法史、宪政史、议会史数量为最多，计有十多种。之所以将日本作为中国维新立宪直接参照的依据，是因为日本明治维新之前与鸦片战争后的中国有非常相近之处，两国都处于封建社会的末期，是封建落后的国家；两国都面临着西方列强的入侵，先后已签订了若干内容相似的不平等条约，都处在沦为殖民地的民族危机之中。商品经济已经渗入农村，以丝织业和棉织业为代表的手工业迅速发展，商业资本的崛起促进了国内统一市场的逐渐形成。在中国，尤其是江南和东南沿海地区，自给自足的自然经济进一步解体，商品经济发展的程度也实在不亚于日本，近代资本主义工业在沿海地区也比较发达。日本因明治维新而面貌焕然一新，其维新变法的重要环节就是建立国会。

"立宪国之精神何在乎？在国会而已。今日文明诸国无不以国会为立国之本。日本维新，其国志士日以立国会号于众，遂成今日之治。……前事之师，诚为有志者所急欲观者也。"[3] 为了使中国人对日本的政党史和国会史有更加明晰的认识，一些出版机构相继推出了一批日本议会史和政党史的译著，而在诸多的日本议会史和政党史译著中，影响较大的当推日本太阳杂志社编辑的《明治维新四十年政党

①　《译书汇编发行之旨趣》，《译书汇编》第2年第1期，1902年4月，前言部分。

②　陆规亮《译日本维新活历史序》，阪东宣雄著，陆规亮译《日本维新活历史》，译书汇编社，1902年，序言部分。

③　见细川广世纂著，译书汇编社译《日本国会纪原》中介绍《政法丛书》的广告页，译书汇编社，1903年。

史》。该书的译本，除"总论"外，共分九章，第一章"政党发生之由来"叙述明治初代之党争状态、萨长政府之出现、自由思想之发达、板垣之运动、政府内部立宪思想之潮流、国会运动之勃兴、政府之分裂与开设国会之诏敕。第二章分九节讲述"国会开设前之政党状态"。第三章分"大同团结之分裂""民党合同运动""民党与吏党之对抗"三节来叙述"议会开设与政党界"的情况。第四章言"松方内阁之征伐民党"。第五章至第九章分别讲述了第二次伊藤内阁时代、战后经营时代、山县有朋之操纵政党时代、伊藤博文之统率政党时代及最近之政党界的状况。由于胡源汇和张恩绶译成此书之际正"当明诏预备立宪之时"，故该书的序者陆光熙预言"吾国凡有志于学者，固无不思先睹为快也"。该书通过对日本当局者在开国会前后的不同表现进行对比，即"未开国会之前当轴诸公，智尽能索，曾不能举一事，所成者不过征兵兴学诸事略具规模耳。迨国会开时，其当轴者仍不外从前诸元老，而其手段及能力遂大现飞跃之象，五年而胜我，又十年而胜俄，大小庶务厘然毕举矣"，用以说明"国会成立之日即为国力发展之日"。该书的序作者甚至喊出"国会万能"的口号，希望"读是书者无论在朝在野，皆当努力于学问以求国家人民之幸福，无徒驰逐于富贵利禄以自弃其天职。庶几，使我国家由幼稚时代渐跻于强盛，且使我国人士亦复与日本维新诸杰于东亚历史中争一位置"，并且指出，这也是胡、张二人"译是书之旨也"。[1]

1904 年前有关日本模式和英国模式的宪政史著述的翻译已有不少，但是，有意识的将两者加以比较引入而成为翻译系列的活动，则张謇的功莫大焉。

---

① 陆光熙《序》，日本太阳杂志社编辑，胡源汇、张恩绶译述《明治维新四十年政党史》，宪政研究社，1907 年，序言部分。

二、张謇与《日本国会纪原》

　　清政府立宪新政的举措重新点燃了张謇心中君主立宪、变法图强的幻想之火，大大唤起了张謇期盼中国通过立宪改良实现社会变革的热情。不少学者认为张謇是 1903 年出访日本，在日考察近 70 天后才对君主立宪制度产生浓厚的兴趣。其实这是一种误解。早在 1901 年他上书《变法平议》，就主张效法日本，"置议政院""设府县议会"，对清政府六部工作，提出一整套变革意见，其中强调要"译书分省设局"，"亦译东书"，并希望王公贵族三十以上者"令稍涉猎史鉴，及各国政治、外交史诸书"①。张謇本人身体力行，接触了不少日本和世界上有关宪政与宪政史方面的相关文献，他指出："今之世列国数十，其未立宪法者仅三国，而俄有地方自治之制，则犹不失为半宪法国也。土于十余年前，曾一布宪法，设议院后卒中止。其国政半夺于宗教，可勿论己。而俄之民以此要求于政府，政府亦将因民意而推行之，几成而屡败。世之持政论者，方谓俄必变于民，土必变于敌，岂不然欤！彼东西各国之宪法，虽不尽同，判而别之，曰少数政体，曰多数政体。要之，立宪之始有事在，不立宪法，遂无望立政、行政诸法之实行也。"②

　　他对当时日本出版译印的各类宪政与宪政史方面的文献予以格外的关注，曾专门研读过 1903 年出版的日本细川广世纂著、译书汇编社译的《日本国会纪原》一书，该书以列标题的形式对日本"设立国会时种种变迁"进行叙述。正文部分依次设有《政体变更之缘由》《权臣跋扈之害》《相臣之权势》《武士之权势》《权势与文明之势力及文明东渐之经历》《与用人才之实利及新政之困难》《自维新创始至四年七月议政

---

　　① 张謇研究中心、南通市图书馆编《张謇全集》第一卷，江苏古籍出版社，1994年，页 64—66。
　　② 张謇《日本议会史序》，《张謇全集》第五卷，页 230。

之经历及变更》《论政治变更之情势》《全权大使赴于海外廷议为之两歧》《大臣更迭以来自生党派而变更政治目的之事实》等 25 个标题。附录部分共附《建设民选议院余议（冈本、小室、古泽）》《马城台二郎质加藤弘之议》《加藤弘之答马城台二郎议》等十九个"论"或"议"。通过对日本国会设立前后二十年间状况的记述，旨在说明"国会之设，必重法度、保秩序，而后民可赖其庆也"①。为该书作序者对该书有着很高的评价，认为能示日本国会设立之要领者，"盖莫过于是书"。再加上该书的作者"细川君自明治初年久官于朝，累迁至元老院书记官"这一有利条件，"故其纪述之精确，非漫然灾梨枣者所得同日而语。然则读此书者，其所得亦可想见矣"②。该书对日本政治变迁的大势，以及臣民要求情形的始末阐述的较为清楚。对于加藤宏之、板垣退助诸人的驳议也有较为详细的著录。该书为张謇提供了较为丰富的关于日本的宪政知识，他后来在《日本议会史序》中称："欧洲各国不暇述，近征日本，夫明治元年之大定国是也。分政权为议政、行政、司法三部。其冬置公议所于东京，且征诸藩士令为议员，并许言时务者皆建白。斯时也，方稍稍言立宪；复于太政官分置议政、行政诸员，以行政为上局，有辅相议定参与等职，以议政为下局，议长议员隶焉。其君臣上下，悍然行之而无疑。岂以其时为可耶？至六年始有制定宪法、确立宪政之议决，而请立民选议院，而敕开地方官会议，而设元老院，嗣后发布法律，必经斯院之议决。十一年遂开府县会，俾人民练习参政之能力，此数岁中皇皇谋改革。十三年以国会未立，民气激昂，故发机会条例以制限公会，时论乃益张，朝野哗然，且虑变焉。而十四年七月，卒有期以二十三年开国会之诏。伊藤博文遂历欧洲，研求宪法，归而设制度调查局，规划略定。继以三条实美辞太政大臣职，用废太政官而改今行之内阁制度。二十二年二月宣布宪法，二十三年国会成立，宪政体于是乎备。求起岁历，盖二十年。"

---

　　①②　张謇《日本国会纪原序》,《日本国会纪原》,序言部分。

这些史实可以在《日本国会纪原》一书中了解一个大概。①

　　该书问世后影响颇大，《新民丛报》在"时评"一栏中绍介新书时，称此书对明治初年"政治变迁之大势、臣民要求之情形，至详且备。译者以其可为我国前车之鉴，译以饷我国人。我同胞有希望宪政者乎，诚宜亟览此书以为借鉴也"②。《译书经眼录》写道："日本明治二十三年为设立国会之期，政党萌芽，民气大动，惜取法之成规，遂生嚣张之习。论者以亚洲各国惟日本有国会为美谈，不知前无所承，其弊必流于纷扰，盖变法必合国民性质，徒袭皮毛，安能获益？本书著于一会未成之前，故未载其条例，然所述政治变迁大势、臣民要求情形，及加藤宏之、板垣退助诸人驳议，附录个人论议，于国会设立情形尚能言其本末，则固今日政治家所宜浏览者也。"③《新学书目提要·法制类》也有类似介绍："日本之有国会实为亚细亚诸国之创格，当废藩变法之后，百度维新，独至议院之制则审慎迟回而未敢遽立，故木户孝允游历各国而还，力主勤求内治之说以抗西乡隆盛诸人政韩之论，独于国会一事且不甚以为然，其学者如加藤宏之则以民智未开为虑，历经板垣退助诸人争辩，此书载其驳议暨附录个人论议，苍黄无主，卖座有皆非，可见当时舆论之棼而政策因之不定矣。迨时机已熟则阏之不能，故自由、改进两党皆成于明治十三、四之间，而政府亦遂以其时许开二十三年之国会，篇中所云自政党成立以来风靡海内，某社某会骤增至数百之多，或拟俄国之虚无党而称东洋社会党云云，当时民气思伸已可概见，其理论无终阏者抑亦势使之然。近人徒以日本国会为美谈，不知前无所承，则结构之难有若是其甚者。观是篇所述诏开国会以前之事，知非一手一足之烈所成者矣。……"④《日本国会纪原》一书，成为推动张謇主持下翰墨林书局日本和英国宪

---

① 张謇《日本议会史序》，《张謇全集》第五卷，页 230。
② 《绍介新书》，《癸卯新民丛报汇编》"时评"栏，页 951。
③ 熊月之主编《晚清新学书目提要》，上海书店出版社，2007 年，页 257—258。
④ 熊月之主编《晚清新学书目提要》，页 424—425。

政史译刊的催媒。

三、张謇与《日本议会史》译述

"嗟乎！施政之秩序有缓急，国民之智力无强弱。事不难于发端，亦贵有以先之耳。"为了适应清末立宪运动的需要，也为了给国人提供西方和日本国会与议会方面的知识准备，对国人进行政治宪政知识方面的启蒙，1905年载泽等五大臣出洋考察回国时带回了大量的关于西方宪政的资料，包括端方、戴鸿慈编辑的《欧美政治要义》《列国政要》等书的问世和后来出使日本考察宪政的大臣达寿进呈的考察宪政书《日本宪政史》《欧美各国宪政史略》《日本宪法论》《比较宪法》《议院说明》五种，为国人提供了丰富的宪政资料。很多论著认为宪政知识资源似乎自此为始，其实这是一种误解。在此之前，张謇已经指令翰墨林书局编译出版介绍西方，主要是英国宪政知识，以及日本宪政的代表性的译著，如《日本宪法义解》等，并亲自组织翰墨林书局出版了《日本议会史》和《英国国会史》两种宪政史的译著。

翰墨林印书局，亦称"翰墨林书局"或"翰墨林编译印书局"等，是张謇创办的文化事业中的一家重要的出版机构，前后持续长达半个世纪。"翰墨林"一词取唐朝诗人张说名句"东壁图书府，西园翰墨林"之意。1904年购置铸字、印刷机械，正式建立机械印刷场。"浇铅铸电制版各事，一一招聚生徒，聘用匠师教授。经始于二十九年七月购机雇匠，竭力经营，至今年五月规模初备。"[①] 到1909年该书局拥有印刷机7台，铸字机4台，职工50余人。[②] 书局成立之初，就开始为师范学校编印教材，而且刊印了一批学术书籍，如《日本宪法义解》《日本议会史》等，除了为学校编印教材和部分学术著作外，

---

① 《钦命二品顶戴江南分巡苏松太兵备道袁》，《日本议会史》第1期，翰墨林印书局，1904年。

② 章开沅、田彤《张謇与近代社会》，华中师范大学出版社，2001年，页79。

大生一、二、三纺织公司，广生油厂，复兴面粉厂，资生冶厂历年账略、账册、文函、商标乃至南通中学、农校、气象台的标志、杂志，均由该书局印制。[1] 使书局也成为服务于张謇多角化战略计划中的重要一环，成为当时江南地区令人瞩目的印刷出版机构之一。南通翰墨林印书局自 1903 年创办至 1951 年与韬奋印刷厂合并，前后存续 40 多年，出版印刷了大批书籍。据不完全统计，主要有诗文类 53 种；史传类 16 种；地理类 4 种；教育类 30 种，另有教材读本 18 种；哲学宗教类 2 种；艺术类 6 种；礼俗类 2 种；实业类 11 种；数学类 1 种；医学类 2 种；文牍类 14 种；期刊类 10 种；纪念刊类 6 种；目录类 1 种。由于书局与张謇所办的学堂和所创实业关系紧密，因而这 176 种图书中，有相当一部分是属于教科书和实业文牍类的。[2]

　　1904 至 1905 年翰墨林出版了汪有龄译出的日本工藤武重[3]的《日本议会史》一书，该书分三期，每期均分若干章节。第一期初版在光绪三十年(1904)十月，第二期出版在光绪三十一年(1905)二月，第三期出版在光绪三十一年(1905)五月。汪有龄(1879—?)，浙江钱塘人，字子健，一作子建。曾就读于杭州蚕学馆、南洋公学师范班，光绪廿三年(1897)三月入学，五月退学，年底被杭州知府林启派送日本，与留学生稽侃一起去学习近代蚕业。先后就读于日本大阪山本宪私塾、竞进社蚕业讲习所、日华学堂等，毕业于日本法政大学。汪有龄到日本后就留意到留学日本的意义。他在 1898 年 1 月 31 日给汪康年的信

───────────

　　①　王诚等《通州翰墨林印书局纪略》，《江苏出版史志》1992 年第 1 期。
　　②　邹振环《再论金泽荣与翰墨林书局》，复旦大学亚洲研究中心主编《亚洲：文化交流与价值阐释·亚洲研究集刊》第 5 辑，复旦大学出版社，2010 年，页 78—104。关于翰墨林书局的研究还可参见邹振环《近代中韩文化交流史上的金泽荣》，复旦大学韩国研究中心所编《韩国研究论丛》第 5 辑；邹振环《翰墨林印书局与清末民初的翻译出版》，载《张謇と翰墨林书局の翻訳·出版事業》，载陶德民、姜克实、见城悌治、桐原健真编《近代东アジアの経済倫理とその実践：渋沢栄一と张謇を中心に》第 12 章，日本经济评论社，2009 年，页 251—272。
　　③　工藤武重曾任职于日本中央大学(前身为 1885 年成立的英吉利法律学校)，著有《近卫笃麿公》等书，此一信息为关西大学陶德民教授提供，特此鸣谢！

中认为"我辈愿为大局效力……倘游历一会，阁下果能办成，则三年五载必有可观"。称"朝鲜蕞尔小国，而往各国游历者竟有千余人之多，到日本者约有三百余人，倘学成而回，我中国且为朝鲜之砧上肉、釜中鱼矣。言之可惧"①。汪有龄在给汪康年的34封信中强调的是一个宗旨："游历一会实自保之秘诀也。"② 主张浙江应参与到以朝鲜为首倡，湖北、湖南已经着手筹备的留日运动中去。他还将留学日记刻印送交汪康年。林启在给汪有龄的信中说："廖中丞前读足下日记，极相推许。"③ 根据汪有龄的留学观感，浙抚廖寿丰作出了从求是、武备学堂向日本官费派送留学生的决策。于是，浙江开了中国留日运动的先河。汪有龄在日本给汪康年的信中说："近见杭州渐求维新，鄙怀甚喜，倘游学事果成，拟效贪得无厌之举，再上整顿求是书院刍议。"④ 对浙江的近代化运动感到深受鼓舞。他还曾参与罗振玉主编的"教育丛书"的翻译，历充湖北农务局译员，《商务官报》主编、大理院民二庭帮审、法律馆纂修、京师大学堂教习等职，民国后历任南京临时政府法律局参事、陆征祥内阁司法次长、法律编查会副会长、参政院参政、参议院参议、《公言报报》主编。⑤ 1920年担任《公言报》社长，1921年起，任北平朝阳大学校长兼律师等。除译出《日本议会史》之外，还译有日本医学士三岛通良（1866—1925）著《学校卫生学》和奥村信太郎的《福泽谕吉传》，1909年德兴堂印字局出版有其所著《大清违警律论》等。东京帝国大学法学士松冈义正是日本法学界阅历丰富的司法实务家和清政府民诉法的起草成员，他受邀在京师法律学堂承担民法总则、物权、债权、亲族法、相续法、民事诉讼

①　上海图书馆编《汪康年师友书札》卷一，上海古籍出版社，1986年，页1058—1059；参见《南洋公学师范班学生名单》，交通大学校史撰写组编《交通大学校校史资料选编（1896—1927）》(1)，西安交通大学出版社，1986年，页78。

②　上海图书馆编《汪康年师友书札》卷一，页1061。

③　上海图书馆编《汪康年师友书札》卷一，页1077。

④　上海图书馆编《汪康年师友书札》卷一，页1076。

⑤　上海图书馆编《汪康年师友书札》卷四，页4052。

法和破产法等课程的讲授，根据日本现行的民诉法并参引别国法进行讲授的内容，经汪有龄口译，并由熊元襄依据讲堂笔记和讲者的著述，编成《民事诉讼法》一书，作为"京师法律学堂笔记"之一，于清宣统三年(1911)印行，曾连年再版，广为行销。

《日本议会史》一书绪篇为宪法制定之由来，分以下内容：征士、贡士、下议事所；议政官、贡士对策所、公议所、待诏局、集议院、正院、左院、右院；地方官会议、元老院、大审院；民权自由说、言论集会之抑压；国会期成同盟会；开设国会之敕谕；宪法调查、伊藤之出洋；民权压抑、政党之不和；钦定宪法；发布宪法；发布宪法敕语；宪政概论等。第一期日本议会，前纪"自帝国宪法发布，至第一期议会召集"，分第一章内阁之更迭(山县内阁组织)；第二章山县内阁之训令；第三章贵族院议员；第四章众议院议员总选举；第五章政党之形势。正纪"第一期议会"，第一章开会；第二章山县内阁施政之方针；第三章民党之挑战；第四章外交问题；第五章预算案；第六章前各章以外之议案；第七章杂件。日本议会史第二期，第二期帝国议会，前纪"自第一期一会闭会至第二期议会召集"，第一章内阁之更迭(松方内阁组织)；第二章松方内阁之训令；第三章官制改正；第四章党派之形势。正纪第一章开会；第二章松方内阁施政之方针；第三章预算案(解散问题之一)；第四章军舰制造及制钢所设立之件(解散问题之二)；第五章岐埠、爱知两县震灾救济河川堤防工事费预算外支出事后承诺之件(解散问题之三)附岐阜、爱知、富山、福冈四县补助土木费追加预算；第六章铁道国有及普及之计画(解散问题之四)；第七章监狱费国库支办法案(解散问题之五)；第八章治水事业(解散问题之六)；第九章前各章以外之议案及杂件；第十章解散。日本议会史第三期，第三期帝国议会，前纪"自第二期议会解散至第三期意会召集"，第一章众议院议员总选举(第二回)；第二章内阁之动摇；第三章政党之形势。正纪(第三期议会)，第一章开会；第二章松方内阁施政之方针；第三章选举干涉问题；第四章对解散问题之新议院断案；第五章前各章以外之议案及杂件；第六章闭会。

近代立宪政体与古代神权制结合在一起的一种天皇制的"开明专制政体"，在《日本国会纪原》一书中仅仅做了一个概述，而《日本议会史》则为我们描绘了这一实君立宪体制的完整轮廓。实君立宪的日本以加强国家的权威并运用权威的威慑力量来一致对外，聚合日本民族主义的各种资源来推进日本工业化进程。在这一所谓日本式立宪模式中，皇帝的权威至高无上，内阁对皇帝负责，议会由皇帝控制，宪法由皇帝钦定，其基本精神是君权至上，是所谓"实君立宪"，即王权与行政权的合一。尽管日本也有议会制度，但这种开明专制并不能导致真正的议会民主。然而，即使是这种不完全的开明政体，仍对于中国士大夫有着很强的吸引力。张謇亲自为《日本议会史》的译本作序，在序言中指出：对于日本国会方面的知识"读日本细川广世之《国会纪原》，可知其凡；读其议会史，盖可知其全矣。原书区为十二期，今移译之，次第版行，供我全国士大夫之观览，不敢与所谓非时者异趣也。虑万一有其时而又无措也，则观法之不可以不预也。"① 他曾将新近问世的《日本议会史》译本送给赵凤昌，1906 年 1 月 17 日的信函还追问赵是否读过。② 他还将《日本宪法义解》《日本议会史》等书分送给时任兵部侍郎铁良，并与之讨论宪法；于是朝廷重臣铁良、徐世昌、端方、载振等均言立宪。③

《日本议会史》堪称清末新政改革中影响最大的议会史译著之一，1908 年该书有日本东京多文社出版的彭钧译本，彭译本同年又有上海群益书局翻印版。

---

① 张謇《日本议会史序》，《日本议会史》第 1 期；该文与收录南通市图书馆及张謇研究中心所编《张謇全集》第 5 卷，艺文上的《日本议会史序》(江苏古籍出版社，1994 年，页 230—231)文字上略有差异，该全集编者将该文的写作时间定在 1906 年，误。
② 杨立强等编《张謇存稿》，上海人民出版社，1987 年，页 10。
③ 参见张謇研究中心、南通市图书馆编《张謇全集》第六卷，江苏古籍出版社，1994 年，页 540；张玉法《清季的立宪团体》，台湾"中央研究院"近代史研究所专刊，1985 年，页 307。

四、翰墨林书局版的《英国国会史》

《英国国会史》，英国比几斯渴脱著、日本镰田节堂译，翰墨林编译印书局 1905 年编译出版。[①] 全书分二十三章，从约公元 9 世纪的萨索尼王朝英国国会最早起源开始到 19 世纪末，分为初创、成长、巩固、发达四个阶段，对英国的演变发展进行详细阐述。第一阶段，为国会的初创时期，系第一章至第四章。第一章国会设立；第二章国会政治之设立；第三章国王亲政；第四章国王之国会亲政。前四章是叙述英国国会的初创阶段，集会的主要任务是供给君主金钱，并相应地取得一些建议权，此外并无太大的权力。第二阶段，为国会的成长期，从第五章至第八章。第五章非政府党之发生；第六章查尔斯一世与反对党之争阅；第七章长期国会；第八章王政复古时代之国会；这四章是国会的成长阶段，不断发生国会与王权的争权斗争，包括非政府党的产生及其斗争，以及 17 世纪长期国会所进行的大革命，国会逐渐取得超越王权的地位。第三阶段系国会地位的巩固期，从第九章至第十八章。第九章一千六百八十八年至九年革命；第十章内阁制度设立；第十一章苏格兰国会及英苏联合；第十二章国会专横；第十三章进步党寡人政治时代国会；第十四章第十八世纪国会内情；第十五章若尔日三世亲政；第十六章爱尔兰国会及英爱联合；第十七章政治家及其辩论；第十八章老朽保守党内阁。这十章为国会地位的巩固阶

---

① 该书 2003 年有刘守刚点校本，编入中国政法大学出版社出版的"中国近代法学译丛"，何勤华主编。该"译丛"选择了一批清末民初的法律名著加以重印，为史学研究提供了极大的便利。惟该译丛在"凡例"中称系主要整理点校、勘校民国（包括少量清末）时期国人翻译出版的外国经典法律名著，目的显然为保存近代珍贵的法学名著。点校者按一般文献整理的规则，将繁体改为简体，并进行分段标点固无疑义。遗憾的是点校者画蛇添足，对这些难以觅得的珍贵版本做所谓"适当的技术性加工"，将原书"如下""如上"等改动不算，竟然将类似"法郎西""意大里"等旧译名改为法国、意大利等新译名，这些做法完全违背了文献校点整理的基本规范，使学者在利用这些版本进行研究时受到了极大的限制，无法对这些译著作为原著进行完整引用。

段，通过光荣革命，设立了内阁制度，与苏格兰、爱尔兰国会进行了联合，国会的主权地位得到了巩固。第四阶段，从第十九章至第二十三章为国会发达阶段，第十九章国会改革；第二十章皮尔时世；第二十一章巴尔马斯通卿；第二十二章格兰斯敦及几斯奈利；第二十三章国会发达。这五章叙述国会发达阶段，国会通过选举制度和内阁制度的改革，扩大了代表性，从贵族议会变成为国民议会，完全确立了英国发达的国会制度和宪政体系。后附英国义特瓦普利脱的"英国国会史补"，也是由镰田节堂译，主要内容是近世英国政党组织的沿革。附件一为"英国历代诸王及重要事件年表"、附件二为"哈老巴尔王朝首相年表"。英国宪法是建立在英国发达的国会制度的基础上的，由强力的国会来保障宪法的实施。

《英国国会史》译本序称："夫世之言宪法者，莫不宗英国。盖其宪法导源于十二世纪以前，递嬗递变，而始能有今日璀灿庄严之世界也。但举列国之宪法，综核其成立之时代，言政法者类能述之。若于英，则上下旁皇，朝暝求索而不可得。……此编著者自述其国闻，厘然大备。然详于近情，略于古制，即英人所尊为鸿宝之《大宪章》《权利法典》，亦仅粗举其例，而阙焉不载于册。"译者认为："观第二章之所纪，则知建设一事之前，必有种种之困难也；观第六、第七章之所纪，则知反动力有甚于原动力也；观第十二、第十三章之所纪，则知立宪之流弊，亦易趋于专制政体也；观第十一、第十六章之所纪，则知苏格兰、爱尔兰与英伦国会之所以组合也；观第十七章之所纪，则知政党之意见，先必发宣于论辩也；其他如内阁制度之设立，国会之改革，皆可以借镜而审变者。立宪之制，我国今日朝野之士，所乐闻之。然立宪以前之往迹，立宪以后之前途，其亦不能不熟思而审虑矣。更执东西宪法宗于英国之说，则此编宜译而版之，以饷我国。……爱国忧时之彦，幸观览焉。"①

---

① 〔英〕比几斯渴脱著，〔日〕镰田节堂译，〔清〕翰墨林编译印书局编译，刘守刚点校，《英国国会史》译序，中国政法大学出版社，2003年，页5—6。

《英国国会史》强调了英国宪政的进步完全建立在国会制度不断发展的基础上，国会也是实现英国宪政的最主要机构，没有独立、地位至上的国会，就没有英国宪政。该书指出私利是推动英国宪政发展的动力，对征税权的控制始终是英国国会制度和宪政发展的主线。1215年的《大宪章》确立的原则无非是人民可以纳税，但国王的征税权力必须得到控制，重大事情要与国会商量。在英国国会发展的初期，只要有可能，国王就不开议会，每次开国会都是因为国王财政困难，被迫为之。国会为了有效地控制国王的征税权力，就需要审查开支用途，审议国王的行动，这就需要保护议员在国会中的言论自由、人身安全等，并确立相应的一系列的权力和制度，宪政制度也因此逐步建立和完善起来。① 这是所谓英国式的立宪模式，其虽然承认君主的权威合法性，但主张对君主的权力予以应有的限制，内阁只对国会负责而不对君主负责，宪法由内阁与国会协定，即由政府起草，交议院协赞。英国模式是通过议会来限制与削弱君主的权力，置君主于事实上的虚君地位，虽然君主名义上仍然是国家元首，但其实仅仅是一个国家的象征符号，国家的立法大权归于议会，议会多数党组织的责任内阁来掌握行政大权。不难看出，这种立宪政治的特点是"分权政治"，通过地方自治、自主性的议会来限制君权，制约国家自上而下的权力，英国的立宪政府是一种权力有限的政府。该书在清末产生过重要的影响，《中外日报》1906 年 10 月 20 日《英国国会史》广告称该书"凡二十三章，于英国国会之成立及其国会之发达，条分件系，粲若列眉，并以近代英国政党组织沿革及英国历代诸王重要事件年表附著于篇，备资考核，讲习政法者宜亟读之，即作学校历史教本亦不可缺之书也。上海发行所望平街时中书局、小东门大生纱厂帐房、有正、开明各书局均有寄售"②。《译书经眼录》著录《英国国会史》一书另有日本

---

① 〔英〕比几斯渴脱著，〔日〕镰田节堂译，〔清〕翰墨林编译印书局编译，刘守刚点校，《英国国会史》译序，页 4—6。

② 《中外日报》1906 年 10 月 20 日，《英国国会史》广告。

高田早苗的译本。①

五、《宪法古义》的编纂与出版

张謇将上述三书刊印后，除了通过翰墨林书局在上海、南京的几处经销点公开出售外，还通过上层途径进行传播，希望"政界、学界果能外集良法，内审国势，明辨而笃行之，庶几将来或有食其效果之一日"。根据宪政运动的实际需要，这些宪政专著印成后，向多位封疆大吏免费赠送，1907 年 9 月 23 日张謇在给林绍年的信函中称：预备立宪之诏书下达后，"稍明政法之学者，乃呼号奔走，群思有所提倡，而组织之；即素未研究者，亦颇观感兴起，而为即使之预备。措置得宜，锲而不舍，且国家前途岂复可量"。但是他也指出宪政推行之初，"千条万绪，明达者平日殚精竭虑，或能窥及其微，而一二少郛浅之士，智虑未周，眩于欧化，拾其皮毛之学说，以为一蹴而几，竞为夸张，不务实际。不为及时救正，将见宪政之效未睹，而颠蹶之兆先萌"。因此，称自己"不自度量"，考虑到"日本取法于德，而英国人自治之性质较长，乃觅得《日本议会史》《英国国会史》全部，属精于东、西文法者为之重译印行，刻已成书。凡两国宪政之如何成立，如何变更，如何审慎，靡不周密完备，反复引伸。在今日我国宪政萌芽之时代，凡政界、学界果能外集良法，内审国势，明辨而笃行之。庶几将来或有食其效果之一日。兹加特每种寄奉二百部、又《宪法古义》二百部。幸夫子赐以鉴定，为之颁布而推行之，或可为我夫子预备之一助"。②

所谓《宪法古义》是一本怎样的著述呢？该书光绪三十一年(1905)十月由翰墨林印书局印行。作者署名为"日衔石生"，经都樾考证，该书序言文字与萧山县文史资料委员会 1993 年刊行的《汤寿潜史料专

---

① 熊月之主编《晚清新学书目提要》，页 246。
② 张謇《张謇致林绍年》，《张謇全集》第一卷，页 104—105。

辑》所录的目次条目相同，因此可以认定该书即学界久觅未得的汤寿潜根据有些中外宪法著述所提供的知识编纂的。《宪法古义》一书，汤寿潜未署其真名，而署以"日衔石生"之名，大约是借寓于"精卫衔石填海"的神话典故。在作者看来，是时中国立宪之思想尚如沧海之一粟，"衔石"既表达出一种对立宪政治的坚定信仰，又预示着中国要真正实现立宪民主尚需艰难而漫长的跋涉。①《宪法古义》正文凡3卷，计17000余字。就文字篇幅而言，比较汤氏其他著述，该书篇幅短小，且一改之前著述好用古僻字、通义字和生僻典故的旧式文人习惯，该书语言平易通俗。在编辑形式上胪举东西各国宪法中关涉"元首""议院""国民"等40条基本权利编为目次，对每条权利都先予以简要阐释，然后着重于对其中学源流的考辨。对所举权利的阐释，汤氏或述其内容，如解释元首"爵赏之权"："凡立宪国名誉元气，爵之、赏之、光荣未艾"。或推其缘由，如推究国民"参政权"："不宪政无代议，不代议无宪政，人得保其政权，国斯保其主权。无谓中国不独然"。或总其特征，如归纳君主"统率海陆军之权"："大事惟戎，将兵将将，虽不临阵，厥权无恙"。或比较异同，如说明"君位继承权"："民主选举势不可行，男统女统争端生，不立储贰中律平"。对于所列权利的中学源流考辨，汤寿潜不仅博征中国经史古籍，据以推究精义，阐释变迁，还不时与西方历史及近代思想家的著述如卢梭的《民约论》等进行简略对比。如考辨国民"本身自主"时指出："西国人身自主之说始于《民约论》之'天赋人权'，而中国《大学》'在明明德'，《中庸》'天命之谓性'，亦皆天赋人权之说，惟其重人权，故重人身之自主。秦汉以降，民多鬻身为奴，后世蓄奴愈众而不能自主者愈多。英美各国不惜输款动兵，以禁贩鬻黑奴之谬。中国亦思古义而幡然哉！"该书中选择的各项宪法权利条目来说，有很大一部分条文

① 都樾《汤寿潜佚著〈宪法古义〉考证》，《江苏教育学院学报（社会科学版）》2007年2月。1905年汤寿潜在致瞿鸿禨的信中也解说了自己不署真名的缘由，所谓"恐好议论人者，谓以是干进，故但以贡之丈席，而不欲署名姓于其末也"。参见程为坤《日俄战争与清末立宪运动》，《清史研究》第7辑，光明日报出版社，1990年，页341。

的表述文字或表述方式与明治二十二年(1889)颁布的《大日本帝国宪法》相同。虽未完全照搬照抄明治宪法七章七十六条的全部条目，但却直接选用了其宪法中所采用的"欧洲诸国所已行者"的那部分条目，对其宪法中按国势民情而变通、增加的诸条目则多有扬弃，如书中关于"元首之权利"的十条目，略去《明治宪法》中规定的天皇"万世一系""总揽统治权""以帝国议会协赞立法""紧急饬令权""变更法律权""定陆海军编制及常备军编制权""宣告戒严权""摄政"等八条，选用其余九条，同时增加由君主国家法人地位所决定的"无责任"条。《宪法古义》所体现的君主立宪思想，明显受到以伊藤博文为代表的日本宪政思想的影响，即主张建立二元君主制度。但汤氏主张的二元君主政体并不完全等同于19世纪末的"明治政体"。《宪法古义》中以君民和谐的"三代之治"为传统依据，以西方近世立宪君主统治为现实参照，构想从根本上调谐君民关系的最合理的"必改"之道。以订立君民间和谐制衡关系原则的宪法来达成"君民共治"的理想，即所谓"君臣上下同受制于法律之中"，强调"宪法者民权之护符，而亦君权之后盾"。①

　　《宪法古义》由翰墨林书局出版后影响颇广，光绪三十一年(1905)十二月，严复应邀在上海青年会作关于政治学的讲演时，曾专门批评该书："吾近于街头，曾见《宪法古义》一书，意谓凡西人之宪法，皆吾古先所已有者。大抵吾人本其爱国之意，每见外人好处，总不肯说此为吾国所无，而'十三经''二十七史'皆其傅会材料，名为尊我，实则大惑。"② 虽然《宪法古义》存有对西学认知浮浅的弊病，尤其是作者不能全面了解西方立宪制度形成的社会、经济基础，未能深刻把握立宪政治的思想基础和理论体系，但是汤寿潜通过《宪法古义》的撰写，采用"以中学释西学""以西学释中学"的形式，将考据之学、

---

　　① 　都樾《汤寿潜佚著〈宪法古义〉考证》，《江苏教育学院学报(社会科学版)》2007年2月，页60—63。

　　② 　严复《政治讲义》，王栻主编《严复集》卷五，中华书局，1986年，页1312。

经世之学与西学宪政新知整合融汇，努力融汇中西制度文化的初步尝试，体现出一种会通中西形上"道统"的文化理想，还是值得赞赏的。

六、结语

20世纪初前十年日文译本在清末宪政知识资源传递和宪政实践过程中，具有重要的作用。在仿效西方和日本实行立宪改革这一点上，20世纪初中国的官方和民间已经取得了基本的共识，但对中国的立宪道路应采取哪一种立宪的形式则意见并不一致。萧功秦在研究清末新政的论著中提出了君主立宪制有"英国模式"与"日本模式"的两种范本，指出从采取君主立宪制政体的世界各国来看，大体上可以分为以英国为代表的"协定立宪政体"和以德国、日本为代表的"钦定立宪政体"。两者存在着很大的区别，"前者是通过宪法，通过自下而上的、自主的社会组织与个人的政治参与，来制约专制君权，从而形成君权与民权之间的平衡。后者则是君主在享有相对充沛的权威合法性资源的条件下，借助于原来贵族势力与钦定宪法，有效地把社会各阶层的政治行为约束在一定的范围以内，这种抑制政治参与，控制社会动员，并与现代性的宪法符号相结合，便完成了从传统专制政体向现代化的开明权威政体的转化"[1]。

在清末的宪政运动中，事实上也存在着赞同"虚君立宪"的英国模式和支持"实君立宪"的日本模式两种观点。虚君意味着王权和行政的分离，而实君意味着王权与行政权的合一。如何看待这两种模式的优劣？张謇认为究竟采用哪一种模式更为合理是需要研究论证的，所以他没有明确提出过立宪政体究竟应该采取"英国模式"还是"日本模式"，而是首先将《日本议会史》和《英国国会史》译成汉语，将两

---

[1]　萧功秦《危机中的变革：清末现代化进程中的激进与保守》，上海三联书店，1999年，页181—183。

种模式的宪政知识传输给国人。1906 年他将《日本议会史》《英国国会史》《宪法古义》三书赠送袁世凯，并促请其领导立宪运动，也曾将此三本书送给河南巡抚林绍年，表明他对日本和英国两种宪政模式均给予了特殊关注。袁世凯在复函中感谢张謇的赠书，称"顷奉惠函，并《日本议会史》等三种各两百部。仰见提倡宪政，嘉惠后学之苦心。……今得尊处编译之日、英二史，本末具备，龟鉴昭然，有裨于政学界者不鲜。已遵嘱将原书发交提学司，并饬照价寄缴，已副雅怀。各国立宪之初，必有英绝领袖者作为学说，倡导国民。功硕学高才，义无多让。鄙人不敏，愿为前驱"①。1907 年 9 月 23 日张謇在致林绍年的信函中就已经指出："日本取法于德，而英国人自治之性质较长。"于是决定请"精于东、西文法者为之重译"，以便国人就"两国宪政之如何成立，如何变更，如何审慎，靡不周密完备，反复引伸。在今日我国宪政萌芽之时代，凡政界、学界果能外集良法，内审国势，明辨而笃行之。庶几将来或有食其效果之一日"。② 张謇希望国人在了解了两种宪政史的过程中，明确这两种模式的差别，并在实践过程中进行比较鉴别。

　　1905 年日俄战争结束，俄国老大帝国败于明治维新后的日本蕞尔小国，再次引起清廷内外的震动，一般人更强烈地意识到这是日本近代立宪成功的结果。张謇在日俄和约尚未签订之际就上书袁世凯希望他体察世界发展大趋势，效法明治维新重臣，在推进立宪改革上成为中国的伊藤博文，他写道："不变政体，枝枝节节之补救无益也。不及此日俄全局未定之先，求变政体而为揖让救焚之迂图无及也。……日俄之胜负，立宪专制之胜负也。今全球完全专制之国谁乎？一专制当众立宪尚可幸乎？"③ 主张由国会与君主共同制定一种

　　① 袁世凯《拟覆张季直殿撰》，骆宝善《清末新政中袁世凯与张謇联盟》，《二十一世纪》(双月刊)2006 年 12 月号，页 60，www. cuhk. edu. hk/ics/21c/。
　　② 张謇《张謇致林绍年》，《张謇全集》第一卷，页 104—105。
　　③ 转引自潘树藩编《中华民国宪法史》，商务印书馆，1935 年，页 4；参见萧功秦《危机中的变革：清末现代化进程中的激进与保守》，页 173。

协定宪法，通过自下而上的权力制约，来防止君权的恶性膨胀。在张
謇看来，当时中国最需要解决的不是首先选择某种模式的问题，而是
首先要建立一种限制君权的开明政体，他在为《日本议会史》所写的序
言中指出：西方的宪政发展史告诉我们，一定要建立相关的国会与议
会组织来保证宪政的实行："西方之人有言：不知政治之组织，而妄
求政治之权利，是妄想也。此非过论。即以国势崇替觇之，一彼一
此，明效可睹。吾国人其亦知之矣。知之又何惮而不行耶？论者辄言
非其时，非其时，有志之士，愤时之杰，或亦同声而和之。不知各国
立宪之始，将皆时至而乘之乎，抑人为而时合之也。"① 在清末宪政
运动中，一般官僚倾向于日本模式，而士绅和在野者比较倾向于英国
模式。清政府当然希望是日本模式，因为在日本模式下的宪政中皇帝
还是拥有最大限度的权力。因此，清政府在声称仿照日本模式进行改
革的同时，还推出了一个"皇族内阁"。皇族内阁让倾心英美的立宪
派们感到极度失望，甚至也使原来支持宪政的官僚们感到不满。张謇
原本希望新兴的士绅阶层能够在新的政治体制中与皇权体制下的官僚
和贵族们共享政治权利，尽管他并没有公开演说这样的观点，但在方
向上其实是接近英国模式的。而"皇族内阁"的出台，对以张謇为代
表的士绅们在感情上造成了很大的伤害，大大减弱了他们对清政府改
革诚意的信心。

　　从对作为西方立宪政治源头、典范的英国宪政历史模式，到作为
东方仿行宪政成功典范的日本宪政历史模式的考察，以及对宪政思想
和实践的中学源流的研究，构成了清末对宪政思想及其历史的相对完
整且多视角的认知体系。这个认知体系中的最为重要的知识资源，都
由张謇所主持下的翰墨林书局译刊的宪政史出版物输入了中国，正是
在其带动下，在清末又有一批有关宪政与宪政史的译著相继问世，如
政治经济社 1906 年出版的卢弼、黄炳言译出日本清水澄原著《宪法》；
敬慎书庄 1907 年刊行的齐雨和等编辑的《十七国宪法正文录纂》；中

---

① 张謇《日本议会史序》，《张謇全集》第五卷，页 230。

国图书公司 1908 年出版的德国挨里捏克著《各国宪法源泉三种合编》等。可以说，张謇所主持的翰墨林书局所译刊的这些宪政史的理论著述，不仅为近代中国的宪政理论的建构和实践的运作提供了丰富的知识资源，而且启发和带动了又一波清末宪政史译刊高潮。

原载于《史林》2012 年第 3 期
作者单位：复旦大学历史系

张謇的世界眼光

王 飞

张謇的世界眼光是成就其宏伟事业的核心要素。张謇无论是实现人生道路的转折，还是事业的开拓，都与其世界眼光密不可分。张謇在回顾其心路历程时讲道："鄙人自前清朝成进士后，默察世界之大势，谛观内政之状况，知时局不可与有为，即绝意仕途，愿为社会稍效微力。又深信非振兴实业，不足以利用厚生而正民德。"[①] 张謇在清政府闭关自守、民众墨守成规的时局中感到毫无自强希望，遂退出仕途，跳出旧的格局，开辟新路。可见，张謇的世界眼光是其人生转折和开拓事业的重要精神动力，也是我们深入了解其知识体系，深刻认识其人生和事业的关键钥匙。

一、世界眼光是张謇创办事业的
主要动力和思维方式

张謇之所以高举"实业救国，教育救国"的大旗，根本动力就在于他睁开眼睛看到了世界。他发现，在世界工业化日新月异大发展的新形势下，中国经济社会发展全面落后，民生凋敝，综合国力与西方社会的差距愈发加大。与此同时，中国在国际关系中的处境越来越被动与尴尬，竞争力日益低下，发挥的作用和影响甚微，面临被列强侵略的威胁。正是看清了这样令人惊耸的时局，张謇决定履行爱国者的担当和历史使命，转变轨道，走"实业救国、教育救国"的道路。张

---

① 李明勋、尤世玮主编《张謇全集》4，上海辞书出版社，2012年，页255。

謇以实业为发端，次第经营教育、慈善、社会建设等事业，推动宪政和法治，构建了经济、文化、政治、社会、生态"五位一体"的变革理念、发展战略和实践架构。可以说，张謇这些创新举动都是以世界先进理念、先进技术和实践范式为参照。例如，他创办的大生纱厂，瞄准国外棉纺业工业化大发展所形成的国际市场，设备、技术、科技人才主要依靠引进。他创办的通海垦牧公司，仿照美国的大农开垦法，采用公司制形式开发农业，建立工业与农业相互辅助和支撑的农业发展新机制，大量引进美国、日本等国家的种植、制盐、水利等先进技术和成果。他创办的教育事业，参照西方的新式教育模式，建立起幼教、普及教育、中等教育、高等教育的升格秩序和普通教育、职业教育、特殊教育、社会教育的教育门类。他果敢地吸收西方先进的教育理念，引进优秀人才，推进教育教学变革。不难看出，张謇绝不仅是一位埋头苦干的实践家，更是一位高屋建瓴的战略家，是放眼寰宇、胸怀全局、驰骋世界的伟人。

张謇具有世界级的眼光和成熟的思维品质，在当时难能可贵。张謇曾针砭时弊地指出问题所在：一是国人重国内、轻国外。他一针见血地指出："方今世界大战终了之期不远，全球视线之集中点将由西欧而直转远东。反观我国，朝野上下之所为，重内而轻外，务近而遗远。"① 二是国人不与世界同轨。他认为："世界经济之潮流喷涌而至，同则存，独则亡，通则胜，塞则败。"② "然欲开门以求活，则人且鄙我蔑我，谓人民无知识，国家无法律，虽欲世界共经济，而世界不吾与，吾将若之何？"③ 张謇站在世界的高度，审视世界发展的趋势，关注人类发展的文明成果，以高度负责的精神探索中国社会的出路，表现出超越同时代人眼界的过人之处。

① 李明勋、尤世玮主编《张謇全集》4，页383。
② 李明勋、尤世玮主编《张謇全集》2，页437。
③ 李明勋、尤世玮主编《张謇全集》2，页438。

二、张謇世界眼光的主要观点

张謇的思维活动所体现的世界眼光主要包括以下五个方面：

（一）凡事都要具有世界眼光

张謇具有强烈的世界意识，认为"凡百事业，均须有世界之眼光，而后可以择定一国之立足之地；有全国之眼光，而后可以谋一部分之发达。"① 在他看来，任何一个国家或地方事业的发展都离不开世界这个共同体和大环境。要真正干成一番事业，必须要有世界意识。如果仅仅局限于一国、地区范围内进行谋略，就不能正确地认识世界和认识自己，不能正确地定位和制定发展措施，也不能有效地参与世界竞争。因此，张謇十分强调世界眼光，把它当作成就事业的必备条件。

（二）把握世界大势

张謇十分注重对世界大势的把握，无论是治国理政，还是村落自治，抑或为人处世，他都主张观察大势、顺应大势、不逆势而为。他在提出盐政改革主张时指出："总之，天下无无弊之政，亦无不变之法，外不背乎世界大势，内有合乎社会心理，即为良法。"② 他把不违背世界大势作为是否是良策的重要依据。他在汇报南通自治成绩时讲道："以为地方乃个人所与有责，县治乃国家所由积成，盱衡世界潮流之趋向，斟酌地方事业之适宜，乃以实业教育，互相挈乳，忘其薄劣，黾勉为之。"③ 这反映出张謇虽然经营地方事业，但其决策都瞄准世界发展的大趋势。他在与友人探讨事情利害得失时语重心长地

---

① 李明勋、尤世玮主编《张謇全集》4，页643。
② 李明勋、尤世玮主编《张謇全集》2，页231。
③ 李明勋、尤世玮主编《张謇全集》1，页524。

指出："第其暗于世界大势，亦正可闵耳。"① 他对为人处世的成与败、好与坏的评判，主要是看其是否符合世界发展的大势。不难发现，"外观大势""默察世界之大势"，是张謇韬世界伟略，治中国痼疾的济世良策。

（三）拜西方为师

面对世界工业化浪潮和西方先进的文明，张謇渴望用西方文明改良中国社会，极力主张虚心学习，大胆借鉴，把西方发达国家在经济、政治、文化、社会建设等方面的文明成果适当地引进我国，为我所用。张謇运用自己的权力和影响力做了大量移植工作，主要体现在以下重大事项：一是以通州大生纱厂为模板，运用西方的公司制、股份制发展近代工业，开创中国民营企业践行股份制的先河，并且把它推广到农业、商业、航运、盐垦、金融、文化等行业。二是以通州师范学校为起点，运用西方近代教育理论创办一系列新式学校，实践西方教育立国的理念。他仿照西方学制，引进西方人才，借鉴西方国家在课程设置、教材建设、教学模式等方面的成果，大力发展国民素质教育、职业教育、高等教育，培养了一批新型人才，为教育面向提高国民素质和服务于经济社会发展的转型发展做了十分有益的探索。三是以《公司条例》为核心，创设市场经济法律体系。张謇认为"现在世界以大企业立国，而中国以《公司法》《破产法》不备，故遂将此昙花一现之基础，至于今日，败坏不可收拾，斫丧人民与企业心、合群心，耗散最可宝贵之资本，不一而足"②。他充分认识到法律对于近代经济发展的保障作用，因而大力推动国家立法。在其农工商总长任内，他以罕见的速度制定并颁布了《公司条例》《商人通例》等 20 多部法律和法规，为中国法制现代化建设作出了重要贡献。四是积极效法西方，推动宪政运动，促进中国封建政治制度的变革。他创办南通博物

① 李明勋、尤世玮主编《张謇全集》3，页 1093。
② 李明勋、尤世玮主编《张謇全集》4，页 258。

苑、图书馆、气象台、附属医院、盲哑学校、养老院等社会事业，建立水利会、农会事务所等行业组织，以现代的组织形式促进社会建设。他引进西方机械、化工、电气、通讯、电力、心理等科学技术，倡导科学精神，推动科学技术进步。

（四）平等参与世界合作和竞争

张謇指出："今日我国处于列强竞争之时代，无论何种政策，皆须有观察世界之眼观光，旗鼓相当之手段，然后得与于竞争之会。"[1] 他认为无论发展何种事业，都应当借鉴西方国家经验，制定适宜政策，通过发展自己，壮大力量，平等地参与世界竞争。考虑到世界对中国市场的需求以及中国工业基础薄弱，张謇主张以中外合作方式开发中国市场。"夫世界果不欲趋向大同，不欲中国为市场，不欲中国发展供给各国之原料，则亦已矣。其欲之，中国内地风气尚未尽开，资本又不充裕，试问舍世界各国经济互助，有何别法。"[2] 张謇提议建立合资公司，在维护主权情况下，充分利用国外资金、技术等条件，开展平等互利的各种经营活动。

（五）立足本国国情的开放精神

张謇的开放精神建立在立足国情的基础上。他在对待外国问题上反对照搬照抄和盲目排外两种极端倾向。他援引前人的思想："'西士之术固有胜于中法者，习其术可也，习其术而为所愚弄不可也。'（《与戴东原论江慎修推步书》）此可以砭今之一切专信西法与务辟西法者矣。"[3] 张謇不反对学习西方，但是反对罔顾本国国情的盲目崇拜，主张以国情为立足点。例如，他在制定变革政策时指出："外之须明世界之日新学说；内之须审本国习惯之民情。不顺民情，则农田市物

---

①　李明勋、尤世玮主编《张謇全集》4，页 188。
②　李明勋、尤世玮主编《张謇全集》4，页 543—544。
③　李明勋、尤世玮主编《张謇全集》8，页 282。

价格之争，必扰及相安之生计；不参学说，则地球经线准据之用，无以希进化之大同。"① 在制定财政政策时，他认为："顾窃以为财政之要，须审度国家政治历史、人民生活程度以为衡。若强援欧美强国取民之制，以组织不完全之法，施之观念不同、救死不赡之人民而责以担负，削足适履，所伤实多，未见其有济也。"② 在制定教育政策时，他强调："夫课程之订定，既须适应世界大势之潮流，又须顾及本国之情势，而后斟酌损益，乃不凿圆而枘方。"③ 可见，在处理对外借鉴与尊重国情关系上，张謇主张以国情为根本出发点，以国外经验为参照和指导，顾及本国历史和现实发展的阶段，经济、政治、文化发展程度，人民的素质和习惯等具体国情，制定适合本国实际的政策和措施，坚持走适合自己的发展道路。

三、张謇世界眼光的实质和特点

张謇世界眼光的本质是由当时中国社会关系发展的要求所决定的。它体现社会转型过程中新型社会关系变革的面向，即农业社会向工业社会发展的内在要求，自然经济向市场经济发展的内在要求，专制政治向民主政治发展的内在要求，威权社会向公民社会发展的内在要求。张謇对看待世界的方式曾经有过精辟论断："对于世界先进各国，或师其意，或撷其长，量力所能，审时所当，不自小而馁，不自大而夸。"④ 这集中地体现出张謇世界眼光的几个特征：

（一）主体与客体的统一

张謇具有强烈的主体意识，他的世界眼光始终以强盛国家，捍卫国家主权和利益，抵御侵略，挽救民族危亡作为出发点和归宿点。他

① 李明勋、尤世玮主编《张謇全集》1，页298。
② 李明勋、尤世玮主编《张謇全集》1，页172。
③ 李明勋、尤世玮主编《张謇全集》4，页383。
④ 李明勋、尤世玮主编《张謇全集》4，页524。

极力主张国际关系的平等化，反对不平等的国际协议和规则，争取公平贸易的权利和秩序。他注重在国际关系的宏观环境中审视中国，比较中国的优势和差距，提出改造中国的主张。

（二）全面性与深入性的统一

张謇的世界眼光十分宽广。从对象看，他几乎考察世界所有发达国家，尤其对日本、美国、英国、德国、法国、意大利等国家进行深入了解和研究，把他们的先进理念、技术和成功经验引入国内进行实践。从思考的内容看，他几乎涵盖经济社会发展的所有重要领域，尤其对工业、农业、商业、交通航运、金融、教育、政治、慈善、水利、城建、社会管理等进行系统考察、借鉴和实践。张謇在广泛考察、学习的过程中，注重透过现象看本质，"为中国今日计，不独当师其改定之法，亦当深知初定之意。知其初定之意，而后我无操切率易之心；师其改定之法，而后我无苟简分歧之弊"①。他认为学习国外东西，不能只看表面，一知半解，囫囵吞枣，而要弄清决策形成过程，了解其中的原委，认清其合理性和实质，将内在的规律性的东西吸收过来为我所用。

（三）世界性与民族性的统一

张謇的世界眼光体现出中国与世界之间开放和双向交流的辩证思维逻辑。他在总结南通自治成绩时曾说："世界文明相见之幕方开，不自度量，欲广我国于世界，而以一县为之嚆矢。"② 一方面，他主张打开国门看世界，使中国了解世界，紧跟世界潮流，不至于落伍；另一方面，他也想让世界看中国，通过在世界舞台上彰显中国力量，使世界认识和容纳中国，让中国真正走进世界。

---

① 李明勋、尤世玮主编《张謇全集》4，页47。
② 李明勋、尤世玮主编《张謇全集》2，页636。

（四）历史性与现实性的统一

张謇不拘泥于古今中外，认为"事有所法，法古法今，法中国，法外国，亦不必古，亦不必今，不必中国，不必外国。察地方之所宜，度吾兄弟思虑之所及，财力之所能，以达吾行义之所安。"① 他的世界眼光，既观照时代发展状况，又洞察世界发展新动向，还综览人类社会发展的历史进程。他不以中外国度、古今先后为采信的依据，而是以适宜为度。

（五）主流与支流的统一

张謇的世界眼光总体讲，反映的是世界主流。张謇在资政理事过程中提出三个重大发展战略：即坚持和平发展、强兵抵抗侵略；坚持以经济社会发展为根本，大力发展现代工农业生产；坚持宪政变革和民主法治建设，促进政府和社会的融合。这些发展战略和实践举措，都是顺应历史发展潮流和符合客观规律的正道。然而，张謇的主流思想是在与其他各种纷繁复杂的思想、流派的甄别和批判中形成的。譬如主张创造和平发展的环境时讲道："夫世界之潮流者，何也？不观夫德皇威廉乎？转战五十月，卒弃宫室、舆服而潜遁，致乞庇护于邻邦。不啻牺牲其人民、土地，以为全世界之试验品，于是知武力、强权、机谋、诈术之不可容于今之世矣。"② 张謇是在总结历史发展的经验教训基础上，自觉站在社会发展的主流方向和轨道上。

四、张謇世界眼光养成的路径和方法

张謇的世界眼光是他在后天的学习、实践中不断养成的。同时，他也为后人指明了世界眼光养成的路径和方法。

① 李明勋、尤世玮主编《张謇全集》5，页198。
② 李明勋、尤世玮主编《张謇全集》4，页384。

（一）加强学习，为养成世界眼光奠定知识基础

张謇认为，世界观念的养成，必须依靠学习知识，"此非有世界之观念与商战之知识不可。如何发生此观念，养成此知识？非学不可"①。他认为如果不学习，就掌握不了知识。知识狭隘，就会造成眼界低，思路窄，认识肤浅，不能制定完善的措施。因此，学习知识是培养世界眼光的基础和保障。学习的重要方式是阅读。张謇在取士和社会工作中刻苦阅读了大量的中外书籍，譬如《论语》《孟子》《荀子》《庄子》《史记》《诗经》《汉书》《三国志》《明史》《农政全书》《骈雅训纂》《周书》《大清律》《看泰西学案》《日本通史》《日本议会史》等。他还阅读许多地方志，浏览《申报》《中外日报》等纸媒体。除了读书，张謇注重调查研究。最典型的是，他东游日本，借助调查研究，掌握第一手资料，去粗取精，提高认识。张謇注重在交流中学习。他通过与著名专家、外派学习的学生、驻外代表、外国领事等交流，获取世界最新知识。张謇大力发展教育，创造良好的学习条件。他兴办新式教育的初衷之一，就是扩大学生的知识面，培养学生的世界眼光。

（二）善于实践，为养成世界眼光奠定现实基础

世界形势变化多端，稍纵即逝，书本知识只能记录历史的过程和经验教训，不能及时反映现实情况，这就需要深入实践。张謇是一位杰出的实践家。他在南通致力于实业、教育、慈善和社会等自治事业建设，就是因应世界发展潮流的杰作，是他改良中国的重大战略的实践模板。张謇推崇世界博览会，认为借此形式，可以在与各国的相互学习中培育世界眼光。张謇建议在实践中善用《海关贸易册》，"中国人非独不知合世界以为计，并不知自为计，是则不悟世界趋于大同之势，而成此大惑"②。他指出，许多中国资本家不善于用《海关贸易

① 李明勋、尤世玮主编《张謇全集》4，页193。
② 李明勋、尤世玮主编《张謇全集》4，页540。

册》，对世界经济贸易实际情况不了解，缺乏对市场供求关系和基本信息的科学分析，做事盲目，必然会产生巨大的经济风险。眼界的宽度制约境界的高度。张謇从世界大格局中改良中国，经营南通，其恢弘的发展蓝图，前卫的发展理念，先进的发展手段，为处于救亡之中的中国注入一股生命的活力，为位居江海一隅的南通营造了新世界的雏形。历史不能简单地以成败论英雄。虽然，张謇的理想最终没有能够在当时的中国完全实现，但是，其开拓中国近代事业的历史具有十分重要的价值。张謇穿越古今时空、跨越中外国度、超越阶级营垒的世界眼光对我们有着深刻的启迪。

原载于《重庆科技学院学报》(社会科学版)2014 年第 5 期

作者单位：江苏工程职业技术学院

张謇与国际合作

张謇与中法劝业银行

章开沅

张謇在 1913 年出任农商总长以后，曾积极参与筹建中法劝业银行。但是，有关此事的中文文献至今尚甚少重大发现，《张謇未刊函电》中也只有寥寥数语："近法人有与中国合资建劝业地产银行之议，订限六个月成立。缔合之法，为不动产抵押长期借款。"另据当年曾任北洋政府驻外财政官员的老人回忆："法国资本家原来就在北京、天津、上海、汉口等处设有房地产贷款公司，凡持有房契、地契者皆可向该公司抵押借款，过期不赎即由公司将抵押品变卖补偿。中法劝业银行于 1914 年 10 月 9 日经农商部批准成立，这时张謇尚在农商总长任内。"

最近，在白吉尔教授为我复印的一部分法国外交部档案中，偶然发现若干有关中法银行的资料，记载较为翔实可靠。由于时间与精力的限制，本文只能作概述式的介绍，或许可以有助于研究者了解张謇参与筹建中法劝业银行一事的来龙去脉。

一、法国外交部档案介绍（上）

根据法国外交部档案记载，此事发端于清朝末年。

早在 1905 年 12 月 13 日，法国外交部即已发出《关于东方汇理银行和兴办一家法中银行的通知》，对东方汇理银行的经营状况表示极端不满，拟议另外设立一家逐步与该行脱钩的法中银行。

原来，东方汇理银行凭借法国政府给予的发行特权，在法属印支殖民地获得极为丰厚的利润。但是，根据法国外交部的调查，该行的经营管理存在着严重弊端。如西贡分行为当地一些大高利贷者提供大量贷款，使之更为放肆地盘剥本地平民与小公务员，而另一方面却拒绝贷款给正当商人，甚至也拒绝借款给法国商人。同时，东方汇理银行还以"国家银行"为借口，拒绝为法国商人的存款提供应有的合理利息，妨碍了这些商人的正常业务活动。外交部调查的结论是："我国和我国国民在这个国家的普遍利益，没有得到东方汇理银行应该提供的支持。"

1898年，在法国外交部的强烈要求下，东方汇理银行在中国建立第一个分行，即上海分行，以后又陆续建立广州分行与汉口分行。这些分行的风格同总行一模一样，它们热衷于通过买办"做中国式的高利贷生意"，但却拒绝给批发商开往来账户，并且不做票据汇兑、商号证券买卖等金融业务。最令法国外交部不满之处是这些分行没有一个总体规划，既不积极参加法国在华的企业投资（如法商长江航运公司），又不给法国一些重要的在华企业、事业以支持与通融（如东方新闻社、蒙通南货行等）。

法国外交部认为，尽管东方汇理银行利润尚称丰厚，但却不符合法国对华经济扩张的整体利益，甚至还会产生消极后果，使法国继续落后于英、俄等国。为此，外交部以法国政府名义，发出《政府对东方汇理银行的要求》这一文件。文件包括两个部分：1. 联合审查小组；2. 创办一家"法中银行"专门负责中国业务。第一部分的内容是重申对于东方汇理银行在华业务状况的批评，第二部分则明确提出应该建立一家具有总体规划的"法中银行"。

文件为拟议中的"法中银行"明确规定了两条原则：1. 它应当是法国金融整体利益的在华代表；2. 它应当为在华法商的特殊利益与法侨的公众利益服务。法国政府希望这家银行将能向自己的竞争对手（如汇丰银行、德华银行、华俄道胜银行等）学习，真正成为法国资本的在华总代表，以求有助于实现法国通过各种条约获得的在华特殊权益。文件还对该行新章程及业务改进提出许多具体意见。

但是，根据法国政府各部门的分工，印支殖民地事务不属外交部管辖范围，因此东方汇理银行亦不归外交部直接领导。东方汇理银行已经成为一个实力相当雄厚的海外既得利益集团，它对法国外交部的批评与筹建新的在华银行的拟议极为反感。1905 年 12 月 21 日，东方汇理银行行长室以斯塔尼斯拉斯·西蒙名义，给法国外交部部长办公厅副主任贝特罗发出一封公函。他明确宣布，该行董事会经过讨论一致通过决议，无论在任何情况下该行都不参与法国外交部通知中拟议的新银行的创办，属于该行董事会的各信贷机构也拒绝给新银行提供资金与人才的帮助。西蒙不仅以外交口吻回答："从今以后我已无权讨论这个由我们董事会表决最终了结的问题。"而且还以尖刻的言辞向外交部进行反击："在你们的两份通知中，你们曾三番两次地提到东方汇理银行的小业主思想和不精明，何以你们又那么特别希望恰恰是由东方汇理银行来创办一家法中银行呢？我觉得这似乎很不符合逻辑。"此外，东方汇理银行还在法国外交部的通知上作了反驳性的旁批，并附有长达 16 页的按语，对通知中列举的各项批评进行辩解。

法国外交部对于东方汇理银行的傲慢态度极为恼火，因此又发出一个文件：《就东方汇理银行对 1905 年 12 月 13 日通知的意见所作的答复》。外交部的答复纯粹是说理的，但态度则是异常明确的，并且对于设立法中银行的意图作了更为具体的阐明。《答复》指出："部长的希望，是在中国建立一个作为法国资本代理人的坚强的金融地位，它在这个国家里有它的基础和很大范围上的领导职能。印度支那银行（即东方汇理银行——引者）的名称本身，它享有的特权，将永远是引起中国人怀疑的原因，使中国人老是把它看作一个外国政府的工具。"在列举东方汇理银行种种弊端与不足之后，《答复》的结语是："中国目前正处于彻底改革之中。由于它要建造铁路，它便需要用国外借来的钱财建立符合新需要的金融机关。所以从现在起，法国就应该注意要在中国拥有一个精明得足以了解新的形势和灵活得足以利用这个形势的金融代表。"

在此以后，法国外交部再次发出一个《关于可能在远东创办一所法国商业银行的通知》。这个文件分为"概述·引论""新银行即将开展的业务性质，它的行动范围""应在新银行和东方汇理银行、华俄道胜银行之间建立密切的关系""总行所在地的选择，应授予远东总经理的职权""董事会或'管理委员会'的组成""法国贸易在中国的特殊地位，法国向远东输出资本可能带来的利益""远东总行长或常务董事的选择"等方面，更为详尽地论证了建立一所法中银行的必要性、可能性，以及该行的业务范围、组织机构、领导体制等。

从以上这些文件可以看出，以印度支那为主要基地的东方汇理银行，其传统的经营思想与工作方式已不再能够适应帝国主义最后瓜分世界以及在中国激烈争夺势力范围的新形势。法国政府急于另行建立一所有"总体规划"的法中银行，不仅是想把在亚洲扩张的重点转移到中国，而且还想通过这一战略转移进一步加强对于泰国、朝鲜乃至日本的经济渗透。所以，《关于可能在远东创办一所法国商业银行的通知》野心勃勃地说："由于资本已经成为我们向远东输出的几乎是唯一的商品，现在显然应是考虑在另一种形式下恢复平衡（指与其他列强抗衡——引者）的时候了。那便是建立必要的金融机构，以便在这个地区，用法国的钱，产生在欧洲、甚至在美洲都已变得很难获取的收益。"

二、法国外交部档案介绍（下）

根据我们现在所能见到的法国外交部档案，最先提到张謇参与筹建法中银行一事的文件，是 1908 年 4 月起草的一份合同稿本，题目是《为建立一所中国劝业银行的联合会》，全文如下：

为建立一所劝业银行，参加签订合同的张季直大人和他的中国合股人为一方，德·马尔托（De Marteau）先生和维·霍夫曼（W. Hoffmann）先生为另一方，双方一致同意拟定下列条款，以留作将来的证据。

一、殿试进士出身张季直大人及其他中国股票发起人，承认外国股票发起人德·马尔托先生和霍夫曼先生已于 1907 年 6 月

1 日与伦敦著名金融家佩吕吉亚(Perugia)先生规定了的外国资本为五百万法郎。

二、鉴于此种情况,中国股东发起人宣布,愿将他们的资金与外国股东发起人的资金合并,以创办上述的劝业银行。本合同之目的即在于认可这一一致意见。

三、该银行的资金交付后,殿试进士出身张季直大人(如有意外事故,当为另一中国合股人)的董事长资格将得到承认,张大人应向中国政府陈报该行宗旨为帮助中国的工商企业,凡此类事务必将事先与他们(指中国政府——引者)探讨磋商。

四、中外股东发起人将各交付资金总额为一千法郎的半数。在向欧洲寄出本契约的十星期后,外国股东发起人将通过华俄道胜银行在上海交纳五百万法郎,即他们应交付的份额。在拨出这笔外国基金15天后,中国股东发起人应将一百万法郎存入华俄道胜银行。其余部分,即四百万法郎,将于上述一百万法郎交付三个月后全部存入华俄道胜银行。

五、已议定上述银行的名称为"中国劝业银行"。它将在中国的农工商部登记注册。同中国人的讼端将按中国商事法典处理,同外国人的讼端将按外国法典解决。

六、上述银行的主要目标是把外国资本引进中国,以帮助中国的工商企业。所以,上述银行将能给此类企业以基金贷款。

七、上述银行业务首先应在中国处理。它的主要机构将设在上海,一些分行将同时在伦敦、巴黎和维也纳建立。

八、资本的外国部分五百万法郎一经在上海交付,本合同即将正式生效。

本合同只是临时合同,万一爆发战争或非常事件,本合同即不能作为依据。

本合同已以外国合股人的名义和中国合股人的名义宣读和通过。

副本与原文无误。　(S·德·马尔托)

合同之后还附有《未来的劝业银行的中国合股人名单》，第一名就是张季直，并且还简略地介绍了他的官爵与事业。此外则有许久香（鼎霖）、曾少卿（铸）、蒯礼卿（光典）、汤蛰仙（寿潜）等东南著名绅商，还有李经羲亦签认十万两股金。

关于这个合同，在张自己的日记、函件中缺乏具体记载，但他在1908年以后非常热心于对外开放，包括以引进外资为主要内容的"国民外交"，所以法国外交部档案的有关记述应当是可信的。在中法合办劝业银行议定合同（实际上只能看作是意向书）两年之后，张謇又以中国绅商代表身份与美国大来商团商讨合办银行及外海航运等事。张謇在1910年10月8日的日记中曾有简略记载："达（大来）、华（华尔特）与我南北商会协议共营银行、开航业、设商品陈列所、置商品调查员四事。银行资本一千万，各半；太平洋商轮，华资过半云。与之言，则注重奉、吉、黑垦事。主客之意，尚能周浃。"大来的日记则写得更为具体详细：

1. 银行。资本中美各半。

资本的一半，三百万两由中方承担。我们的银行委员会同意向我方银行家们提供一个报告。

2. 在中美两国举办展览。

此点业经取得协议，并将提交我们商业协会在（明年）一月举行的会议。

3. 1915年在旧金山举行博览会。

决定由中国商会要求北京政府付诸实施，并要求我们政府同意在太平洋沿岸举行。

4. 互惠。

互惠原则已经讨论并完全明确。双方必须互相进口货物。贸易利益不能只限于单方面。

5. 两国商人互相访问。

着眼于上述目的，两国商人必须互相访问，增进了解，以推动贸易发展。

6. 建造轮船，资本中美各半，悬挂中国国旗。

建造一艘货船，资本中美各半，悬挂中国国旗。商会将依法呈报商部，并咨询邮传部可能采取何种奖掖措施。

7. 中国商会联合。

据商会代表报告，昨晚已成立全国商务总会，会所设于上海。来自满洲、直隶等各省人士联合起来并步调一致，这还是第一次。此事已引起强烈反应。

大来日记系于当年 12 月 25 日在旧金山出版，原名 Private Diary Of Robert Dollar On His Recent Visit to China，由于是当时所记，比较翔实可靠。这里介绍的若干情况，可以作为张謇参与筹建中法劝业银行的背景材料。

但是，无论是中法合资或是中美合资创办银行，筹议的方案都未能付诸实现。主要的原因是由于辛亥革命的爆发，这一"非常事件"使原来的合同或意向书因此失效。再就是中方股东发起人集资困难，民间资本已是捉襟见肘，官方赞助更是纸上谈兵，自然谈不上为引进外资提供比较优良的环境。

因此，民国成立以后，法方又旧事重提。但是很可惜，我们现在所能见到的法国外交部档案，与此事直接有关的文件仅只有一件，即 1912 年 1 月草拟的《在中国建立银行的计划》。

这个计划实际上只是一个以个人名义提供咨询的备忘录。它一共有十一个要点，并附有详细的注释。拟议中的银行包括两个孪生银行，"一个中国银行甲和一个法国银行乙"，两个银行的经营管理互为补充，但甲乙两行的集资办法、领导成员与业务范围均有所区别。

甲行的资本来源是："三分之一由中国政府提供，三分之一由个人或中国股东们提供，三分之一由法国资本家提供。"该行行长由中国政府任命，副行长从另两类投资者中选出。该行的宗旨是为中国政府、各种集团以至个人提供贷款，包括购买国库券与短期债券、开设往来账户、发放抵押贷款等。

乙行的资本来源是："三分之一由中国人提供（个人或政府），三分之一由英国（或外国）资本家提供，三分之一由法国人提供。"行长必须由法国人担任，副行长则可由中国人或其他外国人担任，亦可由中国政府任命的监察官担任。乙行的宗旨是：1. 通过发行有关欧洲市场的贷款，引导需要的发展，使将由该行负责的中国政府流动债务逐步变成固定债务。2. 普遍地保证中国政府同外国金融界，尤其是其中最重要的巴黎金融界的接触。3. 逐步发行与合并抵押债券，并保管作为典押的产业证书。

现在还弄不清楚，这个计划或意向书与以后正式筹建的中法劝业银行之间有何等程度的关联，但它至少能够说明法国政府与商人为建立一所规模较大的中法合资银行而进行的策划，在十年之间是坚持不懈的。同时，法方的每次策动都在中国的绅商界引起强烈的反应。

三、张謇对外资引进的认识

中法劝业银行从商讨到筹建的十年间，从世界范围而言，资本主义已经确定地发展到帝国主义阶段。资本主义国家的对外经济扩张，其主要方式也已经从商品倾销转为资本输出。所以，法国政府在其内部文件中明确指出："资本已经成为我们向远东输出的几乎是唯一的商品。"而建立一家法中银行的主旨，便是与英国汇丰银行、俄国道胜银行在中国市场上争雄角逐。

面对外资加强涌入的新形势，中国方面的反应是多种多样的。袁世凯在清末北洋大臣任内，曾派杨士琦专程南下，就是否可借外债问题征询郑孝胥、汤寿潜、张謇三人意见。郑孝胥"绝对主张借"，汤寿潜则"绝对主张不借"。处于两者之间的是张謇的持平之见："气未开，国人常识不足，不尽知实业、交通之利益，有力者徘徊观望，无力而徒知者不足济事。故外债可借，但借时即须为还计。用于生利可，用于分利不可；而用之何事，用者何人，用以何法，尤不可不计。"（《张季子九录·实业录》）所以当时有"南方借外债分三派"之说。

张謇对于引进外资的认识是逐步加深的，他在出任北京政府农商总长之后，明确宣布自己的政见："加以自今而后，经济潮流，横溢大地，中外合资营业之事，必日益增多。我无法律为之防，其危险将视无可得资为尤甚，故农林工商部第一计划即在立法。"（《实业政见宣言书》，《张季子九录·政闻录》）这就是说，引进外国资本与引进外国科技同样为发展本国经济所必须，至于如何维护民族主权与国家利益，关键在于独立自主而又有完善健全的经济立法。他在农商总长任内制定的许多政策法令，大体上都未离开这个主旨。从上述有关中法劝业银行的档案亦可看出，张謇所参与拟定的合同或意向书，是比较注意维护平等互利原则的，如股金比例的分配、领导成员的任用、业务范围以至讼事处理等。张謇自信在引进外资的过程中未曾损害或牺牲民族利益，他最强调的是贷款或投资条件："今以条件公布，请国人评之，请我之资本家观之，丧主权否？涉国际否？至于忌者嫉者或爱我者之任作何语，吾不暇恤也。"（《张季子九录·实业录》）

张謇对于引进外资确曾表现出极大的热心，除上述引进法资、美资的努力外，他还曾经试图引进其他国家的大宗资金。譬如，1920年他曾一度打算与比利时政府合资筹办中比航业贸易公司，开辟中国往来西贡、新加坡、法国、比利时、德国各大商港之间的海洋航线。预计："航业公司股本定为一万万佛郎；比国占五十五份，计五千五百万佛郎；中国占四十五份，计四千五百万佛郎。贸易公司股本定为一千万佛郎，中比各半入股，计中国方面占五百万佛郎，合计中国应任股资五千万佛郎。"（《为中比航业致大生纱厂董事诸君函》，《张季子九录·实业录》）此事梁启超等亦曾参加，而且显然处于倡议与主动地位，他们是通过刘厚生与张謇联络的。同年 5 月 14 日张嘉璈为中比公司招股问题致书梁启超，即曾提到："顷得厚生电，南通（指张謇——引者）已允担任百八十万两，嘱即电北京，尚缺七十万两，即由此间凑集。"（《梁启超年谱长编》第 9 册）所谓"即由此间凑集"，就是由张謇断然决定以大生一、二两厂上年积存余利全部拨充。5 月底，刘厚生又通知梁启超，说是即将在南通召开华股创办人谈话会，可见张謇与大生资本集团对于引进外资兴味之浓。

　　但是，中法、中美、中比合资经营银行、航业的庞大计划，任何一个也未能实现。其原因有客观方面的，也有主观方面的。从客观方面而言，主要是外资方面并未落实，徒然以文字、语言相周旋。从主观方面而言，则是心有余而力不足，确实难以在短期内筹集如此巨额股金。而归根到底，则是由于当时缺少一个可供中外正常合资发展中国工商企业的社会环境。情况正如张謇所慨叹的那样："同室引外寇，大声张六拳。章贡有传檄，闽峤无安眠。吁嗟吴越地，动受四面牵。幸哉一隅地，假息得苟全。太平在何时？今年待明年。呜呼！覆巢之下无完卵，野老洒泪江风前。"（《有人妇自京师，述所见闻，慨世乱之未已，悲民生之益穷，成诗一篇，寄比弧愤》，《张季子九录·诗录》）

　　然而，张謇这些目的在于富国富民的引进外资的努力，毕竟是值得尊敬的，他所留下的经验教训也不乏可供今天借鉴之处，我们应该认真加以研究。

　　（以上引用法国外交部档案译文，均系周国强、李莉诸同志提供的。）

原载于《民国档案》1987 年第 3 期

作者单位：华中师范大学

张謇的用人之道

——以荷兰工程师特来克为例

张廷栖

大凡事业有成者，一定善于用人。张謇的各项事业之所以红火，与他的用人之道密不可分。从张謇重用荷兰水利工程师亨利克·特来克的事例，便可知张謇量才录用的理念和标准，即事业之所需、做事之尽责、才干之高超。张謇与亨利克·特来克的相识、相交、相知，完全是因为南通保坍事业的关系。处于"江淮之委"的清末通州，江岸出现了越来越严重的坍塌。"南通自刘海沙东涨，江流正泓变横为纵。四十年来，江岸崩坍纵宽自十余地至二十里，横长二十六七里，损失民田二十余万亩。"① 光绪三十三年以后，更为严重，每年坍削十平方里，五千亩农田被江潮吞没，并日益逼近州城，"城治岌岌"。面临这一严重灾害，"地方屡请于官，充耳不闻"。一向为民生而奔波的爱国实业家、慈善家张謇挺身而出。他为保坍"集资，则政府既歧视南通不得其助，乃议丁漕带征不成，议借款由政府担保又不成"。只好先出私人资金 3000 元，首先用于聘请外国水利专家来通勘察长江水流，制定保坍方案。这就为张謇同亨利克·特来克的相识提供了机会。

一、事业所需是寻访人才的根由

最早来通勘测长江下游提出保坍方案的是约翰斯·特来克，中国

---

① 张謇研究中心、南通市港闸区档案馆编《特来克与南通保坍史料》，通州市华民彩印有限公司，2009 年，页 213。

人又称他为奈格，即亨利克·特来克之父。1906 年，约翰斯·特来克应上海工部局的聘请，担任上海浚浦局总工程师，负责黄浦江的航道疏浚工程。这次亨利克·特来克也随父来到上海，成为父亲的重要助手。1908 年，约翰斯·特来克应张謇之邀，于 4 月 15 日来南通，"并附轮赴镇江查勘上游形势。以五次查勘之结果，为因地制宜之保护"。亨利克·特来克随其父来到南通，有机会与张謇有历史性的会面。亨利克·特来克既然陪同父亲在南通至镇江的长江北岸来回五次一起查勘，又是其父的助手，在提交《荷兰工程师奈格通州建筑沿江水楗保护坍田说明书》时，也就有机会让南通的清末状元张謇慧眼识英才了。现虽未发现有文字记载，但据笔者分析，张謇很可能由此寻访到他。

1910 年约翰斯·特来克完成了黄浦江的疏浚工程，当年 11 月回到荷兰，而其子亨利克·特来克则留在上海成为公共事务局的一名工程师。1913 年 1 月 20 日，约翰斯·特来克在阿姆斯特丹的家中去世，亨利克·特来克也从上海返回家乡，并一边在荷兰的工程专科学校求学深造，一边考察荷兰各地的水利工程，业务日渐长进，成为水利专家。

张謇在邀请约翰斯·特来克勘察长江下游并提出整治方案后，又通过约翰斯·特来克请来瑞典工程师海德生协同河海工程师霍南尔和施美德，再次赴通查勘形势，"研求保护之法以何者最为合宜"，"嗣复调查一切，详细测量，海德生往返四次"，[①] "结论还是修筑长堤或暂卫江岸，舍修筑水楗别无良法"。[②] 于是，张謇一面发起成立保坍的民间组织，1911 年成立"南通保坍会"，一面又请英国工程师葛雷夫、荷兰工程师平爵内及中国河海总工程师贝龙猛、方维因等复勘。1914 年，经过一次来通的水利专家研讨会，张謇决定以筑楗为主同时兼修筑江堤的办法达到保坍的目的。由谁来负责这一重要的保坍工

---

① 张謇研究中心、南通市港闸区档案馆编《特来克与南通保坍史料》，页 5。
② 张謇研究中心、南通市港闸区档案馆编《特来克与南通保坍史料》，页 6。

程？他"可望极有名誉之工程师愿来中国肩任"，然而"比领事以非
大宗工程，彼国著名之人恐不愿承认"①，于是想起老友约翰斯·特
来克的肖子亨利克·特来克。当时亨利克·特来克可能尚在荷兰，所
以，1915年12月8日他与保坍会的第一份聘约书是委托加佛生代表
签约的。② 正式签约的时间在次年4月。亨利克·特来克来南通的时
间约在是年1月底2月初。张謇说"君至则栖处江滨，朝夕测度，审
视三阅月，申父说而任事"，指的是于4月25日提出了《南通保坍计
划报告书》。该计划报告书的开头说"鄙人承聘滥竽工程，即由欧洲
来华"③。也就是说他从荷兰一来到南通，即深入现场调查勘测研究。
经过两三个月的时间实地测量长江涨落潮流向、流速，水力之强弱，
江岸崩塌情势，然后规划设计，提出保坍工程的计划。

二、了解是用人的前提

　　张謇为南通保坍工程一再邀请国外资深水利专家复勘，并"可望
极有名誉之工程师……肩任"，然而请来的却是年仅26岁，刚从工程
专科学校毕业的工程师，何故反差如此之大？笔者根据有关资料分
析，张謇大胆启用年轻的亨利克·特来克，并非草率行事，而是有如
下几点为依据的正确决策。
　　1. 因其为老友约翰斯·特来克之子。张謇在"致荷总领事请介
绍工程师函"中称他"真不愧老友奈格君之肖子"④。既然约翰斯·
特来克是张謇的老朋友，即他们之间不仅仅是一二次的工作关系。约
翰斯·特来克在上海主持浚浦工程，长达四五年之久，而张謇在实
业、教育和政治方面的对外活动也以上海为基地，他们之间必定有相
当的交往，不然何以老友相称呢！因此，他对这位在水利史上有著名

---

① 张謇研究中心、南通市港闸区档案馆编《特来克与南通保坍史料》，页216。
② 张謇研究中心、南通市港闸区档案馆编《特来克与南通保坍史料》，页30。
③ 张謇研究中心、南通市港闸区档案馆编《特来克与南通保坍史料》，页33。
④ 张謇研究中心、南通市港闸区档案馆编《特来克与南通保坍史料》，页232。

成功经典工程的助手和秘书的约翰斯·特来克之子，也一定有所了解。如约翰斯·特来克在给同事信中提到亨利克·特来克在上海的情况曾说："亨利克才19岁，但是他已经显得很成熟。"张謇对此不会无所闻，定有所知，可见不是盲目聘用。

2. 有所接触，知根知底。在上海有否直接接触，无文字依据，但1908年亨利克·特来克随父来南通勘察长江下游水利，已经作为工程技术人员协助父亲在南通至镇江往返5次进行实测水文的实践活动，张謇应该知道得很清楚。对于亨利克·特来克这样一位有著名水利专家的父亲带领，又在工程直接处理事务的有实践经验的年轻工程技术人员，张謇自然不会把他当作一般的年轻技术人员看待了。

3. 荷兰工程专科学校的学历。亨利克·特来克虽然才毕业于工程专科学校，但他已经具有相当丰富的实践经验，他自己曾说"鄙人曾服务于沪上公共租界工部局五载"[①]，在此基础上，再到学校系统学习科学理论，那就不同于一般刚走出校门的年轻工程技术人员了。这一点张謇应该是非常清楚的。

三、真才实干是重用、惜才的依据

亨利克·特来克到通任职约在1916年的1月。他一到南通，马上投入了工作。花了两个多月的时间、翻阅前人的调查报告，进行实地勘测。同年4月25日向张謇和保坍会提交了《南通保坍计划报告书》，首先找出坍岸之原因。经过对长江南通段涨落潮的流向、流速，水力之强弱，江岸坍塌之势态勘测，"悉由暗潮之冲刷，此就坍削最烈之处观其断面即了然也。堤岸下段为极有力之落潮抽去，至涨潮又将堤岸上段冲激倒卸泥土入水，仍成自然之斜度"[②]。接着提出了保

① 张謇研究中心、南通市港闸区档案馆编《特来克与南通保坍史料》，页39。

② 张謇研究中心、南通市港闸区档案馆编《特来克与南通保坍史料》，页34。

坍的措施："欲保护使不坍削，非在低水位以下，筑成一二百密达（米）长之保护物不可。"① 并绘制了大小水榾图。他以父亲奈格原订的方案为主，博采众长，重加修改，把原设计 24 个水榾改成 12 条，把柴排工料减轻到每平方公尺为一元五角。经过二、三个水榾下水，保坍效果明显。"所以社会人士无不尊之重之，尤其退、啬昆仲二位老人极为器重"②。不仅关爱有加，而且还委以重任。除了保坍会的江岸保坍工程——"8 公里江堤外的 10 个丁坝"外，其他水利工程的设计、督造，无不落在亨利克·特来克的肩上。据统计，建闸工程有遥望港九孔闸、狼山小洋港闸、龙潭坝利民闸，还造公园桥 1 座；规划设计的项目更多，龙王庙海堤挡浪墙，蒿枝港口合众闸（7 孔闸），西被 1—4 闸等 5 座，吕四头总双孔涵洞等 6—7 个，港闸公路等 3 条。张謇评价说"其于南通，凡鄙人吾兄弟所营地方水利工程之事，即不在榾工范围以内者，无不乐为尽力"③。

　　亨利克·特来克也十分关心整个南通的水利建设、公用设施和交通事业。凡是约请他办的事，无不慷慨参加，热情贡献，不辞劳苦，不计报酬，而且主动建言献策，对南通城市的市政建设、排水管道、污水处理、街巷改造等都提出建议。以爱才著称的张謇，对他更是关爱有加。张謇评述亨利克·特来克勤奋的工作态度是"在通任事，非常勤慎"，工作作风是"擘划周详，公德热心"④，学习精神是"早作而夜思，无寒暑间"⑤。由此，对他十分赏识。他们频频接触，"方君治一事竟，或时其归，陈图述状，言缕缕中肯綮"⑥。也就是说他在张謇面前滔滔不绝又能抓住关键的汇报工作，"謇喜拊之"，有时甚至击掌叫好。并且张謇还当面承诺"所任工竣，必为请政府褒章"⑦，由张謇建议国家对异国工程师进行表彰，这对年轻的工程师来说，是一

---

① 张謇研究中心、南通市港闸区档案馆编《特来克与南通保坍史料》，页 34。
② 张謇研究中心、南通市港闸区档案馆编《特来克与南通保坍史料》，页 299。
③④ 张謇研究中心、南通市港闸区档案馆编《特来克与南通保坍史料》，页 232。
⑤⑥⑦ 张謇研究中心、南通市港闸区档案馆编《特来克与南通保坍史料》，页 234。

个极大的精神鼓励，所以听到后的亨利克·特来克"跃然，色大喜"①。

　　亨利克·特来克于1919年8月在遥望港闸工地感染时疫，在返回南通治疗途中突然逝世。这一噩耗对张謇的精神和社会事业是一个沉重的打击，也是南通实行自治的重大损失。丧失这样一名优秀的人才，他十分痛惜。他千方百计通过外交机构和外国友人寻找接替亨利克·特来克未竟工程的技术人员，但始终未能如愿，更增加了对逝者的怀念之情。这种情感反映在行为上：一是对逝者实行公葬，让南通各界人士表达对国际友人的哀悼之情。墓地选择在背依剑山之南麓，面对滔滔之长江，并亲撰墓表进行安葬，"可以葬之山，同垂不朽矣!"②二是"能赓续其未竟之志，以竟全功，庶慰其灵，而永令誉"③。后来未能邀聘到"操行志趣学识，与特来克君为伯仲者"④。张謇重用自己培养的年轻技术人才，由宋希尚等完成了亨利克·特来克的未竟工程。这些工程就成为这位国际友人的丰碑，耸立在中华大地。三是向中央政府当局，申请为亨利克·特来克赐褒辞，列陈在华之业绩，申述理由，请求赐褒，不负死者，以慰英灵。果然于1920年12月以大总统之名为已故特来克颁布了褒辞。四是坚持祭扫，以寄托情怀。张謇在有生之年，每逢清明时节，总是进行墓祭，不是亲自前往，就是嘱人代祭。在他去世的当年2月23日的日记载："清明。属宋生祭特来克墓。"⑤

　　张謇的用才、惜才、爱才，是缘于"特来克君尽瘁于南通，我邑人士，敬仰何极，感激又何极"⑥。而张謇的不为地域、乡情、资历所拘，延揽才俊的理念和做法，对事业的发展是有百利而无一害的，对我们今天发现和使用人才亦有极大的启迪作用。

　　　原载于《南通纺织职业技术学院学报(综合版)》2009年第4期
作者单位：南通大学文学院

---

　　①② 张謇研究中心、南通市港闸区档案馆编《特来克与南通保坍史料》，页234。
　　③④⑥ 张謇研究中心、南通市港闸区档案馆编《特来克与南通保坍史料》，页231。
　　⑤ 张謇研究中心、南通市图书馆编《张謇全集》第六卷，江苏古籍出版社，1994年，页823。

论张謇的外聘人才观

庄安正

近代实业家张謇重视外籍人才的引进与聘用。据不完全统计,从19世纪90年代至20世纪20年代,加盟大生资本集团的外聘人才,来自英、美、法、德、日、意、荷、比、澳以及瑞典10个西方国家,包括纺织、农垦、盐业、水利、交通、电力、采矿、冶炼、火柴、医药等十余个专业的工程师、技师以及各级各类学校的教师,前后不下47人(由于张謇聘用西方国家专业技术人才时间跨度大、专业种类多、聘用方式各异以及文献资料缺损等因素,难以对其数量进行精确统计。拙文所列系笔者依据《张謇全集》及其他文献资料中有人名可查的记载推算得出的比较保守的数字)。其外聘人才来源之广,专业技术种类之多,数量之大,在中国近代罕有其闻。张謇上述举措源于对外聘人才问题独特、深刻的认识。本文拟对其外聘人才观作一剖析,以求教于史学界的同仁。

一、为其先者　借才异域

"为其先者,在借异域之才"的主张①,表明张謇作为近代实业家,充分认识到了优先与广泛引进聘用西方国家专业技术人才对于"实业救国"的极端重要性。这一主张,是张謇在中华民族面临生死存亡之际,于探索救国之途中逐渐形成的。

首先是甲午以后,张謇痛感救国关键不在洋务派的"强兵"与

---

① 张謇研究中心、南通市图书馆编《张謇全集》第二卷,江苏古籍出版社,1994年,页155—156。

"商务"，而在于振兴包括"大工""大农""大商"的实业。西方国家的科技发展，"月异说，岁异法……较诸中国旧式工程，相差不可以道里计"①。故中国欲在振兴实业上有所作为，必须实行开放主义与拿来主义，大凡西方国家处于领先水平的都应学习或借用。其次，张謇认为，国与国的竞争就本质而言，是"学问之竞争也"②，西方国家领先中国的根本原因在于拥有中国所缺少的各类专业技术人才。再次是国内尤其是南通人才的奇缺，强化了张謇对借才异域的渴求。甲午以后，张謇开始服膺"实业救国"。实业以救国为宗旨，这对张謇而言，既意味着任务繁重，又意味着形势紧迫。在仓促上阵创办实业时，张謇立即遭遇到"吾国人才异常缺乏"与"临事而叹才难"的问题。③ 清政府推行洋务运动三十年，并未在国内造就多少新式人才可供后起的张謇选择。南通地处偏僻，风气不开，张謇起步之初，本地实无一人可作为专业技术方面的骨干，甚至张謇本人以及大生资本集团决策层的其他人士，也鲜有近代科学技术知识。这就迫使张謇将求才的视线转向域外。

细考张謇"为其先者，在借异域之才"的主张，其中包含三层涵义。第一层是时间上的急迫性。张謇认为，大生资本集团某一项目实施之初（甚至实施之前），就应优先考虑借才问题，非如此该项目无法实施。试举例，1903 年 4 月，通州师范学校招生开学，与此同时，张謇所聘的两名日籍教师木造高俊、吉泽嘉寿之丞即到校任教；1916年 9 月，长江保坍工程开始启动，而在 6 月，荷兰水利工程师亨利克·特来克已受聘到南通主持该项工程。第二层是范围上的广泛性。张謇认为中国"今日处处乏才，而教育尤甚，实苦无相当可举之人"④。既然处处乏才，就应处处借才。针对某些守旧人士"重外而

①　张謇研究中心、南通市图书馆编《张謇全集》第二卷，页 453。
②　张謇研究中心、南通市图书馆编《张謇全集》第一卷，页 405。
③　张謇研究中心、南通市图书馆编《张謇全集》第四卷，页 182。
④　张謇研究中心、南通市图书馆编《张謇全集》第四卷，页 169。

轻中，喜新而厌故"的责难①，张謇为自己辩护道："但于用人一端，
无论教育实业，不但打破地方观念，并且打破国家界限、人我之别，
完全没有的，只要那个人能担任，无论中国人外国人都行。"② 第三
层是需要程度上的优先性。张謇认为，在影响大生资本集团的诸因素
中，借才是应予最先考虑的因素。资金紧缺虽然一直是大生资本集团
面临的棘手问题，但与借才两相比较，张謇的结论是："需款固属浩
繁，需材尤为切要。"③

　　张謇的上述主张，是在当时中国专业技术人才奇缺的特定背景下
提出的，它反映出张謇对外聘人才的极端依赖。但另一方面，张謇能
清醒意识到自己从事"实业救国"的环境与基础，力主借人之长补己
之短，用人之资"供吾之用"④，积极引进与聘用外籍人才，以推动
大生资本集团的发展，这无疑是大胆与明智之举。

二、权操于己　慎选其人

　　张謇主张积极引进聘用西方国家专业技术人才，但在处理外聘具
体问题时，又持谨慎务实态度，坚持对外籍人才的聘用与解聘与否，
应"权操于己"，"慎选其人"⑤。张謇这一观点，既是对洋务派外聘
人才问题上前车之鉴的反思，也是针对当时外聘人才时受干预以及西
方国家专业技术人才良莠不齐等现实提出的，主要包括三方面。

　　其一，坚持中方拥有对西方国家专业技术人才"自由审择之余
地"⑥。关于聘用权，张謇认为，外方虽可拒绝受聘，却无权强迫中

---

　　①　张謇研究中心、南通市图书馆编《张謇全集》第二卷，页 454。
　　②　张謇研究中心、南通市图书馆编《张謇全集》第四卷，页 207。
　　③　张謇研究中心、南通市图书馆编《张謇全集》第二卷，页 159。
　　④　沈家五编《张謇农商总长任期经济资料选编》，南京大学出版社，1987 年，
页 147。
　　⑤　张謇研究中心、南通市图书馆编《张謇全集》第二卷，页 303。
　　⑥　张謇研究中心、南通市图书馆编《张謇全集》第二卷，页 292。

方聘用自己，更无权索要某一职务。如果出现这一情况，便是对中方聘用权的侵犯，中方必定要抵制其无理行径。1914年，张謇与美国红十字会商谈导淮借款时，美方乘机将水利工程师詹美生推荐给张謇，意欲其担任导淮总工程师或顾问工程师。而顾问二字，"西文字义似尚在总工程师之上"①。张謇发现詹美生"其人沾染我国旧习甚深，且察其性情，颇为狡黠，其学术技术，亦非上选，在工程上本不合用"②，当即希望美方"以公平之心，友善之谊，使本督办有自由审择之余地，乃为深感"③。并坚持在借款条约上写明导淮总工程师或顾问工程师必备的几项条件，以抵制詹美生染指这两项职务。至于解聘权，张謇同样认为某个外聘人才是否应解聘，只能观其表现优劣，由中方决定。1922年，上海浚浦局技术顾问海德生，背着中方，拟设港口技术委员会，引起上海各界舆论喧哗，但是外方却对中国政府多方"牵制"，反对解聘。面对这一状况，时任吴淞商埠督办的张謇冷静处置。一方面了解到海德生"前之浚浦成绩，后之港务计划，煞费苦心，功不可没"的事实④，一方面又分析海德生遭反对的原因是"忘其为中国服务之身份，于主权民意，未尝注意，致起各方反感"⑤，故主张继续聘用，但忠告海德生今后如再犯类似错误，将有被解聘危险。这一做法既为中方挽留了一位有才华的外聘人才，又明确表达了中方在解聘上的操权所在。

其二，认为受聘对象须是所在国同行业中的"声望素孚者"⑥，不仅学问技术上选，而且职业道德高尚。有必要指出，张謇执行外聘人才选择标准时，注重从中国尤其是南通的实际需要出发，并不赞成越先进越好。例如1903年张謇创办同仁泰盐业公司，推行盐业改良，当时可参照的有美国与日本两种先进的制盐法。两相比较，前者比后

---

①　张謇研究中心、南通市图书馆编《张謇全集》第二卷，页288。
②　张謇研究中心、南通市图书馆编《张謇全集》第二卷，页287—288。
③　张謇研究中心、南通市图书馆编《张謇全集》第二卷，页292。
④⑤　张謇研究中心、南通市图书馆编《张謇全集》第一卷，页510。
⑥　张謇研究中心、南通市图书馆编《张謇全集》第二卷，页254。

者更先进。但张謇经过权衡，发现"美法与我时尚未宜"①，决定采用日本经过改良的井上、崛田制盐法，所聘也是日本的崛田信男等三位制盐技师。对于外聘人才职业道德上的要求，张謇认为并非多余，因为"泰西人不必皆贤也"②。张謇的观点是："学问是一事，道德又是一事"③。学问技术上选，但职业道德败坏的外聘人才，宁愿不聘或聘了也须解聘。

其三，主张通过多种途径对外聘人才进行"审择"。中外相隔遥远，信息不通，如何了解外聘人才品学两方面的真实情况？张謇一是委托比较熟悉、值得信赖的外国驻华使领馆挑选；二是请求本国驻外使馆或政府有关部门物色（这是张謇较多采用的一种途径）；三是拜托洋行或西友寻找；四是利用出国访问，在所在国亲自对外聘人才进行考察。无论是通过何种途径进行"审择"，张謇要求尽可能详尽掌握外方资料。1914年，张謇为商借在奉天供职的英国工程师秀斯从事导淮勘测工作，特致电奉天省长，索要该工程师在奉天所绘"所有关于沟通松嫩二江与辽河之档案，测绘之图说"，及前聘之"合同及其报告书"，并电邀秀斯"面议"，"俾资研究而利进行"④。在张謇看来，如此深入细致的考察，对于了解一个外聘人才的真实情况是必要的。

三、待遇宜厚　情感尤重

张謇所聘西方国家专业技术人才，往往是所在国同行业的"声望素孚者"，他们远涉重洋，来到南通，带来的又是大生资本集团发展所急需的技术、经验或知识。故张謇认为，为稳定人心，鼓励他们受

---

① 张謇《东游日记》，日本财团法人日中友好会馆，1996年，页58。
② 张謇研究中心、南通市图书馆编《张謇全集》第四卷，页465。
③ 张謇研究中心、南通市图书馆编《张謇全集》第四卷，页139。
④ 张謇研究中心、南通市图书馆编《张謇全集》第二卷，页304。

聘期间为大生资本集团多作贡献，必须对其采取一系列"超溢常例之外"的政策与措施。①

一是生活上给予优厚报酬。张謇认为对外聘人才"非优予薪金，不能罗致"②，力主给予重酬。以大生纱厂初创时所聘英国技师汤姆斯、工匠弍纳为例，张謇付给两洋匠的年薪高达6292两白银。仅此一项，已远超出大生纱厂200名普通女工的年工资总和。此外，两人受聘期间还享受舒适洋房、西餐洋酒、沪通往返川资以及每月只到厂三四天视事等待遇。③ 汤姆斯等开了大生资本集团外聘人才优厚待遇的先例。张謇此后引进的外聘人才，彼此待遇尽管也有厚薄之别，但总体上，"延请外人之费，较之延请中人相悬殊绝"④，成为普遍现象。针对中方有人对此的牢骚情绪，张謇开导他们："吾国工程知识方在欧美之后，知识后则俸级薄，本得事理之平；况吾国财力又在欧美之后，后则惟薄足以济之。他年知识经验，果能与欧美相抗衡，则声誉盛者阶级进，俸给之增进亦随之。诸生目前当先存一辅助穷弱中国工程进步之心，不应于俸给之多少，加以计较。"⑤

二是表现优异者给予褒扬。荷兰水利工程师亨利克·特来克1916年以后受聘主持长江保坍工程，在通三年，"勤苦耐劳，有西人办事之勇，负责之专，无西人自奉奢逸之习气"⑥，1919年在南通因公殉职。张謇除高度评价其功绩、向家属表示慰问与哀悼外，还呈文民国政府，要求对特氏"特赐褒词""以旌其绩"，并"以为外国工师能勤于事者劝"⑦。此外，还为特氏举行隆重公祭，葬于风景秀丽的

---

① 张謇研究中心、南通市图书馆编《张謇全集》第四卷，页134。

② 张謇研究中心、南通市图书馆编《张謇全集》第二卷，页254。

③ 大生系统企业史编写组编《大生系统企业史》，江苏古籍出版社，1990年，页27—31。

④ 朱有瓛《中国近代学制史料》第二辑下册，华东师大出版社，1989年，页281。

⑤ 张謇研究中心、南通市图书馆编《张謇全集》第四卷，页183。

⑥ 张孝若《南通张季直先生传记》，中华书局，1930年，页373。

⑦ 张謇研究中心、南通市图书馆编《张謇全集》第四卷，页439。

剑山南麓。类似亨利克·特来克这样受褒扬的外聘人才虽属少数，但张謇此举无疑对其他外聘人才产生了良好的激励作用。

三是注重情感交流。对与中方友善、真心实意帮助大生资本集团的外聘人才，张謇认为不仅应在平等基础上与之交往，而且须注重情感交流。据张孝若回忆，张謇投身实业后名重东南，但对中外宾客，不分贵贱，都不卑不亢，平等接待。"凡远近来会晤我父的人，都是一到门就见，毫没有留难久候的恶习。有许多人在没有见面以前，必定认为我父为岸然道貌不易接近，那晓得每回来客见面以后，都说我父温和亲近，像春风冬日，都感受到很深切的印象。"① 这"远近来会晤我父的人"中，自然包含在大生资本集团供职的外聘人才。平等的人际交往是情感交流的前提，后者又是前者产生的必然结果。这种交流首先是张謇事业上给外聘人才支持，促进双方心灵上的沟通。受聘通州师范学校的日籍教师木村忠治郎推行国文课教授法的改革，遭到中国同行的激烈反对，张謇经过调查，明确表态支持木村。木村大感意外，对张謇充满感激之情。此外，张謇还注意与外聘人才间建立工作以外的私人感情，与其中有些人的私人感情甚至延续到他们离职回国以后。1923 年，张孝若出访欧美，张謇托其问候早年在大生纱厂供职的汤姆斯、忒纳等人，并赠送《南通风景》与影集各一册，以示不忘故旧之情。②

四、尽延非计　自立为上

众多外聘人才在给大生资本集团注入活力的同时，也带来较大的负面效应。张謇作为该集团外聘人才政策的制定者与实施者，对其负面效应感受尤深。一方面，外聘人才所享受的优厚待遇，使大生资本集团付出了大量经费开支的代价。筹资不易，资金紧张一直是制约大

---

① 张孝若《南通张季直先生传记》，页 359。
② 张謇研究中心、南通市图书馆编《张謇全集》第四卷，页 566。

生资本集团发展的重要因素。虽然人才必须外聘，该花的钱还须花，但是，随着外聘人才数量的增加，张謇时时有难承重负之感。另一方面是部分外聘人才恃技而贵，玩挟中方，使大生资本集团无法从根本上摆脱受制局面。由于对外聘人才采取一系列特殊政策措施，张謇与大部分外聘人才间的合作是在友好氛围中进行的。但是在中国近代国势衰微以及专业技术上人有我无的大背景下，雇员发威、雇主受气之类的事端是无法绝对避免的。1920年，英国工程师惠令登以优厚待遇受聘新建的大生三厂。到任时，只因大生三厂准备供外国工程师居住的洋房尚未竣工，暂时无法满足惠氏生活上的全部要求，惠氏即援引大生一厂先例，指责中方招待不周，到任两天即扬长而去。① 必须指出，上述两方面除给大生资本集团经营与发展造成不良影响外，还伤害了张謇的民族自尊心。具有强烈爱国思想的张謇创办大生资本集团的目的是为了抵御外侮，防止中国权益外流，岂能容忍上述情况长期存在，故张謇屡屡指出，对外聘人才"势不能不延"，"又不能尽延"② 。即外聘不是根本大计，自立才是长久之策。由此形成了张謇"尽延非计、自立为上"这一外聘人才观中的又一重要思想。

自立必然建立在拥有本国专业技术人才的基础上。张謇为了将大生资本集团的命运掌握在自己手中，认为应该采取多种途径大力培养本国专业技术人才，逐步并最终全部取代外聘人才。

第一，设立新式学校，广延外籍教师培养中国学生。外聘教师在张謇外聘人才中所占比例较高。他们分布在大生资本集团所属的通州师范学校、河海工程专门学校、南通纺织学校、南通医学专门学校等各级各类学校，无一例外地担负某一专业的教学或实验等重要工作。张謇对通过这一途径培养本国专业技术人才极为重视："如是则四五年后，有养成之学生，又有实地练习之工程，十年以后，或有可用之

---

① 大生系统企业史编写组编《大生系统企业史》，页145。
② 张謇研究中心、南通市图书馆编《张謇全集》第四卷，页14。

才，不必借资于异域矣。"① 这是张謇培养本国专业技术人才的主要途径。

第二，指派中方人士充当外聘人才的助手，随其学习。张謇早在1895年代张之洞上《条陈立国自强疏》中即申述募洋将练兵之道，指出应于"洋将操练之时，使中国将弁从旁窥看，其习见习闻，自能捐除故技。如有杰出之才，更可触类引伸，本其精熟之法，参与运用之妙。是数年之后，华将多解洋操，即可择其廉洁切实者，以接统此洋操之军矣"②。张謇此后于大生资本集团招聘西方国家专业技术人才时，每每指派中方人士充其助手，可称是尽效此法，而收获颇大的。

第三，选派大生资本集团所属学校的优秀学生出国留学，以期学成归国，委以重任。大生资本集团的发展，对高级专业技术人才提出了迫切的要求。囿于国内条件的限制，张謇主张将所属学校的优秀学生送往国外，"皆就最精之国，从而取法"③，为此不惜重金资助。河海工程专门学校学生宋希尚品学兼优，毕业后在南通水利工程中成绩斐然，但出身贫寒，张謇特倾私资千金，助其赴美国深造。至于大生资本集团以外学成归国遭冷遇的中国专业技术人才，张謇深表痛惜，也想方设法将其中一些人引进大生资本集团。

至20世纪20年代，张謇通过上述途径培养的中国专业技术人才逐渐走上大生资本集团的各种岗位。1921年，大生三厂全部纺织机器均由南通纺织学校的学生自行安装成功。张謇获悉后称："纺织学生居然替我省了钱，又争了气，岂非天助!"④ 表现出对中国专业技术人才取代外聘人才的由衷喜悦。

张謇的外聘人才观是张謇强烈的爱国激情与对救国之途理性思考相结合的产物；其眼光、识见与魄力令同代人所注目。尽管在当时历

① 张謇研究中心、南通市图书馆编《张謇全集》第四卷，页127—128。
② 张謇研究中心、南通市图书馆编《张謇全集》第一卷，页31。
③ 张謇研究中心、南通市图书馆编《张謇全集》第一卷，页36。
④ 大生系统企业史编写组编《大生系统企业史》，页146。

史条件下，张謇的外聘人才观很难在实践中得以完全贯彻，但已对大生资本集团的形成与发展产生了重大影响。短短三十年中，大生资本集团之所以快速崛起于落后闭塞、人才匮乏的长江北岸小城南通，并一度称雄全国，个中虽有多种缘由，但不能不承认与张謇外聘人才观及其举措产生的科技优势与经济效应密切相关。显然，在改革开放、建设有中国特色社会主义的今天，张謇的外聘人才观仍具有借鉴的意义，是值得重视的珍贵历史遗产。

原载于《贵州师范大学学报(社会科学版)》2000 年第 1 期

作者单位：南通大学文学院

张謇利用外资思想研究

陈金屏

从 1895 年至 1926 年的三十余年间，张謇在创办实业，从政担任实业部总长、农商总长等职期间，不断地挣扎于抵制外资与利用外资的漩涡中。一方面，出于维护国家主权和权利的目的，张謇想方设法防止列强通过各种债务攫取在中国的特权，并谨慎提防着外国资本的渗透与入侵；另一方面，迫于实业资金的捉襟见肘，张謇又不断地与外国人周旋以寻求外国资本的资助，实现他利用外资抵制外资的主张。在这些活动中，张謇提出了一系列的主张和办法。

一、张謇利用外资思想的缘起

（一）内忧外患是利用外资思想产生的土壤

鸦片战争后的一百年间，无论是清政府，还是中华民国南京临时政府、北京政府、国民政府，为抵御外侮、维护统治、镇压革命，都大量举借外债、利用外资，引进先进技术，发展军事工业、民用工业，推动经济发展；无论是清政府时期的洋务派官员、维新派人士，还是近代资产阶级代表人物、民族企业家、经济学家，他们中的有识之士也提出了一系列利用外资的主张。外资于近代中国犹如一柄双刃剑，附带有各种政治条件的外债、外资让列强巧取豪夺地把持了海关，控制了关税、盐税和厘金，操控了铁路、矿山。但外债、外资在进入的同时，又为近代中国引入了先进的生产力和资本主义生产关系，引进了西方先进的科学技术，推动了中国早期现代化的进程。

　　甲午战败、《马关条约》的签订，令张謇受到强烈的刺激，特别对借债赔款问题，张謇认为这将导致国家丧失更多的关税和厘赋。针对准许外商在中国内地设厂的条例及日本由来已久的挑衅，张謇更是忧愤，在《条陈立国自强疏》中，张謇提出了加强国防、广开新学、提倡商务等九条立国自强建议。然而要实施这些举措，所需款项浩大且一时难以筹集，张謇进而建议："今日赔款，所借洋债已多；不若再多借十分之一二，及此创深痛巨之际，一举行之……果从此立自强之机，自不患无还债之法。"① 同时还提出请洋商、洋厂包办铁路和兵轮的自强之法。与他同时代，且交往非常密切的张之洞、盛宣怀都是借用洋债、利用外资的大力鼓吹者与积极实践者，张謇对他们的言行肯定也是"耳濡目染"。《条陈立国自强疏》是张謇代张之洞起草，内容一定是俩人经过研究、商讨后由张謇撰写的，其中借洋债的主张主要出于张之洞之意，但张謇也接受了此主张。

（二）实业活动是利用外资思想产生的催化剂

　　中国的资本主义原始积累先天不足，外债成为中国式原始积累的特殊形式。甲午战争以后，棉纺织业是受列强侵害最严重的产业之一。就通州棉纺业，张謇非常敏锐地指出："通产之棉，力韧丝长，冠绝亚洲，为日厂所需。花往纱来，日盛一是，捐我之产以资人，人即用资于我之货售我，无异沥血肥虎，而粗肉以继之。"② 为抵制日人利用本地资源侵占本国本地利源，张謇放下士大夫的清高身份转而投身实业，创办大生纱厂。初期，张謇力主利用本国资金来发展民族企业，然而，为集股"所感觉资本家种种之势力，感受办事人种种之痛苦，几于罄竹难书"③。1899 年冬，纱厂厂房基本竣工，机器安装过半，而开工资金窘迫到极点，国内告贷无门，走投无路的张謇一度

---

　　① 张謇研究中心、南通市图书馆编《张謇全集》第一卷，江苏古籍出版社，1994年，页 40。
　　② 张謇研究中心、南通市图书馆编《张謇全集》第三卷，页 17。
　　③ 张謇研究中心、南通市图书馆编《张謇全集》第三卷，页 663。

与美商丹科、福开森商讨借款之事。初定以厂机器抵款 25 万两，抵期十年，年息 6 厘，但此事屡经催问未有回讯。① 这是张謇迫于实业资本的短绌而考虑借外债、引外资的开端。1912 年，为扩大企业规模，张謇向日本商借贷款，并获得日本大仓组财团 20 万两的借款。② 1922 年，国内市场形成棉贵纱贱的形势，大生一、二厂从高额的盈余变为大量亏损，信贷收缩，周转不灵，大生系统走入低谷。当年，大生二厂向英汇丰银行贷款 180 万两。③ 同年，张謇派大有晋公司经理章亮元、大生纱厂高级职员张同寿，在新农垦殖公司殷汝耕和裕华垦殖公司经理陈仪的陪同下赴日，向日本财阀涩泽荣一提出以大生三厂为抵押借贷 800 万元的请求。④

张謇在创办大生企业的同时，也积极筹划了多个引进外资、借用外债的项目。1908 年，为"把外国资金引入中国，为中国的工商企业提供贷款"⑤，张謇会同东南著名绅商与法方签订了中法劝业银行合同，因故未果。至 1914 年，时任农商总长的张謇再次主持与法国财团签订中法劝业银行合同。1910 年张謇曾以江苏咨议局议长的身份主持与美国商团拟订了一个中美合作的初步方案，协商与我南北商会共营银行、开航业、设商品陈列所、置商品调查员四事。至 1914年，张謇进一步展开多方面的联美活动，希望实现与美商合办银行、航业的庞大计划。同年，张謇以农商总长的身份主持北京政府与美孚石油公司订立合办油矿项目，并代表政府在合同上签字；主持颁布有关条例统一度量衡，与美商三合洋行代表方克伯签订 200 万元建度量衡制造所的借款草约。为了早日将他终身关注的治淮事业由蓝图变为现实，张謇以全国水利局总裁的身份与美红十字会签订了贷款额为

---

①　张謇研究中心、南通市图书馆编《张謇全集》第六卷，页 418。

②　曹钧伟《中国近代利用外资思想》，立信会计出版社，1996 年，页 151。

③　严中平《中国棉纺织史稿》，科学出版社，1955 年，页 198。

④　严学熙《近代改革家张謇——第二届张謇国际学术研讨会论文集》，江苏古籍出版社，1996 年，页 493。

⑤　章开沅《张謇传》，中华工商联合出版社，2000 年，页 219。

2000万美元的《导淮借款草约》。1918年，为了开辟国际贸易市场，张謇在梁启超的说合之下，曾与比利时合资筹办中比航业贸易公司，拟开辟中国往返越南西贡、新加坡、法国、比利时、德国各大商埠之间的远洋航线，并逐步向其他贸易发展。

时代的悲剧激发了张謇强烈的爱国情感，"利用外资、振兴实业"的想法在张謇的心中酝酿已久。创办实业，迫于资金的严重匮乏，更催生了张謇借外债、引外资的活动。张謇总结前人经验教训开展了一系列的借债引资活动，利用外资的主张也因实践而得到不断的完善，日臻成熟，从而形成了适合中国国情的利用外资思想和主张，其中以出任农商总长时撰写的《筹划利用外资振兴实业办法呈》为标志，其他还有诸多主张散见于张謇的一些文稿和信函中。

二、张謇利用外资思想概述

（一）利用外资的主要形式

早期投身洋务运动的官员们一方面主张利用外资，另一方面也担心外人借机进行资本渗透和入侵，结果反被外资所利用。因而，关于利用外资的形式，一直是争论最多的问题。1913年底，时任农商总长的张謇向大总统袁世凯提交了《筹划利用外资振兴实业办法呈》，在呈文中，张謇本着趋利避害的原则，提出了"合资""借款""代办"三种利用外资的形式，并对中外合办公司的方法、取缔中外合办公司的标准等逐一作了规定和阐述。

1. 合资。"此为利用外资最普通方法，凡利害参半之事业用之，盖有利与外人相共，亏损亦然"，张謇认为，这种形式虽然我方不能尽占其利，但风险也减半。合资要特别斟酌的是合办的项目、地点、主办人、合作方是否恰当，不当则不能合办。

2. 借款。"凡事业之确有把握者用之。在外人方面，仅处于债权地位，与所营事业之盈亏不涉。除普通利息外，各项利益，为华人独享，苟有折阅，亦归华人独任"，如借款的担保品、契约条件没有确定的把握，则规定不轻易允许商民借用外款。为不涉主权，建议用厂屋机器来作担保。

3. 代办。"凡先难后易而可以永久获利之事业用之。如开垦荒地，兴办时购置机器，需费较巨，垦熟后继续进行，需费不多"，代办也可理解为独资，即由地主委托资本家代垦，机器、人工均由代垦人承担，约定若干年以内收获彼此分成，年满后器具、田亩归地主，与代垦人无关。

对于合资的组织形式，张謇建议采用两种办法：一种是"专办一事或一事以上之公司"，即指定某一种或一种以上的事业而专门组织公司；另一种是"泛言兴办实业之公司"，即不指定专办何种事业，但遇有适当的项目都可以兴办。张謇对合资或代办企业的"取缔"标准作了规定：第一，申明其所办公司必须"遵守中国法律"，即遵照我国的有关行业的条例，以及其他相关的法律；第二，对合资或代办事业必须"呈验资本"，即外人申办某实业时先要进行验资，以"杜虚伪之弊"，或以交纳保证金作为变通。如企业或公司违反上述二条，则列入"取缔"范围。呈文中对"报效""保证金""预缴税银"等缴款方式也作了说明，并建议"外人在中国办理实业之习惯或参照各国成例，求于国家财政，稍稍得补益之机会"。最后，张謇还建议政府要采取奖掖措施来促成利用外资活动。

（二）要利用外资重点发展棉、铁业

宣统二年(1910)举办南洋劝业会时，张謇即发表中国须用棉铁政策之说。1913 年，张謇出任北京民国政府农商总长，发表《实业政见宣言书》，正式提出"棉铁主义"一说，并指出："棉铁两业，可以操经济界之全权。"[1] 张謇通过对海关贸易册的研究，发现中国对外贸易的入超问题主要在棉铁两项，而入超带来的盘剥尤甚于赔款。据

此，张謇提出棉铁主义，即以棉、铁两种工业为起点和重点，有步骤地建立和发展其他工业部门以至国民经济的各个部门，以全面地振兴实业。然而资金的匮乏使张謇无可措手，于是，他将外债、外资重点用于发展棉、铁业。

张謇认为棉纺织业于铁更为重要。1923 年，张謇以自己多年的实践经验和欧战结束后"世界未来大势，趋于大同"的国际背景，大胆地提出了"世界各国经济互助"的主张。在《商榷世界实业宜供求统计中国实业宜供求之趋势书》中，张謇从英、美、德、法、意、日及中国的纱锭数和年产棉量着手分析，认为世界原棉产量供不应求的趋势十分明了，由此也带来世界和平危机。张謇认为"甲国之患，正乙国之利；于彼见绌，乃于我见长"，如日本致力于纺织业而没有足够的土地植棉自给，中国有广阔棉植之地，但缺乏资金自谋发展，是为两穷。因此，张謇提出了大胆的设想：即有利患长绌互补的国家联合起来，形成一个相当于国际金融业联合体的银公司，为各国发展实业提供资金。凡是有可以经营的地、矿、事业，银公司可以根据其实际需要为其策划，参与其投资预算、项目实施乃至验收等。张謇主张此银公司"以棉铁为主要，一类于棉之稻、麦，类于铁之煤为从要，其他如水利、如电，如铁路，如汽车为次从要"。对于铁矿，张謇认为"铁矿需本尤重，非用开放主义，无可措手。但使条约正当，权限分明，既借以发展地质之蕴藏，又可以赡贫民之生活"①。至于由钢铁而衍生的机械铁工厂，也可以对欧美人开放由其建设。

（三）利用外资的主要原则

1. 主张"外债可借"，"用于生利可，用于分利不可"。从 1895—1911 年期间，清政府走上了赔款、借款依赖外债的道路。据统计，此期间清政府分别向英、德、美、法、俄、日等国共借债 208 笔，债务额达 13 多亿两。其中赔款借款或赔款转化的外债有 6 笔，占总债

---

① 张謇研究中心、南通市图书馆编《张謇全集》第一卷，页 276—277。

务额的 61％；各种实业借款 85 笔，占 29％。其他用于镇压农民起义和辛亥革命、行政经费等，可见绝大多数债务均为消耗性的，只有三分之一不到的用于实业投资。① 因而时人视外资、外债如"鸩毒"，只要论及筹借外债时人就说"借债亡国"。清光绪之季，袁世凯令杨士琦问张謇外债可借否，张謇即明确回答："外债可借。"② 首先，张謇从其他国家兴盛经验为例，指出"曰借债亡国，不知各国之兴大利，除大害，无一不借外债"；其次，张謇认为，无论借内债还是外债，最重要是看条件是否恰当，"条件刻酷，内亦不可，条件平恕，外胡不可？条件拘束，以能还本息为终止耳"③。

当然，张謇所说的"外债可借"是有前提条件的："用于生利可，用于分利不可，而用之何事，用者何人，用以何法，尤不可不计。"④ 在张謇看来，借债亡国的"债"指的是"不生利之债，如借款用于战斗之类"。张謇把这样的债比作："但如富家败子，饮食男女，任意挥霍……不数年而祖先遗产，不复为己有。"但用于生利之债"又如崛起后进，欲谋生业，苦于徒手，暂贷诸人；他日业成而永久，收入之数，支抵有期限之债务外，其所得倍蓰"⑤，因而张謇主张借外债不能用于消耗，必须用于生利。

2. 主张借外债要"竭力慎节"，"借时即须为还计"。清末，在"多借外债""大借外债"的思想驱使下，形成了"大借外债"之风，但因无力偿还，国家利权及洋务企业落入列强之手。张謇虽然非常积极地投身引进外资活动，同时，他也抱有非常审慎的态度。针对清晚之季清廷为改定币制、振兴实业以及推广铁路，与英、美、德、法四国银行签订一千万镑、与日本横滨银行签订一千万元借款之事提出质疑，他认为当时中国外债已达十万万两以上，罄全国十年之岁入也不

① 许毅、金普森、隆武华等《清代外债史论》，中国财政经济出版社，1996 年，页 41。

②④ 张謇研究中心、南通市图书馆编《张謇全集》第三卷，页 662。

③ 张謇研究中心、南通市图书馆编《张謇全集》第三卷，页 664。

⑤ 张謇研究中心、南通市图书馆编《张謇全集》第三卷，页 620。

能偿还，如果新债骤增，则根本无力偿还，最终只能导致主权、利权丧失。同时，张謇也分析，如大宗外债输入于内地，一时会形成经济蒸蒸日上的假象，但一旦外资用竭，中国经济将百倍困难于往日。因而，张謇一再强调："借时即须为还计。"也就是说，在借款之前必先有精密之计划，确认有用债和还债能力方可举借，千万不能胸无成竹，贸然一试，并要求"该管衙门自应竭力慎节，不得移作别用"①。

3. 主张利用外资"不可丧主权，不可涉国际"。近代中国借外债、用外资不当则犹如"引狼入室"，张謇也视之"若履虎尾，若涉春冰"，因而他一再主张："借外债不可丧主权，不可涉国际。"② 列强觊觎中国矿业已久，为维护国家主权，避免外人把持土地权、矿权而独占矿产利源，张謇任农商总长时对中外合资办矿作了一系列的明文规定："外国人民所占股份不得逾全股十分之五"③，"二人以上合办矿业或呈请合办矿业时，应推定一人为代表"，"规定之代表人须以中华民国人民充之"④ 等。铁、铝是制造轮轨机械和枪炮弹药的必需原料，而采炼需要巨额经费；至于金银铜镍则是制币的原料。当时安徽、江苏、河南三地的矿交通便利，很多商民申请在此开矿，说拟与日商合办，或与欧美商人合办，而经张謇分析，铁业开采冶炼需资本数千百万，而我国商人的资本根本不能达到，这最终导致的结果是名义上是我国商人与外人合办，而实质全部是洋股，这必定留下了步汉冶萍后尘的隐患。所以张謇极力主张，铁、铝、金、银、铜、镍六种矿产定为官营之业，对符合条例的本国资本开采则不禁绝。如张謇提出创办银公司时一再强调必须坚持"以互输产品保公司之利，以不犯土地尊国之权"的原则。⑤ 由此可见，维护国家主权、利权是张謇利

---

① 张謇研究中心、南通市图书馆编《张謇全集》第一卷，页 165—168。

② 张謇研究中心、南通市图书馆编《张謇全集》第三卷，页 664。

③ 沈家五《张謇农商总长任期经济资料选编》，南京大学出版社，1987 年，页 90。

④ 沈家五《张謇农商总长任期经济资料选编》，页 104。

⑤ 张謇研究中心、南通市图书馆编《张謇全集》第三卷，页 826。

用外资思想及实践活动中最重要之原则。

（四）合理利用外资的措施与保障

张謇认为，只有政府制定有关政策，从根本上采取保障措施，才能保证外债能合理使用、落到实处。"借债政策，关系国家存亡大计，一日无确当的解决，即国家大计日陷于杌陧之危境"①。张謇所言借债政策，也就是借债要有明确的责任人来承担相应的职责；借债要有精密之计划，明确规定款项用于何事；对借款要有管理之责，不得挪作他用。因而，张謇向朝廷恳请宣布借债政策以明确责任。

出任农林、工商总长的张謇颁布了法规条例二十余种，为保护和发展民族资本主义提供了政策和法律、法规的保障。同样，要约束外资在中国的投资等行为，维护本国主权、利权，亦"当乞灵于法律"。因而，在先后颁布的各条例、规定对中外合资企业都有限制，张謇将外国人在华投资必须遵守我国法律作为准入的首要条件。为防止本国矿业落入外人之手，张謇未雨绸缪，在《矿业条例施行细则》第七条中，对中外合股办矿作了九项特别之规定，而且这九项规定必须载入其签订的合同中。张謇正是想通过有关政策、法规的颁布和实行，来约束外商投资行为，从根本上为安全地利用外资提供法律的保障。

三、张謇利用外资思想的先进性与局限性

处于一个内忧外患的时代，出于"实业救国"的理想，张謇明确提出了"利用外资、振兴实业"的主张，这是他在总结自身实践经验、吸取前人思想精华的基础上产生的，是顺应社会发展、时代潮流的进步之举。张謇所主张的利用外资原则切中时弊，是他爱国主义精神的集中体现。也正是因为他坚持原则，不以出卖主权、利权为条件得到贷款或合作，所以张謇主持从事的引进外资项目最终谈成的较

---

① 张謇研究中心、南通市图书馆编《张謇全集》第一卷，页 165—168。

少，也未有引资不当造成恶果。张謇提出的三种利用外资的办法和与之对应的事业范畴的界定，体现了张謇利用外资的灵活性、合理性。他主张利用外资重点发展棉铁业的建议，是立足本国、放眼世界的主张，具有一定的科学性、合理性、预见性。

然而，在张謇的利用外资思想中也有明显的局限性。在《商榷世界实业宜供求统计中国实业宜供求之趋势书》中所提出的"国际经济互助"的主张，就遭到与他同时代及后人的质疑。在张謇看来："一个人办一县事，要有一省的目光；办一省事，要有一国的眼光；办一国事，要有世界的眼光。"[①] 张謇的这一主张正是将中国置于一个趋向大同的世界背景下所设想的。近代社会，资本主义经济高度发展、国际间的经济联系迅速发展是历史的趋势。从世界其他国家的实践证明，一个国家加强与世界各国的联系，实行对外开放，引进外资，可以补充国内资金的不足。因此，单纯地从这个角度来看，张謇提出"国际经济互助"的形式是具有开放的眼光、非凡的胆识。但是，从近代中国的时代背景来考察，张謇的这种设想是不切实际的，帝国主义与被侵略的国家之间怎会有和平互助、平等合作的关系呢！因此，在近代中国的历史背景下，这只能说明张謇的一厢情愿、美好幻想是注定要破灭的，只有当我们的国家取得独立主权并逐渐强大起来，外资才能真正为我所用。

原载于《南通纺织职业技术学院学报(综合版)》2008年第4期
作者单位：南通市文化艺术创作研究中心　文博研究馆员

---

① 张孝若《南通张季直先生传记》，中华书局，1930年，页297。

"没有外交头衔的
外交活动家"

论张謇的外交活动

王光银

张謇是中国近代著名的实业家和教育家。他曾积极参与重大的外交活动，提出不少很有影响的外交主张。对张謇外交活动的探析，有助于我们从另一个侧面来了解张謇这个人物，对这一时期民族资本家的思想轨迹的探寻也是有益的。

一、张謇参与的主要外交活动

张謇最早参与外交活动，是清光绪八年(1882)朝鲜发生"壬午兵变"，随庆军开赴朝鲜。作为庆军中的高级幕僚，张謇出面与朝鲜当局进行外交方面的交涉，因办事干练受到朝鲜国王的赞誉。[1] 同时，张謇还代吴长庆草拟了关于时局的条陈。如《代吴长庆拟陈中日战局疏》，提出对日俄开战，争取主动的主张。受到时任军机大臣工部尚书翁同龢的赞许。

他对朝鲜问题"时有陈说"[2]。其中著名的有《朝鲜善后六策》《朝鲜废疾针废》《代某公条陈朝鲜事宜疏》，提出大量处理朝鲜事务的主张与建议，要求朝廷早下决心，彻底解决朝鲜问题。张謇对朝鲜问题的陈说，引起很大反响；赞同者，到处传阅，有些奏章"间有国人所能诵者"[3]。

---

① 李新、孙思白主编《民国人物传》卷一，中华书局，1978年，页259。

② 张謇《论出处及韩乱事致袁子久观察函》，张謇研究中心、南通市图书馆编《张謇全集》第一卷，江苏古籍出版社，1994年，页17。

③ 张謇《论出处及韩乱事致袁子久观察函》，《张謇全集》第一卷，页17。

反对者，如主张议和的李鸿章斥张謇为"多事"①。

自光绪二十一年（1895）始，张謇致力于兴办企业，到欧战以前，大生纱厂成为拥有资本二百万两，纱锭六万七千枚的大厂，"是华资纱厂中惟一成功的厂"②。张謇在南通和外地兴办学校，投资文化教育事业，社会声誉鹊起，成为知名的民族资本家和社会名流。但他对外交事宜更为关心。

清宣统三年（1911），清摄政王载沣召见张謇于勤政殿。在拟对时，张謇提出今后三五年为我国外交的危险期，其理由有三：一者今年夏秋改订伊犁条约，恐俄人提出不利条件，在西北借启衅端，必令外交官员预先详慎研究，以便临时应付。二者英日同盟于宣统五年满约，中国应利用英人厌日情绪，阻止英日同盟续接，"驻英使臣，尤须得人"。三者宣统七年，美国巴拿马运河将开通，日本为争太平洋权利起见，必竭力扩张在中国的势力。因此，提醒朝廷在近几年内"日日皆系危机，刻刻皆须防备，尤须望中国太平无事，方免外人乘机生衅"③。

从中可见张謇对外交深有研究，其主张具有一定的超前性、预见性和针对性。

同年，武昌起义爆发，内外盛传朝廷将借兵镇压。张謇坚决反对这一错误主张，认为"借助外兵，陷全国于必亡之地，远鉴前明，近鉴亡韩，心胆俱裂"④。反对做引狼入室这样的外交蠢事。表现了张謇在外交方面的谨慎态度，和对西方列强较为深刻的认识。

民国七年（1918），巴黎和会召开。这是当时国际事务的重大事件。中国政府拟在和会上提出修订海关税则的提案。张謇等人立即发起组织"主张国际税法平等会"，声援中国政府。在巴黎和会召开之

① 李新、孙思白主编《民国人物传》卷一，页259。
② 严中平《中国纺织史稿》，科学出版社，1963年，页57。
③ 张謇《辛亥五月十七日召见拟对》，《张謇全集》第一卷，页163。
④ 张謇《江苏咨议局为阻外兵致各省咨议局电》，《张謇全集》第一卷，页117。

际，张謇一方面致电中国代表陆征祥，主张修改税则，同时直接致电巴黎和会①，强烈要求各国废弃对华不平等条约，恢复中国财政、关税自主权利。张謇由于一贯主张税法平等，被推选为赴法参与"国际税法平等会议"的代表。由于时届农历年关，地方事务繁多，张謇辞代表之任。②

1920 年 8 月，美国外交官 Paul Samuel Reinson（芮恩施）组团来华考察。江苏省议会致电张謇父子作陪，电文称"事关国民外交，务恳台端先时惠临光陪"③。又电云"此次冒昧相邀，实因美团在沪道及景仰之意，渴欲一瞻丰采"④。可见张謇在省级外事活动中有一定的地位和知名度。

民国十年（1921）七月，张謇被推任两个重要外事职务：一是中日菲远东运动会推其为名誉会长；一是中国组团参加太平洋会议，外交部拟由张謇任代表团高等顾问。代表团由驻美公使施肇基为首席代表，驻英公使顾维钧及法学专家王宠惠为代表。可见张謇在中国外交界的资望和影响。

民国十一年三月（1922）〔编者按：正确日期为民国九年（1920）三月〕，日本宇治兵舰停泊天生港口，有日军官兵数人，在南通县城郊任意狩猎。张謇与当地政府知觉后，一面派员交涉，一面立即致电日本政府进行抗议，义正辞严："查军队无故闯入与国内地，则非地而非法；方春狩猎，违我内政，则非时而非法。"⑤ 要求日本政府严惩肇事者，并给南通人民一个答复。

从上述事实可见，张謇不仅是一个实业家和教育家，还是个"没有外交头衔的外交活动家"。他的外交活动，小到民间外交、地方性外交和亲自出国参观访问，大到国家外交政策走向，国际性的外交事

---

①　张謇《主张国际税法平等致巴黎和会电》，《张謇全集》第一卷，页 386。

②　张謇《辞代表主张税法平等会往欧函》，《张謇全集》第一卷，页 387。

③④　《申报》1920 年 8 月 11 日。

⑤　张謇《为日舰员擅自登陆游猎致日本政府函》，《张謇全集》第四卷，页 471—472。

务，如巴黎和会、太平洋会议、华盛顿会议都留下了他的影响。外交
活动是张謇所有活动的一个重要方面，不能忽视。

二、张謇的外交主张

张謇在长期的外交活动过程中，提出过许多外交主张。力主以
"主战"方式，对西方列强采取强硬外交政策，使中国赢得外交上的
主动，获得真正的和平。在具体外交问题上，讲得较多的是朝鲜问题
和对日交涉的政策。另外还涉及要求修改不平等条约、国际税法平
等，加强民间外交交流，向西方派遣留学生，学习各国先进的政治、
军事和技术等方面。

张謇对西方列强侵略扩张的本质有着较为深刻和清醒的认识。列
强各国平时为了各自本国的利益，尔虞我诈，互相猜疑，但对中国瓜
分豆剖，侵略掠夺，则是互相利用，配合默契。"东西洋各国风尚、
政治，本不相谋；亦有向系仇敌，或内相猜疑者；而一遇中国交涉事
件，则无不联为一气。或此方欲战，彼为讲和，或彼本为虚声，此为
证实。种种要求，无非公法中所谓'利益均沾'四字括之。"① 列强
各国互相勾结，沆瀣一气，其目的是共同的利益。

基于上述认识，在中国与列强冲突和外交纠纷中，张謇竭力"主
战"，争取主动，对列强不能抱有幻想，提出自己的战和观。他指出：
"伏念自来中外交哄，不过战和二策……以和为和，是罢战之论发于
我，而彼强我弱；以战为和，使愿和之请出于彼，则彼绌我伸。"② 他
认为一味求和，只能得到暂时和平，而以战求和，才可统筹全局，才
能争得真正持久的和平。他说："国家可百年无事，不可一日忘
战。"③ "而我中国握重兵而负夙望，始终坚持议战者，惟左宗棠一

---

① 张謇《代某公条陈朝鲜事宜疏》，《张謇全集》第一卷，页 22—25。
② 张謇《代吴长庆拟陈中日战局疏》，《张謇全集》第一卷，页 11—12。
③ 张謇《代夏学政沥陈时事疏》，《张謇全集》第一卷，页 1—3。

人。"对这样的现状感到忧虑。

对于战争的胜败，张謇指出："兵凶战危，亘古无万全之策。"① 战争的胜败乃兵家常事，决不能因噎废食。对列强开战，张謇提出二点：一是要敢于与强敌作战，虽是敌强我弱，然"胜败之理，一决于气之盛衰"。只要有信心，"我不能百战百胜，彼亦不能保百战而无一败。"② 二是要扬长避短，外夷船坚炮利，狃习风涛，长于海战。我国不与敌相持于汪洋大海中，"但严扼诸海口，凭据险要，以顺制逆，以逸代劳，以众御寡，以主伺客"③。充分发挥主场作战、人多势众、熟悉情势的优势，击败来犯之敌。

朝鲜问题，是张謇在外交领域研究之重点，其主要观点有：

1. 朝鲜地理位置十分重要，在军事上是中国东北之屏障和门户。中朝是唇齿相依、利害相因的国家。中国失去朝鲜，则东北门户洞开；朝鲜脱离中国，则失去强大的后方依托。"中国以朝鲜为外户，朝鲜亦倚中国为长城。"④ 朝鲜的安危，直接影响中国，绝不允许日本人侵占朝鲜。张謇强调朝鲜问题："大权一失，实祸随之。"

2. 立即向世界申明，朝鲜为中国的属国。这是在朝鲜问题上中国应采取的首要立场，也是解决朝鲜问题的前提和立足点。"查朝鲜纳土归降，臣服中国，在我朝崇德二年，载在盟府。即光绪八年许朝鲜与各国立约，亦尚有认明朝鲜系中国属国之说。"张謇要求清廷"速申旧约，布告各国，以定藩服之名"，并且态度坚决，"使四海知中国固非徒事敷衍，而日人亦无置喙之地"⑤。即便日本已占据朝鲜，中国"亦定须索回"。绝不能软弱退让，半途而废。

3. 军事上充分准备，作好武力保卫朝鲜和武力驱逐日本出朝鲜的准备。张謇提出八项主张，如"起用宿将，分别统兵"，"简调海军，参置前敌"，精选奇兵，出奇制胜。在后方亦须严阵以待，"南洋

---

① ② 张謇《代夏学政沥陈时事疏》，《张謇全集》第一卷，页 1—3。

③ 张謇《代吴长庆拟陈中日战局疏》，《张謇全集》第一卷，页 11—12。

④ 张謇《代某公条陈朝鲜事宜疏》，《张謇全集》第一卷，页 22—25。

⑤ 张謇《代吴长庆拟致张树声七件函》第二函，《张謇全集》第一卷，页 15。

各口，严兵屯守"，"量增劲旅，屯驻北洋"。并进行全国战争之动员。
"愿皇上时时存必战之心，事事图能战之实。"① 这样全国上下，万众
一心，日人无隙可乘，朝鲜问题可得圆满解决。

　　4.朝鲜问题不是一个独立问题。觊觎朝鲜者，除日本外还有俄
罗斯。而其他列强各国都在观察日本的动静，伺机而动。张謇分析
道："朝鲜若复为日人所有，英俄起而争西藏，可立而待。且渤海，
天山堂奥尽露。"② 朝鲜问题是中国复杂的外交事务中的一环，牵一发
而动全身，政府务需谨慎而通盘考虑，才可万无一失。

　　日本问题是张謇在外交领域较为关注的一个方面。光绪二十一年
（1895），张謇参与海门团练事宜，亲自编写通俗的《通海劝防歌》。全
文把矛头直指日本。他认为日本是中国最近最危险的敌人。"今日本
野心日涨，无理日盛；彼方以中国为其演试军事之地。"③ 揭露了日本
在明治维新成功后对中国采取巧取豪夺，疯狂侵略政策的本质。在
《通海劝防歌》中写道："我乡义勇好男儿，各来听说中日事。不听人
人都睡着，听来个个都发指。"然后列数日本吞并琉球，占领平壤，
兵扰奉天，夺我旅顺山东等侵略行径。"杀我男女十几万，淫虏抢烧
事事惨。"④ 日本在中国犯下的滔天罪行，举世彰彰，尤不胜数。日
本是侵略中国的元凶之一。张謇认为中日为亚东关系最为密切的国
家，两国应该世代友好，才是中日外交的根本出路。日本政府对国民
之政策，诚为尽善，"惜其对华之侵略政策，则未免太拙耳"。中国为
世界上古老文明大国，"日本决不能鲸吞中国；强为之，转足以自
毙"⑤。张謇这一富有远见的观点，为抗日战争的最后结局所证明。
张謇认为中日"果亲善也，则两国前途，必灿烂光明；如其否也，前
途殆不可思议"⑥。张謇本人热衷于中日民间交往，并曾花 70 天时间
到日本考察实业。日方青年代表团来华，受到张謇的热烈欢迎。

---

①②③　张謇《代某公条陈朝鲜事宜疏》，《张謇全集》第一卷，页 22—25。
④　张謇《通海劝防歌》，《张謇全集》第四卷，页 372—373。
⑤⑥　张謇《欢迎日本青年会来通参观演说》，《张謇全集》第一卷，页 600。

　　张謇的中日必须友好的外交主张，正为当代中日两国政府和两国
人民的友好往来所实践。实践证明，中日友好，不仅对中日两国，而
且对亚洲和全世界的和平与发展都具有重大意义。

　　在张謇外交思想中，最重要也更富积极作用的是主张加强对外交
流，向西方学习，要求朝廷打开国门，走出国门，跟上世界发展的潮
流。他提出了一系列措施和具体办法。

　　建议朝廷改总理衙门为外交部。光绪二十七年（1901），张謇在其
著名的《变法平议》中，提出仿日本外务者，改总理衙门为外交部，
"专办交结友邦之事"①。以通晓时事的人为外交大臣，佐以才俊。并
设立外交学校，翻译和学习各国外交史，讲求外交家学，培养一批专
门的外交官员。还建议朝廷，每日早朝，应增加外部大臣一班，使皇
上随时通晓详情。

　　张謇总结了数十年中国兴办洋务的经验教训，认为兴办洋务的
文武臣工，罕有洞悉中外形势者，以至执事者狃于成见，昏庸者因
循守旧。"不知外洋各国之所长，遂不知外洋各国之所短。"② 闭关
自守、夜郎自大是中国的积习，危害极大，故须洞开国门，向西方
学习。

　　向西方学习，主要有三种途径：一是广译西书，扩大国人眼界；
二是选派留学生，亲身体验和学习；三是请洋人来中国传授知识。

　　在这三种途径中，张謇尤其重视选派留学生。他认为"百闻不如
一见"。到西方游历和学习可分为两层次：一是要派朝廷核心人物，
如宗室、王公、八旗大臣，出国游历考察。"俾涉道路风涛震恐之险，
知平时叨逾非分之可惭；观各国制造、警察、教育、武备一切政治之
精，知平时汰侈自大之多妄。而躬与彼诸王周旋；彼通学问而我陋；
彼谙政事而我疏；彼躬陈力于军旅行伍之间而我惰；相形见绌，宜必

---

　　①　张謇《变法平议》，《张謇全集》第一卷，页50、66。
　　②　张謇《代鄂督条陈立国自强疏》，《张謇全集》第一卷，页29—41。

愧奋。"① 让这些平日养尊处优，闭目塞听的人，亲身去感受中西方所存在的差异，在比较中，发人深省，然后才能发奋图强，迎头赶上。这是其他任何方法所不能替代的。二是选派各行各业的留学人员。在全国多选才俊之士，提供充足的经费，学习时间不限，分派到先进国家学习。"举凡工商务，水陆兵事，炮台，战舰学校，律例，随其性之所近，用心考求。"② 回国后，按才录用，对国家的贡献必然起到事半功倍的效果。

在向西方学习过程中，张謇强调较多的是学习军事与商务，他认为目前陆军以德国最强，自宜取法于德；海军以英国最为先进，须多派精壮员弁及有志子弟赴英学习海军。学成回国，充任军官，不出数年，军队的训练及战斗力必有大的改观。在商务方面，中国"但有征商之政，而少护商之法"③。自应该取法于西洋诸国。西洋各国以商务立国，深知外交与商务的关系。在自由贸易情况下，"通商之国愈多而愈富"，"商务胜利，交涉得手，国势自振"④。因此，中国政府必须加强与各国的商务交流，促进中国商务发达。

三、张謇关注外交活动的原因

张謇关注中国外交，积极参加外事活动，提出一些外交方面的主张，并产生一些影响。这与张謇一生的政治地位、学识能力分不开，也与张謇的政治追求和发自内心的爱国主义精神密切相关，而经济利益的驱动，也是他关注外交的一大动因之一。

首先，张謇的政治地位，使他有可能参与国事，对内政外交提出自己的主张。张謇16岁中秀才，23岁投奔庆军统领吴长庆，进入军界，因其出色的才学和办事能力，崭露头角。光绪十一年(1885)张謇考取举人，光绪二十年(1894)考取一甲一名进士(状元)，授翰林院修

---

① 张謇《变法平议》，《张謇全集》第一卷，页50、66。
②③④ 张謇《代鄂督条陈立国自强疏》，《张謇全集》第一卷，页29—41。

撰。此时，张謇虽未授以实权，但从身份和地位来说，已一跃成为统治阶级的上层人物，与当时的权贵张之洞、刘坤一，以及后来的袁世凯有着密切的往来，奏章条陈可直达皇上。光绪三十年(1904)清政府赏他三品衔为商部头等顾问官。曾担任江苏两淮盐政总理、江苏省临时议会议长、中华民国南京临时政府实业部总长，民国二年(1913)曾任熊希龄内阁的农林、工商总长，全国水利局总裁，成为清末和民国初年颇具地位与声望的重要人物。由于其具有这样高的政治地位，对国家外交方面提出见解与主张，是在情理之中。

其次，张謇强烈的爱国主义思想，促使他不得不从维护国家和民族的利益出发而关注国家外交政策的走向，努力为政府出谋划策。张謇从小接受正统儒学的教育，熟读四书五经，培养了他真诚的爱国精神和强烈的忧患意识。每当中外交涉或战争失利，导致割地赔款，张謇总是痛心疾首。甲午战败，马关条约签订，台湾资敌，威海驻兵，张謇"惶悚痛愤，寝食难安"。光绪二十年(1894)，张謇以一普通士大夫的身份，对一贯主持和局，投降卖国权倾朝野的李鸿章大胆弹劾。要求朝廷撤换李鸿章，"另简重臣，以战定和"。他为了国家的利益，不畏权臣，挺身而出，其爱国之心，可见一斑。

光绪三十年(1904)，美国发生排斥华工浪潮，全国发起抵制美货运动。张謇积极投入，鼓励同胞坚持到底，迫使美国改变其虐待方针。[1] 不论花多大代价，也要为华工争取合法权利。张謇曾评论自己"生平万事居人后"，但从爱国这一点看，张謇从不甘落后，总是身体力行，事事争先。

再次，经济利益的驱动，是张謇关注外交的直接动因。张謇在"中国须兴实业，其责任须士大夫先之"的思想影响下，一生投身实业，以实现其实业救国之理想。他于光绪二十一年(1895)冬天起开始办厂活动，建厂初的资本是四十四万五千一百两，到民国十年

---

[1] 张謇《抵制禁约实行不用美货之演说词》，《张謇全集》第一卷，页91。

(1921)，张謇所经营的各企业总资本约三千四百万元。[1] 形成了一个以纱厂为中心的实力雄厚的经济实体——大生资本集团。他"梦想建立一个融轻、重工业于一体的民族近代经济体系"[2]。

在企业运行过程中，张謇发现企业的利润与生命同国内外大局息息相关。光绪二十六年(1900)，义和团运动爆发，国内政局动荡，洋纱进口减少，大生纱厂产销两旺，获得长足发展。光绪三十年(1904)，由于日俄战争爆发，大生纱厂因日纱在中国市场上减销而获利颇丰。第一次世界大战爆发，各帝国主义忙于战争，中国民族工商业获得一个较稳定的发展时期。有评论说："吾国纱厂事业，自欧战起后，获利甚厚，国人鉴于利之所在，均争相投资，设厂增锭，大有风起云涌之概。"[3] 这种评论虽有夸张之处，但大生纱厂在这期间纯利逐年大幅度增长，这是事实。

张謇十分清楚企业命脉与国家内外局势之关系，他也饱尝了政府外交失败给企业带来的灾难，如协定关税这一条"中国人民所受财政经济上之损失艰苦，实不能计数"[4]。由于直接的经济利益，张謇除了兴办实业和教育外，还投入较大精力关注和研究外交形势，凭自己的影响，知识才学和能力，身体力行地开展各个层次的外交活动。在潜心研究西洋诸国的政治、经济及民族风情基础上，提出一些外交主张，供当局参考，这符合国家利益，也符合民族资本家的切身利益。

原载于《杭州师范学院学报》1999 年第 1 期

原标题：《略论张謇的外交活动》

作者单位：未知

---

① 李新、孙思白主编《民国人物传》卷一，中华书局，1978 年，页 259。

② 杨东梁《略论张謇的政治追求》，《清史研究》1996 年第 2 卷。

③ 杜恂诚《民族资本主义与旧中国政府》，上海社会科学院出版社，1991 年，页 111。

④ 张謇《主张国际税法平等致巴黎和会电》，《张謇全集》第一卷，页 386。

张謇与汉冶萍公司

左世元

张謇(1853—1926)，字季直，号啬庵，江苏海门人，是近代中国著名的实业家、政治家和教育家。张謇一生中与汉冶萍有两次结缘的机会。1896年，因资金困难，张之洞被迫将汉阳铁厂交由盛宣怀官督商办。商办之初，铁厂面临资金短缺、燃料缺乏、人才奇缺等困难，启动工作千头万绪。盛宣怀的同乡、刚出任铁厂提调的张赞宸即向盛密保张謇等人，并称其"有体国经野之才，达变通权之用，于中外利弊、商务奥窍，事事洞澈"①，给予极高的评价。希望能延聘张謇，为铁厂效力，但没有结果。张謇后来在南通通州创办大生纱厂时，在资金上曾与盛宣怀有一定的交集。第二次是在辛亥革命期间，汉冶萍因公司总理盛宣怀遭革命的打击而遁逃日本，同时还面临鄂赣地方官绅的接管活动，处于群龙无首的混乱状态。值此危难时刻，盛宣怀及董事会极力推荐"名望卓绝""商界伟人"的张謇主持汉冶萍公司，并称"非公莫属"②。张謇旋即被选为总经理，可谓临危受命。由于只是"暂行勉任"（1912年4月19日至1913年4月4日）③，张謇"始终未到公司"④，因此在公司的经营和管理方面并未发挥实际

---

① 《附件：张赞宸密保名单》，1897年6月，陈旭麓等编《汉冶萍公司》（一），上海人民出版社，1984年，页339。

② 《盛宣怀等董事致张謇函》，1912年4月19日，陈旭麓等编《汉冶萍公司》（三），上海人民出版社，2004年，页250。

③ 《张謇致汉冶萍公司董事函》，1912年4月26日，《汉冶萍公司》（三），页254。

④ 《汉冶萍公司事业纪要》，湖北省档案馆编《汉冶萍公司档案史料选编》（上），中国社会科学出版社，1992年，页18。

作用。虽然如此，作为近代中国实业界的巨子，出于"实业救国"的理想和抱负，对中国近代最大的钢铁煤联营企业——汉冶萍公司，张謇一直关注并影响其发展。

一、反对损害汉冶萍主权的中日合办案

　　1911年10月10日，武昌起义爆发。至11月下旬，全国先后有14个省区宣布独立，清政府的统治土崩瓦解。12月25日，革命党领袖孙中山从欧洲回到上海，当务之急就是解决临时政府成立后的财政问题。"今后两个月内若得不到两千万元，则问题重大，决胜的关键是钱的问题。"[1] 在资金筹集方面，孙中山首先想到的人选便是张謇。这是因为：一方面，张謇在清末以状元身份办厂，在通州创办了以大生纱厂为核心的纺织集团，为江浙集团之巨擘；另一方面，张謇思想开明，在任江苏咨议局议长期间，力促清政府实行君主立宪，因此在政界和商界享有崇高的声誉。孙中山及革命党认为，要获得足够的财政来源，必须取得江浙上层绅商的支持，故一返国，即与张謇会面，邀请其出任将来临时政府的财政总长。对革命党而言，这无疑是一个正确的决策，却遭到了张謇的坚拒。这是因为，临时政府成立后，需用浩繁，而独立各省私自截留税款；同时，作为主权国家的主要财源海关收入为列强所控制，中央政府无法获得稳定的财政来源。张謇深知临时政府最大的困难在于财政，而这将是一个难以解决的问题，因此他坦率而又切实地陈述了自己对于新政府财政问题的意见："今欲设临时政府之目的，在能使各国承认共和，各国之能否承认，先视吾政府权力之巩固与否。政府权力，首在统一军队，次在支配财政；而军队之能否统一，尤视财力之强弱为断。"他逐项权衡收支，估计每年财政短缺八千万两之款。责之财政总长，则无术可以应付；大量息

---

　　① 段云章编著《孙中山与日本史事编年》，广东人民出版社，1996年，页237。

借外债,又缺乏必要的信用。① 不过,在孙中山等人的坚持下,张謇表示愿意短期担任临时政府的实业总长。② 为帮助政府以应急需,张謇以私人名义出具担保,向日本三井洋行借款30万元。

南京临时政府成立后,为解决财政危机,孙中山曾尝试发行一亿元的军需公债和确立金融体制,但均未成功。③ 临时政府拟将轮船招商局抵押给日本谋求借款,但遭到股东的反对而作罢。临时政府转而将汉冶萍抵押给日本,但遭到日方的拒绝,日本只同意中日合办。这是因为日本控制汉冶萍公司的野心由来已久。至辛亥革命前夕,日本已向汉冶萍投入1352.7万元的投资和借款,在1900年至1911年间以低于市场价从汉冶萍掠夺了97.1万吨铁矿砂以满足国内最大八幡制铁所的需求,占制铁所这一时期所使用铁矿砂的65%。④ 在日方的胁迫下,临时政府被迫同意中日合办,后遂有中日合办汉冶萍草约及正式合同的签订,其中规定:"公司股本为日金五千万元并由中日合资办理";"公司股本中日各半";"除公司现存由日本借入日金一千万元外,公司尚须续借日金五百万元,以上借款一千五百万元,应作为日人投入公司股本";"在本合同第三款借款内,由公司借政府五百万元应付现金若干,其余作为政府向三井购买军装之需"。《借款合同要点》说明:"中华民国若对外国出让中国矿山、铁路、电力等利权时,应在同等条件下优先让予三井。"⑤

合办的消息披露后,不仅立即遭到公司股东,还有湘、鄂两省官绅,甚至革命党内部的群起反对。湘、鄂官绅还致电实业总长张謇,请求阻止中日合办。张謇向临时政府提出:他不反对仿苏路办法,由

① 张謇研究中心、南通市图书馆编《张謇全集》第一卷,江苏古籍出版社,1994年,页234。
② 张謇研究中心、南通市图书馆编《张謇全集》第一卷,页240。
③ 俞辛焞《辛亥革命时期中日外交史》,天津人民出版社,2000年,页122—123。
④ 俞辛焞《辛亥革命时期中日外交史》,页123。
⑤ 陈锡祺主编《孙中山年谱长编》(上),中华书局,1991年,页639—641。

盛宣怀以汉冶萍向日本抵押借款，从而转借于政府，但反对中日合办，由公司转借五百万与政府。同时强调："凡他商业，皆可与外人合资，惟铁厂则不可；铁厂容或可与他国合资，惟日人则万不可。"他尖锐地指出："日人处心积虑以谋我，非一日矣，然断断不能得志。盖全国三岛，无一铁矿，为日本一大憾事，而我则煤铁之富，甲于五洲，鄙人常持一说，谓我国铁业发达之日，即日本人降伏于我国旗下之日，确有所见，非过论也。"日本数年来一直对中国的铁矿"百端设法，思攘而有之"，最终不能如愿，而临时政府因军需孔亟，却因为区区数百万借款，与日本合办汉冶萍，结果是"贻他日无穷之累"①。日本自1868年明治维新后，一直将中国作为其竞争对手和侵略目标。在发展资本主义过程中，铁矿资源的极度缺乏严重制约日本重工业和军工企业的快速发展。以1896年为例，日本铁矿石的产量为2.7万吨，生铁产量为2.6万吨，而生铁和钢材的消费量却分别达到6.5万吨和22.2万吨。② 为解决这一问题，控制汉冶萍公司成为日本的主要目标。张謇之所以反对与日本合办汉冶萍公司，其出发点是对国家的高度责任感。即使孙中山能理解张謇所示合办之"利害"，是"急不能择"，毫无疑问，孙中山通过合办所取得日本的数百万借款，对于财政竭蹶的临时政府而言可能是应了一时之急需，但仍是杯水车薪，无异于饮鸩止渴，从而使得汉冶萍落入日本之手。若从孙中山所说"于众多矿中，分一矿利与日人，未见大害；否则以一资本家如盛氏者专之，其为弊亦大"来看③，张謇对中日合办汉冶萍危害的认识无疑要比孙中山深刻得多。张謇"以汉冶萍事前不

---

① 张謇《张謇致孙中山、黄兴函》，1912年2月，《汉冶萍公司档案史料选编》（上），第332页。

② 郑润培《中国现代化历程——汉阳铁厂（1890—1908）》，台湾新亚研究所、文星图书有限公司，2002年，页190。

③ 孙中山《孙中山复张謇函》，1912年1—2月间，中国社会科学院近代史研究所编《孙中山全集》(2)，中华书局，1982年，页142—143。

能预闻，后不能补救"，自劾辞去实业部长之职。① 在张謇等人的坚决反对下，中日合办汉冶萍案最终流产，日本控制汉冶萍的图谋无法得逞。

二、反对损害汉冶萍利权的 1500 万日金的借款案

辛亥革命期间，汉冶萍公司受到战争的影响，不仅厂矿停工停产，而且损失即达 372 万两。② 为使铁厂尽快恢复生产，同时在大冶新设炼铁炉，"非筹借巨款不可"，1913 年 5 月 20 日，公司股东常会决议授权盛宣怀向日本正金银行及日本制铁所订立 1500 万日元的借款权限（900 万日元用于公司事业扩充，600 万日元用于债务清理）③；同时委任正金银行上海分行的高木陆郎（兼汉冶萍顾问）赴日接洽借款事宜。④ 公司的这一活动正投合了日本有效控制汉冶萍公司的图谋。日本内阁同意向公司提供 1500 万日元的借款，但必须以其"所有产业作为抵押"，并在 40 年内向日方提供给 1500 万吨头等铁矿石和 800 万吨生铁，同时聘任由日本政府推荐的最高顾问工程师和会计顾问日本人各一名，⑤ 妄图控制汉冶萍公司一切生产和经营活动。

1500 万日元大借款是 1911 年 5 月日制铁所、正金银行与盛宣怀密谋并已草签的"预支铁价续合同"1200 万日元借款的继续。该借

① 李明勋、尤世玮主编《张謇日记》，上海辞书出版社，2017 年，页 733。
② 《汉冶萍公司辛亥军兴损失总细数目册》，1914 年 6 月，《汉冶萍公司档案史料选编》（上），页 315。
③ 《公司董事会联名授权盛宣怀承办借款合同》，1913 年 7 月 18 日，武汉大学经济系编《旧中国汉冶萍公司与日本关系史料选辑》，上海人民出版社，1985 年，页 397—398。
④ 《公司董事会委任高木赴日接洽借款函》，1913 年 7 月 18 日，《旧中国汉冶萍公司与日本关系史料选辑》，页 399。
⑤ 《六百万元偿还短期欠债或善后借款合同》《别合同》，1913 年 12 月 2 日，《旧中国汉冶萍公司与日本关系史料选辑》，页 443—447。

款后虽因辛亥革命爆发而中辍，但日本和盛宣怀并没有放弃。① 显然，利用借款控制汉冶萍，日本可谓处心积虑。此际，曾于辛亥革命前后为袁世凯掌握政权出谋划策、奔走呼号的张謇已出任北京政府的农商总长(1913—1915)。以张謇为首的政府要人对日本提供借款的真正意图十分清楚，担心公司在所负日债甚重的不利条件下，继续举债会使其主权进一步丧失，独立经营和发展受到严重影响，故而均反对公司继续举借日债，主张引入欧美资本，以平衡日本的影响。国务总理熊希龄、农商总长张謇、总统府秘书兼署财政部总长梁士诒密令众议院议员兼农商部矿务局局长杨廷栋调查公司内情，并直接与盛宣怀交涉，意在阻止借款。② 由于张謇态度坚决并起关键作用，日方遂将其作为主要交涉对手。日正金银行驻北京董事小田切质问张謇：杨廷栋到沪调查公司是否为农商部所派，是否意在将汉冶萍收归"国有"。强调汉冶萍已借用正金银行巨额款项，现拟续借 900 万日元，若不是日本需要铁砂和生铁，断不肯提供如此巨款，且两者订有契约。张謇否认杨为农商部所派，同时表示即使汉冶萍"国有"，其向日本提供铁砂和生铁的契约仍然有效。问题是，杨氏的调查是在极度保密的情况下进行的，但其一切活动却早已为日本所侦悉。面对日方的突然质问，张謇显得十分被动，以至于怀疑有人"通风报信"③。随后，小田切警告张謇，杨的行为妨碍了借款的顺利实施，损害了日本的利益，可能引起重大交涉问题。④

　　尽管如此，张謇及农商部并没有屈服于日本的压力。1914 年 1

　　① 左世元《汉冶萍公司与政府关系研究》，中国社会科学出版社，2016 年，页 80—81。

　　② 《高木自上海致正金银行总经理井上函》，1913 年 11 月 11 日，《旧中国汉冶萍公司与日本关系史料选辑》，页 480。

　　③ 《张謇致杨廷栋函》，1913 年 11 月 30 日，《汉冶萍公司档案史料选编》(上)，页 304—305。

　　④ 《日正金银行驻北京董事小田切致上海分行电》，1913 年 12 月 2 日，《旧中国汉冶萍公司与日本关系史料选辑》，页 483—484。

月，农商部正式致电公司：借款合同无论是否预付铁砂或生铁价目，还是单纯借款，"必须先呈本部核准方准签字，否则无效"①。公司在复农商部的呈文中，坚持公司是商业公司，陈述公司资金困难及政府无力维持，说明向日本借款"不特为公司大利，并且为民国上下永远之大利"。另一方面则威胁：若政府以为不妥，却没有款项借与公司，公司届时"自当照约"，继续完成与日方的借款。② 对公司的"强辩"，张謇再次强调，用矿山抵借外债，"非得本部同意，其合同不生效力"。公司所借日债，无论是为赓续前议，还是另借新债，"自应遵照部令，呈候核准，再行签字"。反对借口用历来之办法蔑视公布之法令。显然，张謇反对的不仅是巨额借款本身，更重要的是，合同中涉及聘请日人为最高顾问工程师及会计顾问问题，因为这"与公司权限有重大之关系"③。

　　张謇及农商部的干预使得借款合同实施困难。日本驻华公使山座圆次郎遂直接向北京政府代理国务总理兼外交总长孙宝琦提出警告，宣称正金银行、汉冶萍公司及日本制铁所三方将从此次借款中"各享其利"，威胁不要为他人"僻见谬言所惑"，若随意破坏已签订之协议，会"酿国际镠辖"④。由于汉冶萍公司属于农商部管辖之范围，所以日本更看重张謇的态度。山座又警告张謇不要废弃已成之合同，若强制推行，必会酿成国际纠纷。张謇表示，北京政府之所以反对借款，主要是因为借款数额过巨、利率过高、期限过长、矿价过低和日本顾问的聘请。在日方的压力下，张謇表示愿意采取适当办法维持借

① 《北洋政府农商部致公司密电》，1914 年 1 月 10 日，《旧中国汉冶萍公司与日本关系史料选辑》，页 485。
② 《公司复北洋政府农商部文》，1914 年 1 月 23 日，《旧中国汉冶萍公司与日本关系史料选辑》，页 485—486。
③ 《北洋政府农商部对公司呈复批文》，1914 年 2 月 17 日，《旧中国汉冶萍公司与日本关系史料选辑》，页 487。
④ 《日驻中国公使山座致北洋政府代理国务总理外交总长孙宝琦警告书》，1914 年 2 月 21 日，《旧中国汉冶萍公司与日本关系史料选辑》，页 491。

款合同。不过，根据张謇本人的"作风"，山座并不相信其表态，希望使北京政府明白，如该合同遭废弃，"必引起由日本方面反对之麻烦"，因为日本"放弃借款已属不可能"①。为达到目标，日本甚至拟由山座直接向大总统袁世凯提出抗议。② 在日本的轮番压力下，北京政府被迫屈服，表示无意主张废弃合同，政府同意公司直接与正金银行协商借款。③ 事实上承认了1500万日元的借款合同。

值得注意的是，日本对汉冶萍的贷款不是银行对企业的普通商贷，而是附加严苛的经济或政治条件。在1903年日本向汉冶萍提供的第一笔贷款中，规定汉冶萍不能提前还款，只能以大冶铁矿石作抵。在以后的借款中，更是要求汉冶萍以厂矿产业作为抵押。产业抵押殆尽后，日本便开始处心积虑染指公司的经营与管理大权。由经济及政治，最后完全控制汉冶萍，是日本对其政策的基本路径。1500万日元大借款提出后，农商总长张謇极力反对，主要是基于保护汉冶萍利权的考量。但是，由于日本在汉冶萍势力介入甚深，同时袁世凯政府统治的基础并不稳固，在对日外交中表现得十分软弱，加之财政困窘，以至张謇等即使采取了强硬的措施，仍无法阻止日本阴谋的实施。

三、主张通过"官商合办"和"国有"以保护汉冶萍

汉冶萍公司虽然与日本签订了1500万日元的借款合同，但并非全部交给其使用，而是要扣除旧债转换新债的600万日元；另外900万日元也非一次性到账，而是分三年拨付，每年付款两次，其用途还

---

① 《日驻中国公使山座致外务大臣牧野第八十一号机密函》，1914年2月24日，《旧中国汉冶萍公司与日本关系史料选辑》，页492—495。
② 《日驻中国公使山座致外务大臣牧野第八十一号机密函》，1914年2月24日，《旧中国汉冶萍公司与日本关系史料选辑》，页495。
③ 《日驻中国公使山座致上海总领事有吉明第二十四号密电》，1914年3月4日，《旧中国汉冶萍公司与日本关系史料选辑》，页497—498。

要受到日方会计顾问的监督。此际,公司计划在大冶和汉厂添置化铁炉六座,加上营业资本,总计需要资金 1500 万元。可见,要完成如此巨大的扩建计划,日方的借款并未从根本上解决公司资金匮乏、急需的问题。在日方资金不能及时到位,且商力不济的情势下,公司解决问题的唯一办法是,请中央将已借公司之款作为商股,不足部分由中央续借补充。鉴于此,公司向北京政府提出"官商合办之局"①。官商合办的实质是将"仅系内债改为股本"②。

对于公司提出的官商合办,农商总长张謇认为,"制造之业,莫重于钢铁","平时以供社会之要需,战时以备国家之缓急"。问题是,新的矿业条例只规定食盐和煤油"国有",其他各矿允许民间开采;而钢铁业事关国家制造业和军事工业,需巨额投资,由民间开采会带来很多流弊。因此必须借助国家的力量,以免重蹈汉冶萍之覆辙。③ 鉴于此,张謇同财政部、外交部会商,拟订由国务院派税务处提调曾述棨偕同本部官员王治昌前往调查。④ 汉冶萍公司提出解决的三种办法:一、商家自办。政府须同意:公司所欠部款减息延期;公司在辛亥期间所受战争的损失以政府发行之 500 万元债票抵偿;一两铁捐内不再征收其他税捐;开采铁山官矿。二、收回国有。政府出资1000 万两购买华商股票,将公司收归国有。三、官商合办。公司所欠政府官款全部填为股票;政府还应追加现款 758 余万元,从而达到政府与商股均平。⑤

当时,北京政府内部对汉冶萍公司"国有"和"官商合办"的呼

---

① 《汉冶萍公司简明节略》,1914 年 1 月 10 日,《汉冶萍公司档案史料选编》(上),页 305。

② 《盛宣怀致水津函》,1914 年 2 月 26 日,《汉冶萍公司档案史料选编》(上),页 309。

③ 张孝若《南通张季直先生传记》,上海书店影印版,1990 年,页 197。

④ 《农商部批》,1914 年 4 月 27 日;《农商部致董事会电》,1914 年 2 月 26 日,《汉冶萍公司档案史料选编》(上),页 310。

⑤ 《曾述棨上袁世凯报告书》,1914 年 7 月 20 日,《汉冶萍公司档案史料选编》(上),页 317—318。

声甚高。若"国有",则"事权可一,不至更有歧路亡羊之虑,而需款多";若"官商合办",则"关切者多,不至更有掩耳盗钟之事,而需款少"①。据此,张謇提出以官商合办过渡,最终达到完全国有的目的。他分析了汉冶萍的困境:汉冶萍公司开办 20 余年,耗资 4000余万元。以前官办商办,多有损失。民国以来,抢攘愈多,损失愈巨,内则启省界之党争,外则招日本之觊觎。汉冶萍未经政府许可,擅自向日本借外债达 1500 万元之巨,以致谤讟烦兴,谣诼迭起。在张謇看来,就汉冶萍目前的窘况,除完全"国有"或"官商合办"外,别无他策。但上述方法均涉及政府财政问题。因为公司用款4000 余万元,其中股东 1000 余万元,官款公债数百万元,而外债竟达 2000 余万元。他认为,收归"国有"后,官款公债两项之息可以缓付,外债和商股由国家偿还,这样公司不仅可避免破产的危险,而且国家可从中获得无穷的利益。这是解决汉冶萍困境的上策。然而,最难应付的则是公司所欠之日债,因为"日本存深意于其间",因此要防止其竭力破坏。问题不仅如此,若国家接收后,不能借债扩大规模,汉冶萍估计很难摆脱日本的挟制;股东正欲乘机脱离与汉冶萍的关系,若分年摊还股本,恐不易为股东所接受。其结论是:"官商合办"是第一步,以此为过渡,最终达到完全国有的目标。

为此,张謇提出了对内对外的运作办法:对内官款公债一律改作官股,核数填给股票;因政府财政、交通和农商等部在公司均有出资,因此都是股东;公司所推举之董事和经理均须大总统核定;政府继续出资支持公司,既可作借款,亦可作续增之股。对外的关键是处理 3000 万日元的新旧日债。公司继续以生铁和铁矿石作抵,履行与日本签订的借款合同,日本便无权干涉。公司官商合办后,用人行政之权由董事决定,则官商互相监督,弊窦自可消除。待基础稍固,债务稍轻之后,国家则可陆续收买愿出售的商股,待官股超过三分之

---

　　① 张謇《拟具汉冶萍公司官商合办理由呈》,民国三年(1914)甲寅,张怡祖编《张季子九录·政闻录》卷九,页 12—13。

二，以公平之价收归"国有"。他强调，汉冶萍公司与国家有密切关系，现在险象已成，事危迫切，希望袁世凯"立施果断，迅予裁决，定百年之大计，息众啄之纷纭，似于国家实业前途，裨益非浅"①。

"二十一条"的提出，汉冶萍成为中日交涉的重大议题之一，完全暴露出日本图谋控制的野心。由于汉冶萍"关系之巨，事机之迫，动关国家前途"②，只有"先定对内之方针，乃足以坚付对外之后盾"，因此张謇再一次上书袁世凯，提出"官商合办"以抵制日本的侵略。究竟如何达到此目标，张謇在前述之方案基础上进一步指出：前农商部、交通部及各官款共计 580 万元，纯粹商股只有 900 余万元，若达到官商 4∶6 的比例，则商股只需增加 200 余万元。而盛宣怀在六合公司已有 130 余万元，可作商股补充。真正短缺的资本只有 100 万元左右。如此一来，官股应增 220 万元，分二、三年亦必能办。至于日人之债，按照与其签订之合同，以生铁铁砂按期偿还其债务，日本自然无强迫合办的理由。因此，欲拒日本的干涉，须先减少其债权；欲减少其债权，须先能按期交货；欲能按期交货，须能多出生铁与铁砂；欲能多出生铁和铁砂，须增加运营成本，而前提是官商合办。③

平心而论，由于张謇长期关注和研究汉冶萍，才提出由"官商合办"过渡，最终达到国有的完整方案。严格地说，该方案客观分析了汉冶萍所面临的困境，方法具体而详实，具有一定的合理性和可操作性；但理想色彩过浓，显得有些书生意气。正如其所分析的：当时汉冶萍的最大困境在于本身资金缺乏，生存和发展极其艰难，同时日本的觊觎和鄂赣地方官绅的接管更是使其处境雪上加霜，举步维艰。按

---

① 《拟具汉冶萍公司收归国有办法呈》，1914 年 8 月 5 日，《旧中国汉冶萍公司与日本关系史料选辑》，页 504—506。

② 《农商部呈大总统文》，1915 年 2 月 4 日，《汉冶萍公司档案史料选编》（上），页 320。

③ 《张謇呈大总统文》，1915 年 2 月 28 日，《汉冶萍公司档案史料选编》（上），页 320—321。

照张謇的构想，汉冶萍所处的环境如果是国家统一、政局稳定、财政相对宽裕，任何中央政府绝对不会坐视汉冶萍为日本所控制的结局。从长远来看，在商力不济的条件下，要摆脱日债的控制，无论是"官商合办"还是"国有"，都应该是汉冶萍较好的出路。因为中央政府的介入不仅可消弭地方官绅对汉冶萍所有权的侵夺，同时还可为其提供一定的发展资金，减少对日本的依赖。但问题是，辛亥革命前夕，清朝政府的财政已到山穷水尽的地步，每年财政赤字都在 2000 万—7000 万两之间。① 而承继的北京政府，财政更为糟糕，以 1913 年为例，中央财政岁入总额为 41266 万元，岁出为 49787 万元，亏空达 8500 万元之巨②，根本没有资金来支持汉冶萍。同时，该方案认为只要按照历年签订之合同，用铁矿石偿还日本的借款，就会得到日本的谅解，这显然低估了其对汉冶萍借款的目的和野心。1912—1913 年，汉冶萍公司曾先后向北京政府提出"国有"和"官商合办"，均因日本的阻挠而流产。所以，上述方案甫一提出，便遭到了日本的蛮横阻挠，因为以中国政府为对手，不如以汉冶萍公司为对手方便。③ 另外，作为民国大总统的袁世凯，正在紧锣密鼓地复辟帝制，做着皇帝的美梦，政治和外交上均需取得日本的支持，无暇顾及汉冶萍。所以，在当时背景下，张謇主张通过"官商合办"将汉冶萍收归国有，这一良好的愿望不可避免地成为泡影。

四、张謇保护汉冶萍公司的原因

张謇虽未直接参与汉冶萍公司的经营与管理，但一直设法保护其主权和利权，尽力维持其生产和经营发展的独立性，主要基于以下三点因素。

---

① 汪敬虞主编《中国近代经济史》（上），经济管理出版社，2007 年，页 319。
② 贾士毅《民国财政史》（下）附录，上海书店影印版，1990 年，页 22—37。
③ 《日政务局长阿部致正金银行副总经理井上准之助函》，1912 年 8 月 17 日，《旧中国汉冶萍公司与日本关系史料选辑》，页 388。

（一）保护实业的责任感

鸦片战争后，随着帝国主义侵略的深入和民族危机的加深，中国人民的反帝爱国斗争渗透到社会政治、经济、文化、生活的各个方面。甲午战后，民族危机达到空前的严重地步，发展实业，实业救国逐渐成为挽救民族危亡的一股思潮。张謇是"实业救国"的著名倡导者和践行者之一。1894 年，张謇高中状元，本来想走中国传统的由状元到宰相的道路，但受到甲午战败的刺激，他毅然弃官从商，走上"实业救国"之路。还在中日《马关条约》换文前，张謇获悉条约内容，悲愤地在日记中写道："合约十款，几罄中国之膏血，国体之得失无论矣。"① 甚至在三十年后，他在自订年谱上还抄录了《马关条约》的全部内容。张謇"自甲午丁忧出京，乙未马关订约即注意实业、教育二事"②。他曾与人言："实业以振兴棉业之纺织为内维持，扩充矿业之煤、铁为外览。"③ 张謇在 1925 年回顾一生的经历时说，自己年轻时以读书励行，获取科名，遵守父母之命为职志。三四十岁以后愤于中国之"不振"，四十岁后因中东事更愤于国人之"无常识"。在政府无所作为及作为不当的情势下，"反复推究，当自兴实业始"④。民初南京临时政府同意中日合办汉冶萍案后，他尖锐地指出：虽然盛宣怀不顾全局，无丝毫国家观念，但如果没有其十余年的经营，汉冶萍不可能有今日之规模。民国政府不能因为汉冶萍为盛所经营，而稍加摧抑，应当始终扶助。"謇忝任实业，于此事负完全责任，既有所知，不敢不告。"⑤ 在任汉冶萍公司总经理期间，公司刚经历辛亥革命之损失，极度缺乏资金恢复生产，张謇领衔致函北京政府交通部，要求

① 李明勋、尤世玮主编《张謇日记》，页 389。
② 李明勋、尤世玮主编《张謇日记》，页 720。
③ 李明勋、尤世玮主编《张謇日记》，页 711。
④ 张謇研究中心、南通市图书馆编《张謇全集》第三卷，页 114—115。
⑤ 《张謇致孙中山、黄兴函》，1912 年 2 月，《汉冶萍公司档案史料选编》（上），页 332。

政府承认所拨之 500 万元公债票可向日本正金银行抵押借款。① 随后，张謇又单独致函袁世凯，请其向国务院及交通部协调：由国务院致电公司，明确所拨汉冶萍公司 500 万元公债票，虽系南京政府发行之债票，"实与中央政府无异"，可作抵押；同时由交通部致电上海正金银行，同意汉冶萍公司与川粤汉铁路所定合同之轨价，由正金银行之上海支店代收。② 在张謇的努力下，北洋政府同意了上述要求。③ 此间，也是汉冶萍内外交迫、处境最为艰难的时期，张謇不顾自身衰老和"通海"实业事务的繁重④，还是毅然接受了公司总经理之重任，为稳定其内外局势作出了重要贡献。1913 年，张謇出任北京政府以熊希龄为首的所谓"第一流人才"内阁的农林、工商总长兼全国水利局总裁，希望通过这个政权来改良政治，发展资本主义，任内制定了一系列有利于农林、工商和矿业等实业发展的法律法规。期间，张謇不仅多次承诺"允力维持"，而且还竭尽全力提供帮助⑤，充分说明张謇是从保护实业的自觉维持汉冶萍的。

（二）棉铁主义的影响

张謇之所以在汉冶萍处于危机和困难时期，多次提出维持和扶助其发展，无疑受到其一生坚持的棉铁主义的影响。在张謇看来，实业的发展重点在于棉铁。辛亥革命后，无论是中华民国临时政府，还是袁世凯北洋政府，都相继颁布了一系列有利于实业发展的法律和条

---

① 《张謇、李维格、叶景葵致交通部函》，1912 年 11 月 29 日，《汉冶萍公司档案史料选编》（上），页 301。
② 《张謇致北洋政府大总统函》，1912 年 12 月 5 日，《汉冶萍公司档案史料选编》（上），页 302。
③ 《北洋政府国务院致张謇电》，1912 年 12 月 10 日，《汉冶萍公司档案史料选编》（上），页 303。
④ 《张謇致李维格、叶景葵函》，1913 年 4 月 14 日，《汉冶萍公司》（三），页 466。
⑤ 《叶景葵致盛宣怀函》，1913 年 12 月 17 日，《汉冶萍公司档案史料选编》（上），页 305。

例，鼓励实业的发展。1913 年 10 月，张謇出任北洋政府的工商、农林两总长，在其上任的施政纲领《宣布就部任时之政策》中，进一步将棉铁主张上升为棉铁政策，"謇于南阳劝业会时，即发表中国现时实业须用棉铁政策之说，复著奖励棉业之议，上之政府；彼时政府不之省也。今謇无以易此"①。在上述《实业政见宣言书》中，张謇明确提出："謇对实业抱持一种主义，谓为棉铁主义"，"铁需用极大，而吾国铁产极富，以至富之矿产，应至大之需要，岁可得数千万"，"若开放铁矿、扩张铁厂是"②。后来还多次呼吁："鄙人投身实业，持棉铁主义，二十余年于兹矣"③，"殖产兴业，棉铁最为重要"④。在张謇看来，棉铁业不仅关乎国计民生，更关乎国家安全。"钢铁工业为各种工艺之母，而关系国防尤为重要。"⑤ 鉴于钢铁工业的重要性，张謇主张应有军用与民用之区分，而其地理位置的选择和功能也是不同的。对于军用炼钢，须选择地势稍偏，战时可期安全之处；对于民用炼钢，则务求运输便捷，期有盈利。⑥ 由于钢铁工业需巨额投资，一般资本家难以承担，故张謇提出应由国家直接经营。在国家无从向钢铁工业投入大量资金的条件下，张謇主张政府应对铁矿等采掘业持"开放主义"，吸引外资参与，但要注意"条约正当，权限分明"，以免丧失主权。⑦ 张謇虽未参与汉冶萍公司的实质性工作，但对其发展十分关注。1910 年 11 月 29 日，张謇参观汉阳铁厂，看到其规模之宏大，设备和技术之先进，不禁发出由衷的赞叹：铁厂"比十年前扩

① 《向部员宣布农林工商政策的通告》，1913 年 10 月 24 日，沈家五编《张謇农商总长任期经济资料选编》，南京大学出版社，1987 年，页 9。
② 《在国务会议上发表实业政见宣言书》，1913 年 11 月 8 日，《张謇农商总长任期经济资料选编》，页 14。
③ 张謇研究中心、南通市图书馆编《张謇全集》第三卷，页 794。
④ 张謇研究中心、南通市图书馆编《张謇全集》第三卷，页 165。
⑤ 张謇研究中心、南通市图书馆编《张謇全集》第二卷，页 166。
⑥ 张孝若《南通张季直先生传记》，页 197。
⑦ 张孝若《宣布就部任时之政策》，民国二年(1913)，《张季子九录·政闻录》卷七，页 4。

张多矣，炼钢用马丁法，为美人所欢迎，铁炉亦增多，每日出铁数五十吨，运重用电力机，一切新法。尚役长工近二千，小工三千，欧工七八"①。1913 年，张謇在汉冶萍就职时说："謇尝研究海关贸易册，知棉铁两业，可以操经济界之全权。""铁业为吾华一线生机，今日为世界各国所注目者，仅此一厂（汉阳铁厂）。"他高度赞扬盛宣怀、李维格等人对铁厂的艰辛付出："办事人积十余年辛苦，苟不至矢尽援绝，决不肯半途而废。""若竟轻易放弃，以致溃决，可惜孰甚！"②

（三）对日本的高度警惕

日本明治维新后，通过"殖产兴业"，大力发展资本主义，在短短十数年的时间里由一个封闭落后的封建国家迅速发展成为一个东亚头等强国。和其他近代中国的先进知识分子一样，日本成功的经验亦成为张謇学习的榜样。1903 年 4 月 27 日，张謇应邀参观日本第五次国内劝业博览会，除博览会是重点外，他还认真考察了各地的教育与实业。回国后，张謇便一针见血地指出近代中日强弱的原因："日之所以强，变法从工入；中之所以弱，变法从兵入。本末易位，缓急失宜；始谋不臧，终效乃判。"③ 另一方面，张謇表现更多的是对日本的高度警惕。这是因为明治维新后的日本对中国采取咄咄逼人的侵略攻势。早在张謇随吴长庆出使朝鲜时，就指出：对朝鲜觊觎的国家，无过于俄、日两国，"日本力不逮俄，而较俄为近。既攘中国之流球为己有；得陇望蜀，益思图我朝鲜。其君臣上下，处心积虑，亦非一年"④。1904—1905 年，日、俄两国为争夺中国东北发动帝国主义战争，后在美国的调停下签订了《朴茨茅斯条约》，俄国将其在东北南部的权益全部转让给日本，张謇曾就此致尚书铁良函说："今者日俄之

① 张謇《张謇日记》，页 711。
② 张謇研究中心、南通市图书馆编《张謇全集》第三卷，页 793—794。
③ 张謇研究中心、南通市图书馆编《张謇全集》第一卷，页 113—114。
④ 张謇研究中心、南通市图书馆编《张謇全集》第一卷，页 22。

和虽成，中国之患益逼。"① 1909 年，张謇在《请速开国会建设责任内阁以图补救意见书》中说："昌言瓜分中国之说，二年前曾一见于德国报。日人之图统监中国，则于大隈重信饯别伊藤博文统监朝鲜时昌言之。"②

对于汉冶萍公司，由于日人"存心不良，盘算已久"，所以张謇"深恐影响国权"，民初时竭力反对中日合办，并因此辞去临时政府实业部长之职。③ 北京政府时期，鉴于汉冶萍公司在国内为唯一大工业，"先前因为办理人的计划没有精核的预算，技术上失败的地方也很多，加之借债的数目一天多一天，债主侵夺的野心和方法，也一天比一天来得凶横"，所以张謇掌农商部时，"竭力地计划维持那行将破产的局势，保障他的主权，进而谋经济上的独立经营，技术上的积极改良，原料成本上的尽量减轻，使虎视眈眈的债主，无计可售"；同时"国内的钢铁业可以发展，坚稳他的壁垒，鲜明他的气象"④。由于汉冶萍已深陷日债的泥沼，且北京政府又无力将其"国有"，最终难以摆脱沦为日本原料供应基地的命运。

原载于《中国国家博物馆馆刊》2019 年第 6 期
原标题：《张謇与汉冶萍公司——兼论张謇的日本认识》
作者单位：湖北理工学院马克思主义学院

---

① 张謇研究中心、南通市图书馆编《张謇全集》第一卷，页 103。
② 张謇研究中心、南通市图书馆编《张謇全集》第一卷，页 134。
③ 张孝若《南通张季直先生传记》，页 174。
④ 张孝若《南通张季直先生传记》，页 272—273。

张謇与虚而满 1920 年一次交往史事管窥

庄安正

1920 年 3 月 29 日,《通海新报》在"本县政闻"栏目登载了一则题为《荷兰舰队来通参观之消息》的新闻,披露了有关张謇与荷兰外交官员虚而满(J. A. Scbourman)交往的消息。众所周知,张謇是近代著名的实业家、教育家,国内"模范城"南通的设计师与实际决策人,而虚而满则时任荷兰王国驻上海领事馆总领事。《通海新报》虽只是民国初期南通县创办的一份地方性报纸,但由于至今保存完好,尤其是载有大量有关张謇的珍贵资料,日益受到学者重视。笔者近年因研究需要,在对该报检读爬梳中首先发现了这则新闻,感到对研究张謇的民间外交活动与主张颇具价值,且至今尚未见有学者提及,兹将新闻内容全文抄录如下:

> 中荷邦交向极辑睦。我南通因保坍工程,历聘荷兰工程师来通测勘规画建筑,如已故特来克君父子之热心赞助,其尤著者。职是之故,荷兰官绅之来游者频繁而情谊亦愈亲密。南通二字,早印入荷兰人士之脑海中。近日荷兰驻沪总领事虚而满君致函保坍会副会长陈绅葆初,大致谓有敝国巡洋舰两艘来沪,约在此逗留十日,拟驶至南京晋谒督军、省长,路经南通。狼山之风景及地方发达之气象,海军人员极愿瞻仰,拟由宁回沪时在贵地港口驻泊一日,以资游览。仆因曾来过数次,当亲自为之引导该舰队游通。之后军官中或者有人审察形势,能推荐一相当人才为特来克君之继任亦未可知。舰队之来,当在四月九日。如果此行成功,亦中荷亲善之一证。等语。陈绅得书即转啬老核阅,现已复函。大致谓此举实挟无上之光荣与敦睦以俱来,地方士绅一致同

意。顾届时谨敬欢迎，借表地主之微忱，增进两国之友谊。但官厅方面，例有正式通知之手续，应请贵公署函知交涉公署，转呈督军饬知敝邑文武官吏。云云。此可见荷兰官吏举动之文明，以视日本"宇治"军舰之擅自闯入我通者，其军队之教育与个人之人格，均有天渊之别也。[1]

联系南通的实际情况，可以知晓：第一，双方这一次交往源于荷兰巡洋舰官兵来南通访问的特殊请求。虚而满向南通方面通报：有两艘荷兰巡洋舰因"狼山之风景及地方发达之气象，海军人员极愿瞻仰。拟由宁回沪时在贵地港口驻泊一日，以资游览"。虚而满表示他本人"因曾来过数次，当亲自为之引导该舰队游通"。南通20世纪20年代之际以"模范城"腾誉国内外，慕名来南通参观、游览的中外人士形形色色，络绎不绝，外国人士中就包含商人、学者、官员、工程师、传教士与记者等各种身份。但虚而满所言涉及两艘荷兰巡洋舰，参观、游览变成了西方国家一支舰队官兵的集体来访，这一类情况比较特殊，亦比较少见。第二，双方交往是通过民间外交活动的方式进行的。荷兰舰队官兵欲来参观、游览，荷方通报对象是南通水利团体保坍会的负责人陈葆初而非南通县行政官员——县知事，虚而满显然未按一般规矩"出牌"，但又符合南通那一段历史时期的特殊情况。张謇并未在县政府内任职，却是南通许多事务的实际决策人，由民国政府委任的历届县知事均多少担当虚名。虚而满数次到过南通，极可能与陪同参观的陈葆初建立了友谊，熟谙南通这一内情，以及他与张謇关系非同一般，故致函陈葆初是想走捷径将计划直通南通决策人，以较快收获预期的结果。不出所料，"陈绅得书即转啬老核阅"。"啬老"即张謇。据文意分析，"复函"之举不仅得到了张謇的首肯，其内容还是在他授意下草拟的。新闻未透露南通复函由几人署名，但如理解为张謇、陈葆初两人合署，甚至张謇单独署名亦未尝不可。荷兰领事官员致函南通非官方人士，南通同样按此方式回应，事情染上

---

[1] 《荷兰舰队来通参观之消息》，《通海新报》1920年3月29日。

了民间外交的色彩。第三，双方交往结果是南通方面表态热烈欢迎。
两艘巡洋舰属于荷兰海军管辖，是国家武装力量的一种象征，其访问
对于南通而言，无论立足哪个角度，都是一件须慎重考虑才能答复的
大事。南通如欲拒绝其来访，随便找一个理由（因荷兰巡洋舰拟由宁
回沪时停留南通，受时间约束，南通方面可称因未开埠，须请示民国
政府，未便自行决定，在答复时间上稍加拖延），即可轻易搪塞过去。
《通海新报》未载明虚而满来函的具体日期，但可知为3月内"近日"。
以张謇为代表的南通地方士绅在短时间内就表态："一致同意。顾届
时谨敬欢迎，借表地主之微忱，增进两国之友谊。"给予了虚而满热
情回应。第四，双方交往前因日本军舰闯入南通，刚发生过一次中日
外交事件。新闻披露的前此"日本'宇治'军舰之擅自闯入我通者"
一事，发生在3月6日。这艘名为"宇治号"的日本军舰，在事先未
经过民国政府批准也没有征得南通方面允许的情况下闯入南通天生港
码头，少佐麻田作三等数名日本官兵擅自登岸"分向县城及近港乡间
任意狩猎，并入博物苑等处游览"。① 荷枪实弹的日本官兵到处乱窜，
引起南通居民惊惶。张謇一面派人前往交涉制止，又致函日本外务省
大臣，对日本无视中国主权的行为表示了强烈抗议。按天数计算，这
一外交事件，距离《通海新报》登载荷兰舰队请求来通参观，南通表示
热忱欢迎的新闻仅有23天！

　　现在的问题是，综合以上四点（尤其是第一与第四点），再来透视
"中荷邦交向极辑睦""荷兰官绅之来游者频繁而情谊亦愈亲密"一类
文字背后，发现南通在如何应对虚而满的请求时存在事实上的颇费踌
躇之处。两艘荷兰巡洋舰按原计划主要应是对上海、南京两个城市进
行访问，并"拟驶至南京晋谒督军、省长"。虚而满提出的对南通参
观、游览的请求，事先并没有向民国政府申请办理有关手续，而是启
动这一计划时临时增加的一项内容。可能他以为，既然荷兰巡洋舰对

　　① 张謇《为日舰员擅自登陆游猎致日本政府函》，张謇研究中心、南通市图书馆
编《张謇全集》第四卷，江苏古籍出版社，1994年，页471。

上海、南京的访问已经民国政府批准并顺利进行，这一请求不过是在
访问结束沿长江航道返回时的顺道之举，民国政府批准没有问题，关
键在于得到南通方面同意。作为一个西方国家的领事官员，虚而满虽
几次到过南通，显然对这座城市缺乏深入了解。首先，虚而满疏忽了
他的请求，即外国军舰与外国官兵来访触及了南通居民内心一个极为
敏感的问题。中国自1840年鸦片战争以来，每一次国家遭殃，民族
受难，几乎都与西方国家的"坚船利炮"有关。20世纪20年代距离
那段历史并不遥远，南通居民不会忘记，1842年鸦片战争第三阶段
中，英国军舰就是通过长江航道南通段驶往镇江与南京的，军舰航行
经过时，侵略者的炮口曾对准了南通准备轰击，南通全城因此戒严，
只是因为他们急于兵临南京城下，南通居民侥幸躲过了屠城一
劫。① 甲午战争后期的1895年春天，南通再次进入全面紧急状态，
沿海、沿江到处组织"民团""民军"，为的是防御日本军舰随时可能
发动的侵犯。在近代南通居民的心目中，外国军舰与外国官兵，从来
意味着侵略与战争，与一般来游览的外国游客不一样。其次，虚而满
也不明白南通与上海、南京等城市的区别，不在于城市规模的大小与
近代化程度的高低，而在于她是近代中国唯一一座完全由中国人设计
并依靠自己的力量建设起来的近代化城市，"模范城"是南通居民引
以为豪的名片，"自强不息"是他们追求的精神。② 20年代的南通居
民，充满爱国激情，他们崇尚自立，极富自尊，以南通在救国强国事
业中领跑为奋斗目标与价值取向。"我自当行，不因人为冷热，亦不
视人为转移"③，故敢于嘲讽民国政要媚外丑行，也不习惯东张西望
随人脚跟。固然，这座城市秉承"有朋自远方来，不亦乐乎"的古
训，欢迎四方来客，乐交天下宾朋，但不会容忍外来势力对国家主
权、民族尊严与南通荣誉的冒犯。再次，上文已述，荷兰这一支海军

---

① 羽离子《中英扬子江战役中未详战史的查实》，《南通师范学院学报（哲学社会
科学版）》2001年第3期，页92—94。

② 庄安正《张謇先生年谱（晚清篇）》，吉林人民出版社，2002年，页1。

③ 张謇《为日舰员擅自登陆游猎致日本政府函》，《张謇全集》第四卷，页472。

舰队请求来访之际，恰逢此前一艘"宇治号"日本军舰官兵擅自登陆
引起南通外交抗议之时，这是一个极为敏感的时刻。虽然二者一前一
后只是时间上的巧合，虚而满的请求与此完全不搭界，或许他也不清
楚南通不久前发生的这一外交事件及由此引起张謇向日本政府的抗
议，但是，谁叫他正好撞到了冒烟的枪口上呢？南通城市居民由此引
起的痛苦回忆与愤怒情绪，将虚而满与张謇双方客观上都置于一种尴
尬的氛围中。

　　张謇创办南通实业，"其艰辛过程可谓筚路蓝缕"。① 每当遭遇内
外重大问题时，张謇往往会邀请当地行政官员与士绅代表到其居所濠
南别业研究应对之策。鉴于上述三点，张謇他们在研究应对之策过程
中，不可能不假思索地一致同意虚而满的特殊请求，成员间发生过争
论，抉择会面临困难。但是，对于研究张謇与虚而满间的这一起民间
外交活动而言，知道发生过争论也就足够了，比争论情节更为重要的
是了解他们如此决策的原委，而这一点是应该而且可以搞清楚的。

　　以张謇为代表的南通士绅如此决策，一方面与近代中日、中荷关
系，以及张謇对日、荷两国政府对华政策的评价有关。日本、荷兰两
国与中国在空间距离上一近一远，在空间方向上一东一西，按照政治
地理划分的标准却同属西方国家行列。近代以来，"亚东最密切之国
家，非中与日乎"？② 然而亦因一衣带水等多种缘故，日本政府对中
国犯下了很多"恶行"。张謇在1882年参与"庆军"平定朝鲜"壬午
兵变"后，就撰写了《朝鲜善后六策》与《壬午东征事略》，成为国内最
早揭露日本对朝鲜与中国侵略野心的有识之士。嗣后无论是清末十余
年间的甲午战争、八国联军侵华战争与日俄战争，还是中华民国以后
的"山东之事，福建之事"，多为日本发动或参与，亦多为张謇亲历
或亲闻。诚如张謇在致日本外务省大臣函中指出的："（日本）之挑动

---

① 张荣生《张謇实业生涯的考察》，《南通大学学报（社会科学版）》2007年第5
期，页110。

② 张謇《欢迎日本青年会来通参观演说》，《张謇全集》第一卷，页599。

双方恶感者，无不发生于军队。……举世彰彰，无可讳饰。"① 更有
甚者，日本政府还在经济上大肆挤压中国民族工商业发展的空间，张
謇在1914年6月提醒袁世凯："日本与印度有十年内在中国地方增设
纺机一百五十万锭之约，其在日本本国，上冬今春已增锭三十万，在
我上海已增锭十万。悍战可畏！……十年以后，我国棉业岂复有申展
之余地？"② 南通大生企业的生存与发展受到很大威胁。凡此种种，
使张謇对日本政府的对华政策一直持尖锐批评的态度："暴冒之后，
趾高气扬，侵略之策，巧取豪夺，方日出而不穷。"③ 日本军舰擅自闯
入南通的侵略行径，更加深了张謇这方面的印象。与"暴冒"的日本
不同的是，远在西北欧的荷兰尽管列入1900年强迫晚清政府签订《议
和大纲》的十一个西方国家行列，但没有直接参与那场八国联军侵华
战争，在此前后也没有发动或参与过其他规模较大的对华侵略战争。
在中国与西方国家自1840—1949年的110年间签订的"具有代表性
的、最重要和比较重要的二百个（不平等）条约"中④，即使将上述
《议和大纲》计算在内，荷兰政府列入签约国一方的条约只有十七八项
（日本则有五十多项）⑤，且都以追随国的身份签约。作为一个老牌但
趋衰落的西方国家，加之与中国距离遥远，荷兰已不具备在经济上大
肆挤压中国民族工商业发展空间的实力。荷兰军舰欲来参观、游览，
又致函请求在前，表现出一定的外交礼仪，使张謇不禁产生荷兰与日
本"其军队之教育与个人之人格，均有天渊之别"的印象。故比较而
言，荷兰是近代对中国犯下"恶行"较少的西方国家中的一个，也是
张謇表现出恶感较少的西方国家中的一个。

　　另一方面，如此决策还与一个名叫亨利克·特来克的荷兰水利工
程师在南通因公殉职，以及张謇和南通居民对此充满感激之情有关。

---

　　①③　张謇《为日舰员擅自登陆游猎致日本政府函》，《张謇全集》第四卷，页472。

　　②　张謇《致袁世凯函》，《张謇全集》第二卷，页185。

　　④　梁为辑、郑则民《中国近代不平等条约选编与介绍》，中国广播电视出版社，
1993年，页13。

　　⑤　梁为辑、郑则民《中国近代不平等条约选编与介绍》，页2—10。

据保守估计，自 19 世纪 90 年代至 20 世纪 20 年代，南通因创办实业、教育的需要"借才异域"，从英、美、法、德、日、荷等西方国家引进各式技术人员不下 47 人。① 其中任职期内在南通去世的有 2人，除亨利克·特来克外，另一人恰是受聘到通州师范学校的日籍教师木造高俊。木造高俊来南通后不久就于 1903 年 6 月自杀身亡，死因与"日俄战争一触即发，忧虑深重乃至精神错乱"有关，南通并无过错并妥善料理了后事，中、日两国也没有引起外交纠葛。② 事实上，日俄战争是日俄两国为争夺中国东北并在东北土地上进行的一场非正义战争，两国政府都是侵略方，真正的被侵略方是中国。故以张謇为代表的南通士绅对木造高俊的自杀除表示惋惜外，对其畸形的"爱国"狂热恐怕谈不上什么好感。而亨利克·特来克的情况迥然不同。荷兰自中世纪以来，就因与水争地在围海造田、修筑堤坝与抵御洪水等方面积累了丰富经验，一直在世界上享有盛誉。张謇无论在担任民国政府农商总长与全国水利局总裁，还是江苏运河工程局督办期间，都聘请过例如约翰斯·特来克、方维因与贝龙猛等荷兰水利工程师帮助中国治水，并与之建立了良好的合作关系。亨利克·特来克是约翰斯·特来克之子，他继承父业，于 1916 年 4 月起受聘南通担任保坍会水利工程师。面临南通临江濒海繁重而复杂的治水任务，亨利克·特来克运用本国先进的水利技术，在三年内主持完成或规划设计了包括长江南通段 12 条丁坝，以及黄海遥望港九孔大闸在内的一系列水利工程。"早作而夜思，无寒暑间"，"平时做事很勤苦耐劳，有西人办事之勇，负责之专，无西人自奉奢逸之习气"。③ 1919 年 8 月因在遥望港水利工地上突染恶疾，不及施救去世，年仅 29 岁。亨利克·特来克去世后，张謇曾致函虚而满，肯定其做出的杰出贡献，

　　① 庄安正《论张謇的外聘人才观》，《贵州师范大学学报（社会科学版）》2000 年第1 期，页 37。
　　② 朱嘉耀《南通师范学校史（第 1 卷）》，南通师范学校校刊编辑部，2006 年，页 8。
　　③ 陈卫东《特来克在南通》，河海大学出版社，1993 年，页 1。

"愿为营葬于狼山之麓，以志不忘"，并请物色一位继任者。① 嗣后具
文上呈民国总统徐世昌："拟请特赐褒词，以为外国工师能勤于事者
劝。"② 在邀请特来克母亲来南通做客的信函中，张謇更抒发了由衷
的感激之情："您可以亲眼看到中国人民是如何崇敬特来克先生和他
的儿子共同完成的伟大建筑工程。您拥有如此令我敬慕的丈夫和儿
子，请允许我借此机会向您致以我个人的崇高敬意!"③ 在南通任职
的 47 个外聘人才中，受到张謇如此激情评价的，亨利克·特来克是
唯一的一个。重要的是，张謇以及南通居民与一个荷兰水利工程师之
间建立的感情，又由虚而满代表荷兰政府给予重视，并表态愿借助荷
兰舰队访通加以延续，"之后军官中或者有人审察形势，能推荐一相
当人才为特来克君之继任亦未可知"。正是这种两国人民之间的美好
感情与虚而满的表态，帮助以张謇为代表的南通士绅拉近了与荷兰政
府间的距离，在作出邀请荷兰巡洋舰官兵访问南通的决策中发挥了关
键作用。

　　但是，以张謇为代表的南通士绅谨表欢迎之际不忘提醒虚而满，
"但官厅方面，例有正式通知之手续。应请贵公署函知交涉公署，转
呈督军饬知敝邑文武官吏"。这里面包含了两层意思，首先，虚而满
的请求事关两艘荷兰巡洋舰官兵，荷方应先向民国政府办理有关手续
呈请批准，这关乎国家主权与民族尊严，然后才是征求南通方面同
意。南通属于中国，只是民国政府管辖下的一座城市。其次，在那一
段特定的历史时期，张謇的表态固然可视为南通方面的态度，但张謇
自居民间地位，无意在外交上越俎代庖，他要求虚而满在向民国政府
办理有关手续获得批准后，还应按规矩"饬知敝邑文武官吏"，即尊
重南通县地方政府。这一手续同样不可缺少，也是维护国家主权与民

<hr>

　　① 张謇《致荷总领事请介绍工程师函》，《张謇全集》第四卷，页 420—421。
　　② 张謇《为已故荷国工程师请赐褒词呈》，《张謇全集》第四卷，页 439。
　　③ 张謇《致特来克夫人》，《张謇全集补遗校勘活页选(6)》，南通张謇研究中心，
2007 年，页 41。

族尊严，乃至南通荣誉的一种体现。分析至此，凸显在人们面前的张
謇，应该是一位"追踪时代，顺应潮流"①，既富于爱国热情，又注
意对西方国家区别对待；既重视民间交往中的情感积累，又把握好个
人角色分寸，注重维护国家外交原则的老练、成熟的民间外交活动家
的形象，令人油然而生敬意！

多年来，学者在评述近代实业家、教育家张謇展现出的"没有外
交头衔的外交活动家"风采时②，往往注重列举他影响民国政府应对
巴黎和会、华盛顿会议等国际会议的外交政策与外交走向，或参与中
日菲远东运动会举办，以及芮恩施为首的美国议员访华代表团接待等
方面事例。这极可能是因为这一类民间外交活动得以在国内外交舞台
上进行，活动空间与影响比较大，而上述双方 1920 年 3 月间的交往
主要在南通地面上进行，属另一类地方性的民间外交活动，活动空间
与影响似乎比较小，因而学者鲜有将目光聚焦于张謇地方性民间外交
活动研究的。加之《通海新报》发行面不广，现在仅为南通图书馆收
藏，对于这一次交往更无人加以剖析了。但一个国家的外交无小事，
民间外交活动也是如此。上述两类民间外交活动无论"大""小"，都
关乎中国的国家主权与民族尊严，在重要性上没有实质上的区别。客
观地评价，张謇民间外交活动家的形象，主要还是与另一类民间外交
活动联系在一起的。这一次交往，印证了以张謇为代表的南通士绅与
荷兰驻沪领事官员间发生的一起地方性民间外交活动，一定程度上弥
补了以往研究中在这方面资料上的缺憾，尤其反映出在连续面临日本
军舰擅自闯入与荷兰舰队请求访问的复杂情况下，张謇应对中的权衡
与思考。它以小见大，为我们了解与研究张謇的民间外交活动与主张
提供了一个难得的新视角与新例证。尽管两艘荷兰巡洋舰抵达上海后
不知因何故调整了访问计划，只在上海逗留，未再进入长江航道驶往

---

①　谢俊美《张謇与晚清社会变迁》，《南通大学学报（社会科学版）》2007 年第 1
期，页 10。

②　王光银《略论张謇的外交活动》，《杭州师范学院学报（社会科学版）》1999 年第
1 期，页 40。

南京①，故返回时顺道参观、游览南通之事最终并未发生，但双方事实上已有信函往来，张謇的民间外交活动与主张已经凸显，已无碍于我们对此史事的评价了。

原载于《民国档案》2009 年第 4 期

原标题为《张謇与虚而满 1920 年一次交往史事管窥

——以南通〈通海新报〉报载资料为主要线索》

作者单位：南通大学文学院

---

① 《荷兰轮船延期来申》，《申报》1920 年 3 月 27 日。

向国际社会展现中国

张謇与 20 世纪初南通城市形象营销

蒋国宏

旅美华人学者邵勤在《培育现代化：南通模式，1890—1930》(*Culturing Modernity：The Nantong Model*，*1890—1930*，Stanford Press，2003)中写道："张謇是位熟练的善于表演的人。他对商业文化和展览模式的操纵极其奏效。中外观察者所欣赏的南通模式既是事实又是通过密集的宣传和公关运动营造起来的一个图像。对这些观察者来说，这样的一全套就是实质。"① 那么，张謇是表演作秀还是公关营销，抑或两者兼而有之？本文运用城市形象营销学相关原理，以南通市档案馆所编《西方人眼中的民国南通》中外国人的记述为中心，对张謇与 20 世纪初南通城市形象营销问题予以探讨。

一、全方位进行内涵建设，塑造城市良好形象

城市形象是人们对某一城市的信念、观念和印象的总和。城市发展离不开良好形象的营销，但营销既不是无中生有，也不是夸大拔高。只有苦练内功，避免名不副实和言过其实，才能使知名度和美誉度并驾齐驱，使良好形象在公众中真正树立和扎根。张謇采取多种方法，整合包括政府、营利机构和非营利机构等多种力量，有效开发和丰富南通城市形象资源，塑造了开放、进取、文明、发达、时尚的南通城市形象，使南通近代化的成就闻名遐迩，成为蜚声中外的"模范县"，为南通城市形象营销奠定了坚实的基础。

---

① 羽离子《国外和台港地区的张謇研究》，王敦琴编《张謇研究百年回眸》，南京大学出版社，2007 年，页 239。

　　自 1894 年起，南通近代化建设在张謇的领导下，经过 30 年的苦
心经营，到 20 世纪 20 年代中期，达到一定的水准，从一个封闭落
后、默默无闻的小城，逐步发展成为驰名中外的近代工商业城市，长
江下游的重要商埠和苏北的经济、文化和政治中心，因地方自治、实
业、教育、慈善公益等事业发达，"部省调查之员、中外考察人士，
目为模范县"①。来华传教士查尔斯·T. 保罗也说："让南通从中国
所有城市中脱颖而出的原因，是由于在中国人少有的主动精神影响
下，它成为了改革和发展最有成效，进而也是最声名鹊起的地方。"②

　　当时南通工商业发达，与上海、无锡并称为江苏最重要的三大工
业中心，日本人驹井德三说其"宛然有为江北一带之首都之现象"③。

　　南通近代城市规划科学合理，形成了一城三镇的格局。主城为政
治、文化、教育中心和生活区；城西唐闸为工业区，大生纱厂、广生
油厂、阜新面粉厂、资生铁厂均坐落于此；长江边的天生港为各种原
料和产品进出的港口区，芦泾港、任港、姚港为其侧翼；南郊临江的
五山地区则成为休闲疗养的风景区。这一布局理念先进，与英国同时
期霍华德（E. Howard，1850—1928）的"田园城市"相通，与其经营
的新城莱奇华斯（Letchworth）和韦林（Welwyn）在内容与规模上互相
媲美。这种"让城市社区远离工厂噪音与烟尘的美妙设计"得到来此
参观的外籍人士的赞同，给游客留下深刻的印象。④

　　南通近代市政建设有序推进，在全国处于领先地位，"中外人士
之履南通者，无不谓南通市政之佳，为全国之冠。"⑤ 文化体育事业
发达，营造了浓郁的文化氛围。日本人内山完造赞誉南通是"理想的

---

　　①　李明勋、尤世玮主编《张謇全集》3，上海辞书出版社，2012 年，页 841。

　　②　查尔斯·T. 保罗《中国的召唤》，南通市档案馆编《西方人眼中的民国南通》，
山东画报出版社，2012 年，页 3。

　　③　驹井德三《张謇关系事业调查报告书》，《西方人眼中的民国南通》，页 53—
73。

　　④　格雷琴·梅·菲特金《长江口与南通州》，《西方人眼中的民国南通》，页 39。

　　⑤　陈翰珍《二十年来之南通》，张謇研究中心，2014 年，页 165。

文化城市"①。

众多体育场、公园等的建立丰富了市民的休闲娱乐生活，慈善公益事业的发展、近代社会保障体系的完善和良好的社会管理则使这里秩序井然，居民自信、乐观。美国人在上海创办的英文周报《密勒氏评论报》的主编鲍威尔在考察后说南通"不存在任何乞丐"，是"中国人间天堂"②，裴德生说南通"不存在愁眉苦脸的人，也没有乞丐"，"南通地区的居民为他们的城市、领袖与成就感到骄傲。他们的自豪也使南通成为中国最为干净的城市。"③

城市领导者和管理者的形象既是城市形象的构成要素，也是其杰出代表。作为南通近代化的领导核心和南通城市形象的代言人，张謇以自己的言行展现了城市管理者的良好素质和形象。查尔斯·T. 保罗赞誉南通近代化的领导者张謇为"全中国最慷慨、最热心公益"的人，富有远见及行动力。④ 日本人驹井德三于 1919 年 10 月和 1922年 11 月两次来通调查，在与张謇会面后给予高度评价，说其具有"人格高洁"等六大长处。⑤ 日本人鹤见佑辅(1885—1973)于 1922年 6 月访问南通，令鹤见佑辅印象深刻的是，张謇所经营的事业都"建立在现代科学的基础之上"，"他的每一条念见都非常具体、全面，特别是利用数据说明自己的观点，是我遇到的很多的中国人中唯一的一位"，"像学校的问题、养老院的问题、成为更俗剧场的新剧运动等等，可以看出张謇先生透视时势如何发展，因势制宜的非凡才能。"⑥ 邝富灼在《现代之胜利者》中说："著者曾经同英、美、法、日各国外宾到过南通，访晤先生，参观地方各事业，大家所得印象，都

① 曹从坡《张謇文化思想的时代环境》，《论张謇——张謇国际学术研讨会论文集》，江苏人民出版社，1993 年，页 503。
② 鲍威尔《不受日本影响的南通天堂》，《西方人眼中的民国南通》，页 13—16。
③ 裴德生《张謇：中国的城市建造师》，《西方人眼中的民国南通》，页 25。
④ 查尔斯·T. 保罗《中国的召唤》，《西方人眼中的民国南通》，页 5。
⑤ 驹井德三《张謇关系事业调查报告书》，《西方人眼中的民国南通》，页 59。
⑥ 鹤见佑辅《偶像破坏期的中国》，ゆまに书房，1999 年，页 244—250。

很深刻，不是说他是一个创造者，就是赞叹他成就何等伟大的事业，并且大家都认为他创造的南通是中国的乐土。"[1]

二、多措并举，实施卓有成效的城市形象营销

（一）认真做好内部公众工作，增强城市凝聚力和吸引力

城市形象是城市内部公众和外部公众对城市的内在综合实力、外显前进活力和未来发展潜力的总体看法、具体感觉和综合评价。所谓内部公众是与外部公众相对应的概念，即与组织有着隶属关系的内部成员群体。内部公众是实现组织目标的重要依靠力量，是树立组织良好形象的决定性因素。因此，处理好与本地政府、企业、市民等内部公众的关系是做好城市形象营销的一项重要工作。在重视对外宣传，做好外部公众的公关工作的同时，张謇注重内部公众的公关工作。他通过演讲等方式，运用平实的语言，回顾自己的创业历程，阐发自己对社会发展规律的认识，宣传救国济民的主张，从而争取各界的理解、同情和支持，消除一些人的误解，减少了前进的阻力，激发、吸引了更多的人参与到地方建设的各项事业之中。刘厚生、吴季诚等就是在与其交谈后，为其高尚的人格和宏大的理想所感染，进而成为其事业的追随者的。

信息传播是公关的实质，也是开展公关营销活动的前提。考虑到上海在近代的信息中心地位，张謇在上海设立大生沪事务所，使之成为其信息的集散地和中转站，不仅便于其与媒体进行沟通和交流，也便于其与旅沪各方势力进行接洽和交流。

城市形象是城市外在景观和内在气质的结合，是城市物质文明和精神文明水准的有机统一，不仅涉及城市的发展规模、发展水平、发展模式、生活质量，还涉及都市文明、市民素质、城市风尚等。市民

---

[1] 张孝若《南通张季直先生传记》，张謇研究中心，2014年，页359。

的素质是城市形象的基础，其言行举止对异乡人而言随时随地都凝结着、传播着所处城市文明的信息。作为基本细胞，市民既是城市形象的建设者，又是城市形象的扮演者。张謇说："只有每个南通人都变成现代化的新人，南通这个城市才会真正现代化。"① 为提高市民的素质、改良社会，他十分重视并有效发挥戏剧的功能。他看到在新落成的旨在破旧俗、立新风的更俗剧院中有人沿用陋习，不按剧场规定依号就座，便著文忠告，深感"我通除物质文明一二勉进外，设普通人民风俗常识一有未善致，实从前南通为个人自治之消，是则大耻"，表示"謇虽至庸懦，而矫正地方风俗，引为己任，必自细微积至高大也"②。

（二）通过提供热情周到服务，为八方宾客留下良好印象

南通近代化的成就得到各方关注"来此参观者，不仅本国人士，外人亦翩然继至"③。1915 年翰墨林印书局印制《南通自治十九年之成绩》。1920 年上海商务印书馆出版了南通友益俱乐部编辑的《南通实业教育慈善风景》（附参观指南）。1925 年陈翰珍著《二十年来之南通》，分教育、实业、交通、慈善、风景等 13 章，可供海内渴慕南通事业者观览。这些游览指南类读物的编制不仅为外来参观访问者提供了向导，便于游客安排游览线路，也有助于宣传南通近代化的成绩。

对外地来访者，南通提供了热情的服务和力所能及的帮助，对城市形象的推广产生了十分积极的作用。南通对于外国游客的体验也是令人愉悦的，"它的好客让人回想起美国南部地区传统的礼貌"④。张謇的 70 岁生日庆典是当时南通重要的事件，英、日、美、法等国商会代表布克尔、福克斯、葛尔、威尔逊、罗斯、船津、莱曼与傅立德等应邀参加，便捷的交通、舒适的环境、精心安排和热情周到的服务给他们留下了深刻的印象。桃之华、有斐、南通俱乐部等新式旅馆的

---

① 华莱士·C. 培根《聚光灯下的南通》，《西方人眼中的民国南通》，页 27—28。
② 李明勋、尤世玮主编《张謇全集》4，页 440—441。
③ 李明勋、尤世玮主编《张謇全集》4，页 383。
④ 裴德生《张謇：中国的城市建造师》，《西方人眼中的民国南通》，页 25。

建造为宾客提供了良好的住宿和餐饮服务。其中南通俱乐部提供了三层楼供来访者下榻，"每一个房间都以欧式风格装修得富丽堂皇"，"这里的菜肴与上海能提供给外国人的最佳饮食相比毫不逊色"。此外，接待工作也很精心和热心，英国商会的代表团秘书葛尔称他们受到了最为热诚的接待。[1]

为更好地与外地来通观光者交流，提升南通城市的文明形象，张謇还对窗口行业从业人员的素质提出了要求。他在交通警察养成所开学演说中，着重对学生提出了提高英语水平的要求，说"诸生此次来学，于锻炼精神以外，须极端注意英语一科，因所为交通警察，强半为外人来通参观而设。英语在世界上最为普及，若不通英语，设西人有所询问，警察瞠目不知所对，实南通自治之耻"[2]。

（三）善于运用橱窗效益，集中陈列发展成果，高效展示城市文明形象

通过橱窗对历史文化和发展现状作浓缩呈现是传播的重要技巧和快捷方式。张謇对此熟谙于心，落实于行。事实上，在当时的情况下，他一方面缺乏实力去按照自己的设计对整个南通进行全面改造，另一方面，在民智未开、封建思想根深蒂固的当时的南通，作为民间力量，张謇和大生集团在自己势力所及、可以掌控的范围内另辟蹊径，在局部区域进行建设试点，也未尝不是一种避其锋芒、减少阻力的务实之策和明智之举。

张謇集中精力在城南和南郊进行城市建设，最直观地把城市新形象展示给来访者。在旧城南的南濠河北岸，自东向西分布着通海盐垦总管理处、上海银行、城南别业、南通县教育会、参事会、崇海旅馆、翰墨林印书局、淮海实业银行、濠阳小筑、南通绣织局、女工传习所，直至北公园；南岸由东向西则为博物苑、濠南别业、模范路商

①　《南通：中国最新式的城市》，《西方人眼中的民国南通》，页34。
②　李明勋、尤世玮主编《张謇全集》4，页440。

业街、有斐旅馆、交通银行、电报局、东公园，向西延伸则有南公
园、中公园、西公园、汽车公司、惠中旅馆、桃坞路商业街、江苏银
行、桃之华旅馆、通崇海泰总商会、更俗剧场。这些设施具有中欧混
合的特色，为南通增添了不少时尚和新潮的元素。其中博物苑为中国
人自办的第一座融古代园囿和文物标本为一体的综合性博物馆；伶工
学社开一代新风，被誉为"中国特殊教育之鼻祖"；女工传习所是
1914 年创建，学制齐全、誉满中外的第一所刺绣职业教育学校。绣
品除曾参加世界博览会和国货展览会外，还在上海、美国、法国、瑞
士、意大利设立的绣品局分局和办事处销售，扩大了南通刺绣产品以
及南通在国内外的影响，促进了中外文化的交流，如绣品店在纽约第
五大街的开设"使美国人能了解到中国的模范城市，同时也使南通能
够获悉最新的工业发展动态"①。

（四）充分利用报纸等新型传媒，甚至直接采用广告来宣传本地的人文风情和发展成果

基于对当时还属新生事物的报刊的充分认识，张謇不仅与《申报》
《时报》《东方杂志》等国内报刊合作互动，还与一些外国报刊保持长期
联系，主动及时提供资讯，宣传南通的建设成就，其中最著名的当属
《密勒氏评论报》。由南洋兄弟公司选派留学美国哈佛大学的陈其鹿在
《游美随笔》中写道："南通州为江苏六十县模范自治区域，模范县
Model City 之名，已啧啧于美人之口。大概美人之知东亚状况者，自
此间发行之《亚细亚日报》及上海发行之《密勒氏评论报》得之者为
多。"②《密勒氏评论报》（The China Weekly Review）是美国人在上海
出版的资格最老的英文刊物，初名 Millard's Review of the Far East，
1917 年由密勒（Thomas F. Millard）创办，两年后由约翰·鲍威尔
（John Benjamin Powell，1886—1947）接办，1953 年停刊。从 1920 年

---

① 裴德生《张謇：中国的城市建造师》，《西方人眼中的民国南通》，页 25。
② 朱江《〈密勒氏评论报〉中的张謇》，《档案与建设》2014 年第 5 期。

开始介绍南通，到 1926 年张謇去世，该报发表了多篇有关南通经济发展的文章，其中 1923 年 3 月 17 日的《中国实业之进步观——中国模范城南通州》比较系统地介绍了南通。由于《密勒氏评论报》的影响远及美国、英国、法国和日本，该报对南通和张謇的报道客观上扩大了其在西方的影响。

在报刊做广告更是张謇的一个开风气之先之举。1912 年 4 月，张謇创办纺织染传习所，次年更名为"南通纺织专门学校"。1918 年 8 月 25 日，美国《新贝德福周日标准报》(THE NEW BEDFORD SUNDAY STANDARD)以两个半版的篇幅对南通纺织专门学校进行了长篇报道和热情赞扬，说"如果全美国只有一所纺织学校，人们不难想象这所学校在产业领域中会有多么重要的地位。就中国的纺织工业而言，南通纺织专门学校就恰好处于这样一种领导地位，因为在整个广阔的中华帝国，它是唯一的纺织学校，而且，自 1912 年建校以来，其学生人数猛增，工作范围也在迅速扩展……"① 1920 年 6 月 12 日，《密勒氏评论报》以"南通——中国模范城"(NANTUNG CHOW—The Model City of China)为题对南通做了整版的广告，首先介绍了南通的地理和人口情况，列举了南通的 11 项发展成就，继而为人们描绘了南通的经济前景，最后还向境内外的各界人士发出了邀请："南通欢迎四方宾朋。这里有 2 家舒适的旅馆。境内 5 座圣山之一的狼山，风景美不胜收。数百座庙宇和一座宝塔构成了无双的东方胜景。需要了解更多南通情况的人士，可与南通商会联系。"该广告从 6 月 12 日到 9 月 18 日共刊载了 15 次。1921 年元旦，在原来广告内容的基础上又增加了大达轮船公司上海至南通的航行信息，广告一直刊登到 1922 年 4 月 15 日。

对于张謇大胆运用广告这一创新之举，基督会传教士曾如是评述：南通是独一无二的，在于它是全中国唯一在英文报纸上给自己做

---

① 赵明远、李宜群《1918 年美国报纸对南通纺织专门学校的长篇报道》，《南通工学院学报（社会科学版）》2002 年第 3 期。

广告的城市。① 南通敢为天下先，勇于在英文报纸做广告展示自我，一方面源于其多年社会发展后的自信，另一方面也是张謇希望其自治的成果能为更多人所接受，在更大的范围推广之努力，充分说明了张謇能顺应时代潮流，树立开放意识，重视并采取切实举措开展城市营销。

三、结论

城市是人类赖以生存的重要场所，城市化是近代化的共生物。晚清以来，随着近代化的推进，我国城市化进程明显加快，城市的地位日渐重要，逐步成为政治、经济、文化中心。城市形象是人们对城市的主观印象，是通过大众传媒、个人经历、人际传播、记忆以及环境等因素的共同作用而形成的。② 城市形象是城市核心竞争力的重要组成部分，是增强城市吸引力、影响力和综合实力的重要战略资源。③ 城市形象不仅是一种极其重要的无形资产，也是构成城市核心竞争力的重要元素。良好的城市形象增强城市的影响力和竞争力，可以提高城市的知名度、美誉度，使城市在竞争中占据主动，促进城市目标和城市利益的实现，另一方面也可以提高市民对城市的归属感、自豪感，增强城市的凝聚力和向心力。城市形象营销是指基于公众评价的市场营销活动，就是城市在市场竞争中，为实现城市的目标，通过与现实已经发生和潜在可能发生利益关系的公众群体进行传播和沟通，使其对城市营销形成较高的认知和认同，从而建立城市营销良好的形象基础，形成城市营销宽松的社会环境的管理活动过程。④

城市营销理论诞生于20世纪30年代的美国，以麦克唐纳德

---

① 《中国的现代化城市》，《西方人眼中的民国南通》，页47—52。

② 刘易斯·芒福德《城市发展史：起源、演变和前景》，中国建筑出版社，2005年，页100。

③ 张露《我国城市形象的整合营销传播研究》，中南大学，2013年，页1。

④ 戴书龙、李明生《关于城市形象营销的几点认识》，《长沙铁道学院学报(社会科学版)》2007年第6期。

(McDonald)的著作《如何促进社区及工业发展》(*How to Promote Community and Industrial Development*，1938)为代表。① 在我国古代，关于城市形象的设计早已存在，营销技巧也达到一定的水准，不过，关于城市营销的理论发展均尚处于萌芽阶段。张謇当时自然也不可能有高深的城市形象营销理论，但能根据自己对人生、对社会的理解，在不依赖外来力量埋头苦干的同时，在经营乡里、推进南通近代化事业的实践中，敏锐地意识到城市形象的巨大功能和开展公关活动、进行城市形象营销的重要性和必要性，比较熟练地运用沟通传播的技巧，开展对内、对外宣传，进行了城市形象营销的可贵探索，对在国内外树立全国"模范县"的品牌，传播南通发达、时尚的城市形象殚精竭虑，奔走操劳，建树良多，居功至伟，则是不争的事实，也用实践说明了自己不是一个大言欺世的弄虚作假者，更不是一个热衷于"包装"的作秀者。

　　城市形象营销具有学科交叉性、边缘性的特点，学术界对其研究尚不丰富。② 张謇在领导和推进南通近代化的实践中，十分重视城市形象的塑造和营销，形成了丰富的城市形象营销思想。学术界对此尚无人论及，因此挖掘张謇城市形象营销思想，不仅有利于拓展张謇研究的领域，提升张謇学的层次，而且对纠正把西方经验绝对化的倾向和简单照搬、套用西方营销理论的做法，深化城市形象营销问题的研究，提高城市竞争力，促进地方经济社会发展具有十分重要的现实意义。

原载于《档案建设》2016 年第 12 期

原标题：张謇与 20 世纪初南通城市形象营销

——以《西方人眼中的民国南通》中外国人的记述为中心

作者单位：南通大学文学院

---

　　① 陶维兵《城市形象传播研究》，武汉出版社，2012 年，页 4。

　　② 郭国庆、刘彦《城市营销理论研究的最新进展及其启示》，《当代经济管理》2006 年第 2 期。

张謇与近代博览事业

马　敏

近代博览事业是近代文明发展和近代化的产物，包括各种类型的展览会、陈列会、劝业会、劝工会、工艺会、渔业会、物产会、博览会等。在近代中国，一般称之为"赛会"。但其涵义与古时之迎神赛会或庙会又有不同，通常与近代商品经济相联系，虽侧重于出品的展陈，但也兼有促进销售，扩展市场之意。而在更广泛的意义上，近代博览事业还涉及着重于教育功能的博物馆、展览馆等。作为近代著名的士人和实业家，张謇在中国近代博览事业中也同样占有一席之地，系中国近代博览事业的开拓者之一。惜过去限于资料，对张謇在这方面的贡献着墨不多，实有补缺之必要。

一、张謇与 1903 年日本大阪博览会

张謇对近代博览事业的认识，大致萌发于他于 1903 年(光绪二十九年)5 月东渡扶桑，参观日本的第五次国内劝业博览会，即大阪博览会。在效法西方举办近代博览会上，日本远远走在清代中国的前面。1877 年日本首开国内博览会于东京上野公园，持续 3 个多月，参观人数达 45 万多人。其后，又于 1881 年、1890 年、1895 年先后在东京上野和京都冈崎召开了第二、第三、第四次国内博览会。[①] 第五次国内劝业博览会从 1903 年(明治 36 年)3 月 1 日至 7 月 1 日在大阪市天王寺召开，参观者多达 530 余万人，占地 10 万余坪，设工业

---

① 吉见俊哉《博览会的政治学》，中央公论新社，1992 年，页 127。

馆、农业馆、林业馆、水产馆、通运馆、机械馆、参考馆、教育馆、美术馆、体育馆等，出品数达 22 万余件。日本天皇及其他政要如前首相伊藤博文、首相桂太郎、外相小村寿太郎等均曾赴会参观。①

张謇作为晚清最重要的绅商人物，自然受到日方的重视，被邀前往参观。此为张謇首次访日。从 5 月 28 日抵日到 7 月 26 日返国，张謇前后在日本共停留了约两个月。这两个月中，除在大阪参观博览会外，张謇的行踪南至九州长崎，北至北海道，参观、考察了数十个工厂、农场、学校和其他机构，首次对日本有了比较深入、全面的了解。张謇对近代博览事业的实际知识，也主要是通过这次日本之行而获得的。可以说，癸卯东瀛之行乃张謇近代博览思想和事业的实际起点，对张謇以后的实业活动和地方自治事业，有着深远的影响。关于东游访日的动机，张謇曾明白无误地说过："中国须振兴实业，其责任须在士大夫，因先事农桑，竭八年辩论抵持争进之力，仅成一海门蚕业。甲午后，乃有以实业与教育迭相为用之思。经划纺厂，又五年而后著效，此时即拟东游考察……今年正月，徐积余自江宁寄日本领事天野君博览会请书来，乃决。"②

根据张謇日记的记载，张謇一行抵达大阪的次日③，即前往天王寺参观博览会。顺次参观了美术工艺、矿冶机械、教育、卫生数馆。认为："机械、教育出于学校生徒制者，最可羡慕。美术以绣为最精，画平常，不足张也。"从张謇第一天参观的日记看，他对中国参与此次博览会的情形甚为关注，留意到这次博览会专门设有参考馆，陈列各国的出品。中国置办物品前来参展的仅有江苏、湖北、湖南、山东、四川、福建六省，但展品多为古董，如"鄂品有汉瓦当、唐经幢"等，张謇对此颇为不满，认为这些古董应当摆在博物院供人参

① 野泽丰《1903 年大阪博览会与张謇来日》，《经理研究(东京)》1971 年第 14 号。

② 张謇《柳西草堂日记》，光绪二十九年四月二十五日，文海出版社影印本，1967 年。

③ 张謇系于阴历五月初一日由神户乘汽车到达大阪，下榻高丽桥清宾馆，该宾馆系由当地华商集资租赁，专门接待前来参加博览会的中国官员和绅商。

观，而不应当在劝业博览会上展出，"劝业以开来，而此以彰往，若移置中国博物院差不倍耳"。张謇还对中日展陈情况作了比较，认为中国在这方面可以说是大不如日本，指出："日人自明治十年，始以官帑经理民间农工实业为第一会，此后十四、二十三、二十八年续举二、三、四会，增长发达。自二十八年始，皆先于各府、县、郡设小会，以摩砺之，非精能者不以入大会。良工不示人以朴之道也。中国六省，彼此不相侔，若六国然，杂然而来，贸然而陈列，地又不足以敷施焉。"①

时隔一天，即阴历初五日，张謇又前往博览会参观，专门考察博览会中的农林馆。他注意到，日本农业进步甚速，所产赤豆、黄豆、大小麦都有"大倍于华产者"。在参观北海道开垦图时，张謇特别将他在通州、海门的垦殖事业同日本人伊达邦成、黑田清隆在北海道的垦殖事业作了一番比较，颇为感慨地议论道，"伊达邦成、黑田清隆之致力于北海道也最有名。然竭其经营之理想，劳其攘剔之精神而已。国家以全力图之，何施不可。宁若我垦牧公司之初建也，有排抑之人，有玩弄之人，有疑谤之人，有抵拒扰乱者之人。消弭捍圉，艰苦尤甚。是则伊达邦成、黑田清隆之福命，为不可及矣"②。类似的感慨，在张謇的此次访日中还不时有所流露，他感到在中国提倡实业，发展工商经济，其难度真是远大于日本，很少得到当权者的实际支持，一般士大夫也不屑一顾，"如张单弦适旷野，因未有屑听而悯我一日之劳也"③。又说："日本士大夫为官商，听其人之志愿，方为官则一意官之事，及为商则一意商之事。华士大夫则方官而有商略，方商而有官式。"④ 在日本，不仅官商之间分工明确，且政府对工商业的扶持也是不遗余力，"工商之业，官为民倡，有利则付之商。不

---

① 张謇《柳西草堂日记》，光绪二十九年五月初二日。
② 张謇《柳西草堂日记》，光绪二十九年五月初五日。
③ 张孝若《南通张季直(謇)先生传记》，中华书局，1930年，页115。
④ 张謇《柳西草堂日记》，光绪二十九年五月十五日。

止不夺也，而维护之，以是知其官智之程度高矣"①。尽管在政商关系问题上，日本也有日本的问题，但明治维新以来，日本之所以能在殖产兴业方面取得巨大成就，成功地召开一次又一次的劝业博览会，不能不说与明治政府开明的产业政策有极大关系。

通过参观博览会，张謇对日本明治维新以来在科技、工业及整体文明程度方面所取得的进步，留下了最为集中和深刻的印象。标志当时科技进步水平的电和电灯对清代中国而言还十分稀罕，但在日本已很普遍，大阪博览会非常突出地展示了日本在工业动力革命方面所取得的进展。张謇日记在这方面也有生动的记载：十一日"……饭后与伯斧观博览会机械馆。是夕为日人金曜日，会场内外电灯尽张，士女阗塞衢路，履声如万竹齐裂。水帘亭以七色镜旋转，现虹霓之色，于光学颇有发明。村井兄弟市孔雀标纸卷烟，有声架一楼四层，自上澈下，电灯约千计"②。关于日本在工业方面取得的进步，日记中记载："复至博览会观工业馆，织业最良，制篾最精，篾即华人所谓蔻。他如织席、舂米、制面、榨油、炼糖、卷烟、吸水、造磷寸之机无不具者。"③

从张謇日记中不难看出，张謇在日本参观博览会时，除抱有全面了解日本政经、工商和教育发展情况外，始终关注的一个中心问题，就是如何借鉴日本的经验，更为有力地推进在家乡南通所推行的乡村自治和各项建设事业。在这方面他的观察可以说是非常之细致，用心也特别良苦。如第一天参观博览馆，他就对南通的一些优良物品没能拿到此次博览会上来展出，感到非常遗憾，"以余乡而言，通州、海门墨核鸡脚之棉，吕四真梁之盐，皆足与五洲名产争衡，皆不与焉。不有朝鲜，不知孰殿"④。五月十五日再游博览会水产馆，又联想到

---

① 张謇《柳西草堂日记》，光绪二十九年五月十六日。
② 张謇《柳西草堂日记》，光绪二十九年五月十一日。
③ 张謇《柳西草堂日记》，光绪二十九年五月十二日。
④ 张謇《柳西草堂日记》，光绪二十九年五月初二日。

南通记道:"午后看博览会水产馆,通州可参酌仿行者,唯十胜川之鱼籣。滨名湖之鸳池,若养蛎法采自厦门,不知宁台之产也。宫城之盐,其第一等与余吕东同,不逮吕四也。"① 为了发展南通的盐业和农业,张謇还于五月二十八和二十九两日接连前往博览会水产馆和农林馆考察,关于日本的盐业,他记录道:"其有模型可见者,一兵库县姬路市大野町,一香川县木田郡泻元村,一爱媛县越智郡令治町,一广岛县松永町田沼,一冈山县浅口郡玉岛町。独味野村有盐品而无模型。欲尽观之,以广参考。"在农林馆,张謇主要是想为南通的农垦事业购置一些农工应用器具,"拟购大犁、中犁、小犁、及耙土、播种、割麦、脱粒、薙草、翻草器具各一,工具中拟购织布、缫丝、织绸、织席、绚绳、吸水、精米、造烛器各一具"②。

1903 年在张謇的实业生涯中是一个重要的年头。自 1894 年以"大魁天下"的状元身份"下海"以来,经过近 10 年的苦心经营,张謇在南通兴办的各项事业已初现端倪,借开博览会之机东游日本,不仅使张謇对博览会这一西方文明的产物有了切身的了解,而且以此为契机真正了解了日本社会,见识了现代经济和现代教育的实际发展。稍微作一统计,就可以发现在短短两个月内,张謇风尘仆仆地奔走于日本各地,看到了许多他急于了解的新事物,获取了许多他急于得到的新知识。除博览会上的各种见闻外,张謇认真考察过的还有:东京、大阪等地的中小学校、师范学校、农商实业学校;大阪的工厂、造币局、港口、铁工所、银行;静冈造纸厂与凿井事业;东京活版制作所;北海道制麻工场、育种场、牧牛场;仓敷盐田,等等。

张謇在日本所关心者,实际也就是他在国内又特别是在家乡南通所正在推行和将要推行的各项建设事业。这些事业在 1903 年至 1911 年间陆续兴办的有:1903 年创设的盐业公司、渔业公司、垦牧公司分场;1904 年创设的铅笔公司、日本式试验盐田、轮步公司、内河

---

① 张謇《柳西草堂日记》,光绪二十九年五月十五日。
② 张謇《柳西草堂日记》,光绪二十九年闰五月二十八日、二十九日。

小轮公司、印刷局；1905 年创设的工人艺徒学校、商船学校、初等小学校；1906 年创设的冶铁公司、酒厂、农事试验所、铁路学校、法制讲习所、土木讲习所；1907 年创办的大生分厂；1908 年创建的玻璃公司。还有历年所创办的各种初等小学堂，等等。可见，张謇在日本期间的所见所思，多与他在南通所要实现的地方自治和乡土建设的宏伟蓝图有关。东游日本参观其国内劝业博览会，成为张謇实业生涯的一个新的起点。

二、张謇与 1906 年意大利米兰渔业赛会

渔业赛会属一种专门性的国际博览会，与包罗万象的万国博览会有所区别，其功用主要是交流、传播各国在养殖、捕捞和鱼产品制造方面的技术与知识。晚清中国参加国际性渔业赛会共有四次：1906年意大利米兰赛会中的渔业分会；1906 年在美国波士顿举办的渔业赛会；1907 年在比利时的安凡士举办的渔猎赛会；1908 年在美国华盛顿举办的万国渔业赛会。张謇所参与策划和指导的正是中国首次参与的意大利米兰赛会中的渔业分会。

先是意大利驻中国使馆于 1905 年（光绪三十一年）初照会清政府外务部，请中国派人参加该国拟在米兰举办的渔业赛会，照会中说："本国于 1906 年拟在秘拉喏（即米兰）地方设立赛会，会中特有渔业分会，今接本国政府谕请转咨商部并海关总税务司，通知各省及通行水路各地方官出示劝谕，或渔业公司渔人，均行参加"①。商部接到外务部转送的照会之后，发函与南北洋大臣相商如何办理。结果，在南洋大臣周馥的举荐下，由时任商部头等顾问官的张謇出马策划参与此次渔业赛会。②

———————————

① 转引自李士豪、屈若搴《中国渔业史》，商务印书馆，1998 年，页 63—64。
② 《外交档·各国赛会公会》，02-20-8-1(该档案藏于台北"中央研究院"近代史研究所)。

　　张謇根据 1903 年考察日本大阪博览会所得经验，并研究了历次渔业赛会的情况后，对此次参赛提出了两点至关重要的建议，在一定程度上影响到清政府赛会政策的转变。

　　其一，建议成立"七省渔业公司"，由中国官方和民间合作自筹展品赴会。张謇认为过去中国商人参加历届博览会收效甚微，主要原因之一，便在于委派洋人操办，政府很少参与，难以调动民间参赛的积极性。他指出："中国与各国赛会自光绪二年奥国维也纳之会始，继是有费尔特之会，巴黎、伦敦之会，皆任税务司为之，不措意也。至西历一千九百年巴黎大会，乃于会场自建会亭，费帑十五万，仍任洋员为之。"① 后来民间士大夫和政府稍加留心，效果便大不同，"光绪二十九年大阪之会，安南、东京之会，士大夫乃稍稍措意，京师之景泰兰得超等文凭一纸于东京。三十年美之散路易斯会，政府重视，特派伦贝子往"②。所以，张謇竭力主张此次渔业赛会一定要合官民之力，"七省设一总公司，各省置二渔轮，不分畛域，彼此往来"，参考各国的做法，"先由总公司规仿章程，量为变通，分渔界、渔具、渔船、鱼类、水产、水产制造为之类别。将此表分寄直、东、浙、闽、广、皖、鄂、赣、湘诸省，饬该关道及商务局派员按表调齐送吴淞渔业赛会汇集出品公司陈列"③。

　　其二，张謇提请清政府一定要注意此次渔业赛会所暗含的领海主权问题，主张利用本次渔业展览，趁机宣示中国海权。这种见解在当时是非常难得的。早在 1904 年，张謇已向商部建议将海权和渔业结合，使中国渐有"渔界所在，即海权所关"的观念。④ 经过仔细考察各国兴办渔业赛会的历史，张謇认为，自 1862 年英国举办渔业赛会

---

　　① "自光绪二年"始有误。中国参与各国赛会实际上始于 1873 年（同治十二年）。

　　② 张謇《柳西草堂日记》，光绪三十二年二月初十日。

　　③ 转引自李士豪、屈若搴《中国渔业史》，页 64。

　　④ 阮忠仁《清末民初农工商机构的设立（1903—1916）》，《台湾师范大学历史研究所专刊》十九，1988 年。

以来，各国竞相扩张，"不数十年，由三海里渔界拓充至二千五百余海里。德、法、美、俄、义、奥继之，渔业遂与国家领海主权有至密之关系"①。而中国因渔政久失之故，尚不知有所谓海权。因此，应趁这次召开渔业赛会之机，绘制海图，以表明渔界，同时表明领海主权。

清商部遂接收张謇的建议，以郑孝胥为总理，筹组"七省渔业公司"。同时，商部、南洋大臣周馥令陈寿彭县令、邱宝仁海军副将，设局绘制"江海渔界全图"。1906 年 2 月，在英国海军绘制的海图基础上，完成中国海总图二幅、沿海七省分图七幅，不仅附有经纬线，并以中、英文作详细注释。该年七月，又完成海图三幅，其中一幅由南洋官报局刊印出售。②

在张謇等人的策划和指导下，此次渔业赛会准备和举办均比较成功。1906 年 4 月江浙渔业公司向渔业监督呈报准备情形，谓："本年义国秘拉喏渔业赛会，叠奉宪台承准部照，令本公司代办赛品，并札委员会先赴义国经理会场、造屋事物。查中国渔业见于古者已尽沦湮，存于今者大多涣散，此次赛会自以渔海全图渔业历史为要。去年南洋督宪暨宪台派员测绘编次，山东、江苏、浙江海产，亦由公司知照渔会收集，此外各省并由公司知照各绅商代为买致，天然品若珊瑚、若鳞介、若海菜，人造品若腌制、若干鲞、若罐诘、若酒精、若药水制，至外海内江鱼市场及各种渔船、网具，或制模型，或制摄影，大略粗备。"③ 在上述征集展品的基础上，江浙渔业公司又于 4 月上旬在上海设展览馆，将展品陈列三日，前往参观者每天达数千人。"驻沪义国领事及各国西商，亦皆络绎前来。"展出完毕后，遂装船运往意大利参展。结果，闭会后计得奖牌、奖凭百余张，而且"赴

① 转引自李士豪、屈若搴《中国渔业史》，页 64。
② 赵佑志《跃上国际舞台：清季中国参加万国博览会之研究（1866—1911）》，《台湾师范大学历史学报》1997 年第 25 卷。
③ 转引自李士豪、屈若搴《中国渔业史》，页 67—68。

会参加商等多得微利"，效果较佳。① 但张謇对清政府支持国际赛会的力度仍感不满意，认为政府方面出钱太少，口惠而实不至，"今秘拉嗒之会，表以振兴渔业之发端，里以存表见海权之至计，而政府不筹一钱也。责之未成立之渔业公司，百计绸缪，合沿海七省仅筹钱二万五千金而已。轻重失宜如此，可胜叹耶！"

这次赛会的另一项成果，是首次依照同年颁行的《出洋赛会通行简章》二十条②，由官方和民间联合自行举办国际赛会，中国终于初步摆脱了由海关洋员把持赛会的旧格局，使筹办赛会朝制度化方向发展。这在中国博览会史上是一个重大的变化，而张謇又在其中发挥了重要的影响。

三、张謇与 1910 年南洋劝业会

清末，除参与国际博览会外，中国也开始自办赛会。1906 年 10月，农工商部在北京开设京师劝工陈列所，"专供陈列中国自制各货，供人观览，以为比较改良之张本"③。同年，成都召开商业劝工会，"仿外洋博览会之意而变通之"。1907 年，天津商务总会主办"天津劝工展览会"，一月之内，远近客商报送货物共近 30 万件。④ 1909年，湖广总督陈夔龙在武昌发起"武汉劝业奖进会"，设五个陈列室展览本省工商行销产品，另设直隶、湖南、上海、宁波四馆及汉阳钢铁厂、劝工院等七个特别陈列室，会期共 45 日，起到了"奖励本省之工商各业，而助其发达进步"的作用⑤。即使偏远如四川省从 1906

---

① 转引自李士豪、屈若搴《中国渔业史》，页 70。

② 章开沅等《苏州商会档案丛编》第一辑，华中师范大学出版社，1991 年，页462—463。

③ 《第二次农工商部统计表》农政，1909 年。

④ 《北洋公牍类纂》卷二十，益林印刷公司，1907 年。

⑤ 有关武汉劝业奖进会详情，参见张廷海《奏办武汉劝业奖进会一览》，上海经武公司 1910 年发行。

年至1911年先后在成都召开了六次商业劝工会，"仿外洋博览会之意而变通之"，"每开会时，各属物产，节比竞赛，实为川省前此未有之大观"①。

而于1910年在南京召开的"南洋劝业会"则是清末规模最大的首次全国性博览会。这次劝业会持续了近五个月之久，除边疆省份外，各省均建有自己的展览馆，英、美、德、日各国也有展品展出。全部展品估计达10余万件，各地前来参观的人达20余万人次，获奖展品共达五千余件。

在清末这次最重要的博览会中，以张謇为首的一批东南绅商发挥了关键性的作用，是这次全国性博览会的实际组织者。南洋劝业会的组织机构以劝业会事务所为中枢机关，设正会长一人，先由端方自任会长，后改为张人骏担任，主任副会长由郑孝胥担任，其余几位副会长则由当时的江宁藩司、江宁学司、江安粮道、金陵关道和上海商务总会议董虞洽卿担任。劝业会事务所设于南京，由陈琪任坐办。事务所下辖董事会，设在上海，具体负责筹款、征集各省赛品等业务。董事中大半为上海绅商。为保证展品征集和运送，劝业会之下又在各省设有协赞会、物产会、出品协会等组织。张謇在1909年8月被委任为劝业会审查长，负责主持审查展品②。

南洋劝业会的开幕典礼上，张謇曾代表江苏咨议局致词，对南洋劝业会的召开表示祝贺。据称，其发言"情足动人"，颇受好评。南洋劝业会正式召开后，张謇又领导发起成立劝业研究会，以李瑞清为会长，张謇自任总干事，拟"集合同志，就南洋劝业会出品，研究其

---

① 王笛《跨出封闭的世界——长江上游区域社会研究(1644—1949)》，中华书局，1993年，页267。

② 张謇与晚清著名的刺绣工艺大师沈寿女士相结识，便是在筹备南洋劝业会期间，商部派时任绣工科总教席的沈寿前来参与审查各省送展的刺绣工艺品。张謇对沈寿在刺绣上的高超技艺极为推重，1914年特聘沈寿来南通女子师范学校任新设的绣工科主任，1920年另行组建绣织局与女工传习所，仍由沈寿主其事。沈寿创作的珍品曾在意大利都郎博览会、美国旧金山博览会获"卓绝大奖"，为中国赢得了荣誉。

工质之优劣与改良之方法，导其进步，冀合劝业会之真旨，收赛会之实效"。该研究会在六、七两个月内，对农业、卫生、教育、工艺、武备、美术、机械和通运八个馆的展品分别进行了研究。研究项目多为专题性质的，如莫竹筠的《中国农业品之种类与外国农业品之比较》、江瘦生的《宁缎与杭缎之比较》、陶先进的《江西瓷与湖南瓷之平论》，等等。劝业研究会的研究方法，先是各自研究，提出报告；其次为共同研究，"证勘疑义"；复次再请专门人才提出改良办法，最后将全部研究成果编辑出版。① 劝业研究会的成立及卓有成效的工作，对中国产品的改良提高作出了一定的贡献。如上所述，张謇早在1903年参观日本大阪博览会时，对博览会这种促进经济发展和文明进步的新形式已获极为深刻的印象。南洋劝业会的举办，更使他能实地考察如何成功地将这种新的经济发展手段移植到中国。他十分认真地参观了劝业会的各展览馆。五月二十七日，他专门参观了直隶馆，在当天的日记中记道："颇觉袁（指袁世凯）为直督之能任事，此人毕竟与人不同，工艺殊有擅胜处，江苏不及也。"② 张謇认为，在机械与新式纺织品方面，直隶较江苏更占优势。

劝业会期间，全国绅商云集一地，增强了彼此之间的凝聚力，社会化和组织化程度进一步增强。会上，在张謇等人的推动下，上海、江宁和苏州三个商务总会联合发起召开苏属商界联合大会，集中讨论了如何在江苏全省实行裁厘认捐的税制改革。1910年10月，在上海、天津等商会和实业界代表的发起下，各地绅商酝酿组织一个全国性的中国实业协会，以"联络实业各界调查全国实业，研究进行法，以发达国人之企业能力"为该协会的宗旨。成立会上，选举李平书、向瑞琨为理事，陈琪、虞洽卿等5人当选为会董，并公请张謇等人及各埠商会、各大实业机关首脑同入会董行列。该协会设事务所于上

① 《南洋劝业研究会报告书》，南洋劝业研究会，1913年。
② 张謇《柳西草堂日记》，宣统二年五月二十七日。

海。① 张謇还在南洋劝业会上发起组织全国农务联合会、工业演说大
会、报界俱进会等全国性社团组织。全国农务联合会由张謇任干事长
的劝业研究会发起，宗旨为"联络全国农业机关，调查全国农业状
况，规划、劝导全国农业改良与进行"，实际上是各省农会的联合体。
全国农务联合会刊行农务联合会杂志，张謇为之作序，云："于会明
农，于农薪通，则杂志之作不可以已也。士大夫皆知其不可以已，则
输彼之说以牖此，征此之说以饷彼。传田父野老终身辛苦不能自达之
阅历，为农科学子口耳相授短于实习之导师，证合发明，辗转相益，
岂非联合士大夫之责乎？"②

　　这说明张謇一类绅商的社会关怀度是非常广泛的，他们虽身在商
界，又不止于商界，对农业乃至整个国民经济的发展均十分关注，这
也是他们能够超乎于猥琐求利的市侩之商的地方，而劝业会这样的盛
大场合对提升张謇这类绅商的精神境界，实现其人生抱负，似乎又是
十分难得的机遇。

　　南洋劝业会促进了中外实业家和商人之间的交流，日本和美国都
曾先后派出实业代表团前来参观考察。日本实业代表团由团员 12 名、
随员 2 名组成，团长为日本邮船会社社长近藤廉平。③ 美国实业代表
团由团员 23 名、同行夫人 17 名、随员 2 名组成，团长为前洛杉矶商
会会长威廉·H. 普慈（William H. Booth），但核心人物系大赉轮船
公司董事长罗伯特·大赉（Robert Dollar）。④ 南洋劝业会期间，以张
謇为首的东南绅商乘美国实业代表团来访之机，积极开展了所谓"中
美国民外交"。由于美国实业代表团的核心人物大赉对通过民间商人
交往扩大对华贸易和加强在华投资抱有极大兴趣，因此，张謇所说的
"中美国民外交"，很大程度上是指从民间立场出发，同大赉资本集团

---

① 《时报》1910 年 12 月 10 日。
② 张謇《农务联合会杂志序》，《张季子九录·文录》，中华书局，1931 年。
③ 《时报》1910 年 6 月 8 日。
④ 《神州日报》1910 年 9 月 11 日。

商讨有关经济合作、交流事宜。

美国实业代表团于1910年8月12日抵达上海，8月20日转赴南京参观南洋劝业会。8月22日，张謇在江苏咨议局举行隆重的宴会招待大赉一行，到会的还有16省咨议局代表。张謇在宴会上致词，说："一、中国事事方在递蝉蜕化之时，贵国耳目之所接触，必皆已见其概；二、名为实业改良，而从旁牵制如财政、法律、官厅制度，无事不与相涉，非在同时改良不能大有功效；三、今日之略可指为功效者，謇能举一例以告贵国，即吾人欢聚所托之咨议局也。"① 从张謇的致词看，中美实业界人士的接触，其意义又不仅仅局限于经济的合作与交流，更在于通过工商实业界的参政议政，推动中国的全面改革。美商代表朋汉（George Burnham）所致答词，也同样带有浓厚的政治意味，大意为："中国政治进步日著，必以民选咨议局为代表，江苏咨议局尤属首屈一指。深望咨议局他日与弗兰费亚（即费城）之自由厅相颉颃。"②

经频繁的磋商和最后正式谈判，中美双方商人就合办实业问题达成如下协议：（1）双方合资开设银行，资本中美各半。（2）在中美两国分别举办商品展览。（3）1915年在美国旧金山举办博览会。③（4）双方对互相进口货物采取互惠原则。（5）两国商人相互访问（报聘），增进相互了解，以推动中美贸易发展。（6）中美合作建造一艘货船，资本双方各半，悬挂中国国旗。④ 正如在南洋劝业会上所发挥

---

① 《时报》，1910年9月30日。

② 《时报》，1910年9月27日。

③ 张謇于1913年出任民国农商部总长职后，曾负责主持中国赴美国旧金山巴拿马博览会筹办事项，使中国成功地参与了1915年召开的巴拿马博览会，获奖为历次参加国际博览会之冠。有关民国期间张謇组织、参与博览会的情况，限于资料，尚不能作深入的探讨。

④ 《大赉访华日记》（英文复印本）第62页。张謇于1914年致陈锦涛的一封函件中，对中美实业界在南洋劝业会期间所谈合作事有追述，言："所拟办者为银行、航业二事。"张謇研究中心、南通市图书馆编《张謇全集》第四卷，江苏古籍出版社，1994年，页276。

的实际组织者作用一样，在晚清中外商人的交往中张謇也始终是一位举足轻重的关键性人物。

四、张謇与南通博物苑

博览会与博物馆属两种不同的会展形式，前者一般规模宏大，有一定展出期限，后者则规模稍小，在一个固定的场所中长期展出。但就两者通过展陈来发展社会教育，提升公众文明程度，促进科技文化交流而言，又具有共通性。博览会上的精美之物，往往又会收藏在博物馆中供人们长期观览。所以，广义的会展业通常也将博物馆纳入其中。

张謇起心创办博物苑，是因1903年日本之行参观各地博物馆而受到启发。1905年，他根据在日本的考察所得，先后上书学部和张之洞，建议仿照日本在京师设立帝国博览馆，并逐渐推广到全国各行省。他指出，广设博物馆、图书馆是各近代文明国家的通常做法，旨在彰显本国文化，博采各国精华，开化社会风气，意义十分重大。"夫近今东西各邦，其所以为政治学术参考之大部以补助于学校者，为图书馆，为博物苑，大而都畿，小而州邑，莫不高阁广场，罗列物品，古今咸备，纵人参观。公立私立，其制各有不同。"其中日本东京帝国博览馆的设立又别具一格，颇值得中国效仿，"而日本帝室博览馆之建设，其制则稍异于他国，且为他国所不可及。盖其国家尽出其历代内府所藏，以公于国人，并许国人出其储藏，附为陈列。诚盛举也。我国今宜参用其法，特辟帝室博览馆于京师"①。基于在通州创办教育的经验，张謇还特别指出，创设博览馆、图书馆，可补学校教育难以普及之不足，使更多的人可享受到大众教育，提升国家的整体性文明程度，他说："窃为东西各邦，其开化后于我国，而近今以来，政举事理，且骎骎为文明之先导矣。掸考其故，实本于教育之普

---

①　张謇研究中心、南通市图书馆编《张謇全集》第四卷，页273。

及，学校之勃兴。然以少数之学校，授学有秩序，毕业有程限，其所养成之人材，岂能蔚为通儒，尊其绝学。盖有图书馆、博物院，以为学校之后盾，使承学之彦，有所参考，有所实验，得以综合古今，搜讨而研论之耳。"①

但以实干著称的张謇并没有等到清政府的支持和答复，便在南通率先进行创建博物苑的实践。1904 年，张謇择通州师范学校校河西面，迁移荒冢千余并居民 30 余户作为基地，营建了一个公共植物园，占地 40 余亩，是为南通博物苑的前身。次年，张謇在此基础上开始规划、营造博物苑，拟"中建三楼为馆，以储三部（天然、历史、美术）之物，而以教育品附焉"。历史部"拟求官府寺庙唐宋元明之碑，旧家金石车服之器"；美术部"拟求老师先生经史词章之集，方技书画之遗"②。这一粗具规模的南通博物苑乃中国最早的博物馆之一。

张謇对南通博物苑倾注了大量的心血，将自己家中的收藏品悉数捐献给了博物苑，并多次亲拟启事，为博物苑广征展品，希望"收藏故家，出其所珍，与众共守"。张謇对博物苑的营造和收藏关心得非常之细，《张謇全集》中收入的博物苑修建过程中张謇致管理人员宋跃门五通函件中，便处处体现出张謇办事的细致入微。如"十一月六日舟中"一函，对博物苑苑门葡萄棚的修建，张謇指示："苑门向西路上之葡萄棚，高九尺或八尺半，令杨贵做。苑门外藤棚上竹棚，令徐恩做。做法已告杨、徐。"③ 二十二日函中又叮嘱："北馆拟改为楼，下高一丈一尺，上一丈。所添者楼板、楼樗大料耳，免得将来再做三番……起落窗令上海匠做。楼梯在东西边间之靠壁，宽占屋之半。"三月二十七日函谓："博物苑工程速办（做博物馆、测候所基地，上博物苑柱内之石榜）。细量苑地，画图，南面不平正处，能复量改墙，使平正尤好。若太费事，则于东头另图转弯处修改。"④ 为博物苑添

① 张謇研究中心、南通市图书馆编《张謇全集》第四卷，页 272。
② 张謇研究中心、南通市图书馆编《张謇全集》第四卷，页 278—279。
③ 张謇研究中心、南通市图书馆编《张謇全集》第四卷，页 329。
④ 张謇研究中心、南通市图书馆编《张謇全集》第四卷，页 329—330。

加收藏品，张謇也是颇费心思。在致李拔可的二通函中，所谈皆为收集藏品事。一曰："……往在劝业会见闽馆榕根几坐及人物假山，有取势至工者，此等雕刻器是否福州产？平时价格若何？有可托购之人否？祈示一二。（拟物色一旧刻榕根人物高三四五尺者为博物馆陈列品）。"另曰："奉惠建窑瓶炉并寄藏李颀石画，谨为博物馆陈谢。"①

在博物苑的用人上，张謇也是知人善任，认为在博物馆的陈列管理上，"博物繁难于图书"，"非博物好古丹青之渝之君子，又能精勤细事富有美术之兴趣者，莫克于此"②。他起用通州师范的优秀学生孙钺做博物苑的主任，此人在博物苑工作近30年，工作非常出色，将一生都奉献给了博览馆事业。在苑务管理上，张謇主张一定要用学有专长或有专门技艺的人，分任各事。"博览馆之建设，有异于工商业及他种之会场。非参研学理，确有规则，见者且非笑之。"③"管理工作者，于园丁非但无去取权，即驱使权亦不能十分作主。果如是，则苑亦何必有管理！"④

到1914年，经过十载苦心经营，南通博物苑已拥有较为丰富的收藏，建成天然（自然）、历史、教育、美术四部。据同年编印的《南通博物苑品目》记载，天然部包括动物类460号，植物类307号，矿物类1103号；历史部包括金类439号，玉石类86号，瓷陶类51号，拓本类45号，土木类16号，服用类49号，音乐类4号，遗像类5号，写经类3号，画像类2号，卜筮类2号，军器类9号，刑具类7号，狱具类4号；美术部包括书画类101号，瓷陶类113号，雕刻类43号，漆塑类10号，绣织类8号，丝类2号，编物类6号，铁制类1号，烙绘类1号，铅笔类1号，纸墨类8号；教育部包括科举、私塾、学校三类，共87号；四部总共2973号。此后历年有所扩充，到1933年孙钺辞职清点移交时，博物苑的收藏品已增至3605号，其总

① 张謇研究中心、南通市图书馆编《张謇全集》第四卷，页331。
② 张謇研究中心、南通市图书馆编《张謇全集》第四卷，页282。
③ 张謇研究中心、南通市图书馆编《张謇全集》第四卷，页275。
④ 张謇研究中心、南通市图书馆编《张謇全集》第四卷，页284。

价值据说不少于 50 余万元。一个私人创办的县一级博物馆能达到如此规模，已属十分难能可贵了。①

张謇手创的南通博物苑和图书馆、体育场、伶工学社、更俗剧场、城南五公园、唐闸公园等社会文化事业，同他在南通创办的大生纱厂等经济事业相得益彰、交相辉映，使昔日不起眼的南通成了经济发达、人文荟萃的首善之区。南通博物苑也取得了非常好的社会效益。张謇病逝四年后的 1930 年，地方报纸报道："该苑总理季直先生下，设一管理员，及数司事而已。南通各校，凡讲关于动、植、矿物，常由教师率往参观，因之人多称为南通各校专设之标本室也。外来参观者，须有参观券，否则无论何人，概不得擅入。"又注云："南通近来各项事业发达，他地人士来参观者接踵，因之而常苦应接不暇之慨，故印有参观券寄托于淮海银行，分普通参观及特别参观。如参观博物苑、军山气象台、观音院及大生纱厂，皆须取参观券，故谓特别参观。"②

显然，通过创办大生纱厂、博物苑、图书馆等经济文化事业，张謇的名字已永远与南通连在一起。张謇因南通而传世，南通因张謇而显名。

章开沅教授曾如此评价张謇："严格地说，张謇的性格与那些唯利是图的资本家的性格是有所区别的，他是一个务实的然而又有理想的事业家。"③ 此乃知人论事之见。在同辈人当中，张謇之所以能较早注意到博览会、博览馆等新事物在推动近代经济社会发展上的巨大作用，并殚精竭力、身体力行地倡导之、实践之、推进之，"做了三十年开路先锋"（胡适语），就在于他不单单是一个士绅和资本家，而且是一个有理想、有抱负的"事业家"，一个有着强烈公益心和社会责任感的一代"儒商"。就此而言，可以认为，张謇之从事近代博览

---

① 章开沅《开拓者的足迹——张謇传稿》，中华书局，1986 年，页 342。
② 章开沅《开拓者的足迹——张謇传稿》，页 342。
③ 章开沅《开拓者的足迹——张謇传稿》，页 349。

事业，其着重点，亦不在于经营和获利，而更为看重的是这一事业的巨大启蒙和教育功能，所谓"父教育而母实业"。惟其如此，他才能不计功利、不计成败，愈挫愈奋，成为近代中国博览事业的少数开创人之一。日本"近代化之父"涩泽荣一的传记作者曾尊其为"公益的追求者"，移之于张謇，不仅同样适用，或更等而上之亦未可知。

原载于《华中师范大学学报(人文社会科学版)》2001 年第 5 期
作者单位：华中师范大学中国近代史研究所

张謇与美国基督会

施建红　朱　江

1895 年张謇议办大生纱厂，开启了南通早期近代化的进程。到了 1920 年代初，南通已经引起了国内外的瞩目，"以其为中国人所经营之商埠，故年来变化之速，革新之进步，实堪为吾人注意也，而有中国模范城之称。观此城，亦可表率中国人建造革新之能力"①。海纳百川有容乃大，张謇在南通进行近代化建设的过程中，充分发挥各方面的力量。对于基督教，张謇欣赏其对南通社会事业的改善，因而采取鼓励和合作的态度。美国基督会在南通的社会事业发展上，客观上起到了补充和促进的作用。

一、基督会及其进入南通

基督会(United Christian Missionary Society)，又称使徒会，是19 世纪初产生于美国西部的一个基督教小宗派。一般人可能对这个新教组织比较陌生。事实上，南京大屠杀期间南京安全区国际委员会的重要成员贝德士(Searle Bates)、史迈士(Lewis Smythe)、麦卡伦(James McCallum)和魏特琳(Minnie Vautrin)，他们都来自美国基督会，当时这些英勇的传教士保护了成千上万的中国难民，他们的记载和照片日后成为日军暴行的铁证。

基督会第一个来华的传教士是加拿大的马林(W. E. Macklin)医生。1886 年，他去南京行医，自此以后南京成为他们的事业中心。

① 《中国实业之进步观——中国模范城南通州》，《密勒氏评论报》1923 年 3 月 17日，页 37。

基督会创立了南京鼓楼医院，还参与了金陵大学和金陵女子文理学院的创办。①

　　基督会进入南通，几乎与张謇创办实业同步。1894 年春天，基督会的传教士威廉姆斯（E. T. William）和威尔（James Ware）从上海过来，在南通及附近地区待了 26 天。秋天，威尔派冯文涛到南通传道，冯文涛租住并落定在南通。1898 年威尔在南通为两名年轻人洗礼。1905 年 4 月，约翰逊（John Johnson）和丹尼伯格（D. E. Dannenberg）两人在南通花了 3 个礼拜的时间修缮了租住的房屋。10 月 31 日，两个家庭到达南通，这是南通第一批外国居民。由此，南通成为基督会在中国发展的重要地区。基督会在南通的工作，是传教、医疗和教育三位一体的。基督会进入南通，也使南通在近代发展过程中糅合了更多的西方元素。

二、张謇对基督会的支持

　　在南通的基督会成员 1915 年写给总部的报告《南通州情况》（*The Situation in Nantungchow*）写道："张謇通过对西方文明的研究及与传教士的接触，获得了近代进步的思想和丰富的基督教义。他正在努力把南通建成中国一个模范城市。他在本区建立了博物苑、农科学校、医院、孤儿院、外宾宾馆、男子师范和女子师范学校。张謇曾要求我们帮他办好他的孤儿院和医院，但由于我们缺乏人员而没有能力做。假如我们帮助他管理的话，他将给我们在学校传授基督教义的特权，而这些是我们非常乐意的。张謇及他的哥哥（张謇的主要职员，为一名基督徒）诚意欢迎我们的传教工作，鼓励我们给南通尽可能多的帮助和设备，以提高这里人民的生活质量。"②

　　张謇并非基督徒，这一点基督会人士也承认，但并不妨碍张謇对

①　姚民权、罗伟虹《中国基督教简史》，宗教文化出版社，2000 年，页 99。
②　施建红等编《南通州基督医院存影》，山东画报出版社，2013 年，页 11—12。

基督教的欣赏。华莱士 C. 培根(Wallace C. Bacon)在《聚光灯下的南通》(*World Call*，1921 年 6 月)里是这样评说的：张謇认为"生活在南通的每个人都应该意识到，自己对城市的管理，负有一份责任。只有每个南通人都变成现代化的新人，南通这个城市才会真正现代化。不久前的一次宴会上，张謇说，中国最急需的是那些有崇高品质和领导力的人，他进一步阐述说，应该乞求神的帮助来获得这样的人。这些言论不代表张謇是个基督徒，但的确说明他有些欣赏基督教在培养美德方面的价值。最近他任命一位女基督徒做他孤儿院负责人的行为，也证明了这一点。还有一位基督徒担任了济良所的负责人，监狱的监管也有一位基督徒负责。五位基督徒(其中四位是留学生)在农学院担任教师。张謇让最优秀的一批中国人和一个传教士共同掌管慈善资金。这些都是出于对基督徒的美德的信任"①。

　　张謇与基督会的良好关系可以从一个侧面窥探。基督会在南通的负责人高诚身(Frank Garrett)，一直与张謇保持着密切的交流，并且经常参加张謇组织的大型集会。1920 年高诚身受张謇和张詧的邀请，参加了南通几所学校的联合毕业典礼，还做了主题为"进步、谦逊以及团结"的简短发言。《申报》曾经三次报道过高诚身参加的类似活动，即 1923 年 5 月 9 日南通各社会团体和学校三四千人聚会的国耻纪念会、1923 年 5 月 16 日南通代用师范学校廿周年纪念会、1925 年 6 月 6 日中等以上各校教职员学生讲演会。高诚身在后两次集会上还发表了演说。

三、南通形象的对外传播

　　基督会对南通文化最大的贡献，是在英文媒体上对南通的宣传，这些报道增强了南通的美誉度，也是现在的我们研究当年历史的重要

---

　　① 华莱士 C. 培根《聚光灯下的南通》，南通市档案局(馆)编《西方人眼中的民国南通》，山东画报出版社，2012 年，页 27—28。

参考。

当时的上海是中国最重要的对外窗口，也是外国人云集的所在。《密勒氏评论报》(*The China Weekly Review*)、《大陆报》(*The China Press*)、《字林西报》(*The North China Herald*)都是当时影响较大的英文报纸，这些报纸的通讯员和编辑很多就是在华的传教士，因此报纸内容体现了他们对近代中国社会的独特见地，也提供了迥异于华文报纸的观察视角。而张謇时代的南通，也是这几家英文报纸所关注的对象。

耶鲁大学神学院图书馆保存的高诚身档案中，有一份 1925 年 12 月《大陆报》的剪报，是高诚身夫人撰写的推介南通的《南通，著名的中国模范城，被誉为远东的威尼斯》，这是一篇尚未有人关注的反映张謇时代南通情况的文章。此外在他的档案中，还有至少 11 篇《大陆报》来自南通的通讯剪报，虽然未标明作者，但当时旅居南通的除了基督会传教士，很少有其他英语国家的外籍人士。

《〈密勒氏评论报〉中的张謇》一文(载《档案与建设》2014 年第 5 期)探讨了该报对张謇及南通的报道。《密勒氏评论报》从 1919 年起，发表了多篇深度报道，反映了民国南通全盛时期的成就，包括 1920 年 5 月 22 日《不受日本影响的南通天堂》、1921 年 3 月 26 日《张謇：中国的城市建造师》、1923 年 3 月 17 日《中国实业之进步观——中国模范城南通州》等。

《密勒氏评论报》对南通的关注，除了由于当时南通的确有一定知名度外，跟基督会也有相当的关系。高诚身是南通与外国人士交流的一个渠道。1920 年美国哲学家杜威到南通讲学，高诚身参与了接待工作，并邀请张謇一起为杜威饯行。《密勒氏评论报》的主编鲍威尔，跟高诚身保持着书信来往。鲍威尔后来一度担任《大陆报》的主编，1925 年 8 月曾致信高诚身，就次年中国与列强有关修改条约事宜，有关中方提出的"取消不平等条约、征收关税中国有完全自由主权、实行治外法权"的要求，请高诚身征求南通人士意见，以便汇集成书，交列强与会代表作参考。10 月 3 日，张謇就此致信高诚身，阐述自己的主张。

美国出版的《世界召唤》(*World Call*)杂志创刊于 1919 年，终刊于 1973 年，是一份反映基督教在世界各地传播情况的月刊。《世界召唤》从 1919 年至 1950 年，几乎每年都有南通的报道，主要是由在南通的基督会成员撰写，如高诚身、海格门等。这些报道或详或简，还有相当数量的照片作插图，从基督徒的角度反映了南通历年的概况。

四、对南通教育体系的补充

张謇在兴办实业的过程中，更注重发展教育，并形成了"实业教育迭相为用"的"父教育而母实业"的思想体系。[1] 根据《二十年来之南通》，到 1924 年，南通基本建立了完整的教育体系，包括"高等教育三所、中等教育六所、小学校三百七十余所、特殊教育二、及职业教育四"，而且"南通自中等以上之教育，除第七中学与英化职业校外，余均为张季直昆弟所创办"[2]。

所谓英化，即英文和化学。张謇在建设南通的过程中，深感南通实业的发展匮乏英文与化学人才，向基督会提出能否办一所侧重培训这两方面技能的职业学校。"张謇迫切需要这方面的专业人才，以满足他在南通推广的诸如肥皂制造、墨水制造等实业的需求"[3]。这个建议得到了基督会的响应，英化职业学校 1919 年招生，1920 年秋迁入西门外望江楼北首新校址。

此外，基督会还开设了专门培养护理人员的南通州基督医院护士学校。基督会是南通西医早期的传播者。1906 年 11 月，基督会的雷敦(Edwin A. Layton)夫妇到通州行医并传教，直到 1908 年他们回美国。雷敦一直在自己的住宅内进行医疗工作，成为南通史上的第一

---

① 张绪武《张謇》，中华工商联合出版社，2004 年，页 117。

② 《二十年来之南通》，南通县自治会印行，1938 年，页 26—94。

③ 华莱士 C. 培根《聚光灯下的南通》，南通市档案局(馆)编《西方人眼中的民国南通》，页 28。

位西医。1907年春，美国加利福尼亚的查普曼(C. C. Chapman)捐资5000美元，基督会在通州西门外河西街购地建造查普曼纪念医院，1912年10月医院建成并开张。由于缺乏医护人员，查普曼纪念医院1913年下半年无奈关闭。1915年12月，美籍医师乔治·海格门(George L. Hangman)及夫人萝蓓(Ruby Stone Ketcham)由基督会派遣到南通开展工作。1916年10月2日，南通基督医院开业，张謇及地方政要出席开业仪式并作了讲话。

为了解决合格护理人员缺乏的问题，基督医院于1916年成立了中国第一所向中华护士会登记的护士学校——南通州基督医院护士学校。从现存的《南通州基督医院护士学校历届学生情况记录册》看，护校成立之初由院长海格门兼任校长，从江苏通州、南京、苏州、扬州及安徽滁县、芜湖等地招生，首批招男学生7人，1921年4月开始改招女学生。以4年为修业年限，教授自然科学及医学专业知识，自1920年到1941年培养的学生为101人，学成后主要留南通州基督医院工作，也有到上海工部局医院、南京中央医院、鼓楼医院、安徽弋矶山医院、滁县医院、镇江弘仁医院、如皋长老会医院。当年从事护理工作，是对女子的一大挑战。护校的成立，客观上为女性追求独立拓展了渠道，也为社会培养了许多有担当的护理人员。

原载于《档案建设》2016年第7期
作者单位：南通市第一人民医院；南通市档案馆

外国人眼中的张謇

近代外国人眼中的南通和张謇

于海漪　　王福林

关于近代南通城市建设和领导者张謇的评论和介绍。除去当时中国人的评价之外，来到中国的外国人和机构也有所调查和研究，足见其在当时中国的领先地位和备受关注。

下面的资料来自《上海海关十年报告》和几份日本文献。[①] 原始资料的出发点是从经济史和社会史的角度，对近代中国进行考察。本论文从考察近代中国城市规划与建设的目标出发，对所提到的上述文献的内容进行了分析总结。

一、《上海海关十年报告》中的南通[②]

在 1891 年、1901 年、1911 年、1921 年、1932 年五次《上海海关十年报告》中，专门设立南通条目有 1921 年和 1932 年两次，摘要如下：

（一）《海关十年报告之四（1912—1921 年）》——（二十三）通州

上海海关税务司戈登·洛德（E. Gordon Lowder）1921 年 12 月 31 日。

现为上海附属口岸的通州，早在 1899 年就开始了建设。它从一

---

① 日本文献除引用野泽丰《日本文献中的张謇和南通》中的片断，以及驹井德三的《张謇关系事业调查报告书》之外，其他来自《扬子江为中心》和《偶像破坏期的中国》中的文字，由京都大学工学部留学生王福林翻译（2004 年 3—4 月）。

② 徐雪筠等译编《上海近代社会经济发展概况（1882—1931）——海关十年报告译编》，上海社会科学院出版社，1985 年，页 248—250、314—316。

开始就坚持自治的原则。当地有钱有势的商人在 20 年前就组成了南通自治会，对通州后来的发展，对于为建立警备力量、修筑道路、兴建医院、学校而筹措资金作出了贡献。

通州分南通州、唐家闸、芦泾港和天生港 4 个区，已建成的优质道路约 50 里。由南通道路建筑处负责养护。

通州现有人口 258500 人。

离天生港一英里的芦泾港境内，有太古、怡和、日清、招商局和宁绍五家轮船公司的代办处。航班只用于客运，不受理货运业务。

大达和三北轮船公司的船只停泊在天生港码头，在海关的监督下通航。

大达内河小轮公司总办事处设在唐家闸，共有小轮 30 艘，往来内河各地。

南通州与中国内地城市不同，除街道比较狭窄外，一切都像上海的公共租界。市内有各种商店，西式楼房到处可见。张謇是使通州发展成为一座中国模范城市的主要人物。他的独子张孝若在市内中央公园有一幢三层楼大洋房。南通商会大楼也是一幢美观的西式建筑。城外的模范路是一条像上海马路那样很好的道路。通州现有 90 辆汽车，大都是富商的私人汽车。

通州成为模范市应归功于张謇先生的悉心经营。张是大生纱厂总经理，他的弟弟（应该是哥哥张詧）是大达轮船公司经理，儿子是自治会会长，一度又是江苏省参议会议长候选人。通州其他著名大厂和银行的经理，都是张謇提名任命的。

通州是一个不靠外国人帮助，全靠中国人自力建设的城市，这是耐人寻味的典型。所有愿对中国人民和他们的将来作出公正、准确估计的外国人，理应到那里去参观游览一下。

（二）《海关十年报告之五（1922 年—1931 年）》——（十八）通州

上海海关税务司，劳福德（L. H. Lavford）1932 年 12 月 10 日。

通州之繁荣，如上次十年报告已提及的，是由于大战时期的繁荣和张謇先生的企业家精神和努力造成的。由于前者的崩溃和后者的去世，通州市况已日见暗淡。

前南通自治会已由县政府取而代之，属镇江省政府管辖。县政府下设财政、公安、教育、工务四局。最近新设地方法院，属苏州江苏高等法院管辖。

南通全县占地 7435 平方里，人口 1312851。

南通地方有四个"港口"：天生港系上下客货处所；芦泾港为上下搭客处所；任港及姚港为内河论创贸易地方。

南通及其周围有汽车公路 500 里。……据说使用的各种汽车约为 500 辆。

中国、交通、上海商业储蓄三银行在南通设有分行。

南通以产棉著名。虽有省立及县立两农事试验场，农民仍墨守成规，沿用老式农艺方法。

全县在造林方面作了很大努力。公路沿线，杨柳夹道，乡村附近空地及河滨，均已植有树木。

唐家闸设有大规模工厂 5 家，都用新式进口机器。它们是：大生纱厂、广生油厂、复新面粉厂、资生铁厂及在天生港的通燧火柴厂。

电灯用电由两家发电厂供应，一家在唐家闸，较小的一家在天生港。几年前曾开始建造一家规模较大的发电厂，但因资金不足，迄未竣工。

南通共有 5 种报纸，各为一张，分排四版。它们是：《南通报》《通通报》《民报》《通光报》及《五山报》。其中《南通报》声誉最佳。

养老院、精神病院、贫民职业学校和盲哑学校这几家公共机构，都是已去世的张謇先生所创办的，现归地方当局维持和管理。其他公共机构有南门外的五处公园、狼山附近的钟山之巅的博物院及气象台各一所。城内有三家医院：美国人办的慈善机关基督教医院、南通医院及新设立的通新医院。

（三）小结

在《上海海关十年报告》关于南通的条目为我们了解当时的南通提供了另一种视角，就是在领先于南通的上海工作的外国官员，从把南通作为上海港的附属港角度，长期、密切考察的资料。

整体印象是在 1912—1921 年期间，南通的建设非常令人鼓舞，张謇是领导者，不靠外国人自己建设，为此，上海海关税务司官员评价很高。

在 1922—1931 年间，由于张謇的去世和战后经济形势的恶化，南通城市处于走向衰败的过程。

资料还提供了一个信息，就是关于南通的"一城三镇"问题。从当时的文献，比如本文及《二十年来之南通》，以及下文的驹德井三《张謇关系事业报告书》（直接访问张謇，大部分资料由张謇提供）等看，在当时的南通，是存在城区（南通州）、唐闸区、天生港区、芦泾港区和五山区的提法。如果这样提的话，更能够反映把这些区作为一个城市的几个部分来统一规划和建设的意图。

二、日本文献中的南通和张謇

野泽丰在《日本文献中的张謇和南通》一文，介绍了日本人关于南通和张謇的介绍有上冢司、驹井德三和鹤见祐辅三人的文字，不过他的介绍不是针对近代南通城市建设，因此有些相关内容至今国内没有见到。[①] 他们三人为了不同的目的，曾经亲自来到中国，来到南通进行了实地调查和访问。本文摘选了三篇文献中关于近代南通城市建设的部分，作为资料供研究者参考。

---

① 野泽丰《日本文献中的张謇和南通》，南京大学外国学者留学生研修部、江南经济史研究室编著《论张謇——张謇国际学术研讨会论文集》，江苏人民出版社，1993年，页 146—156。

（一）驹德井三（1885—1961年）：《张謇关系事业调查报告书》（1922年）[①]

驹德井三1918年2月，受满铁委托，同时接受了外务省和农商务省的委托，前来中国实地调查中国产业，曾经到过南通。1920年9月回日本。1921年张謇筹划向日本借款，驹井作为调查员，于1922年11月重访南通，见了张謇。战后他写了《对大陆的宏愿》一书，涉及对中国的考察。在中国，现在有他访问张謇后的调查报告《张謇关系事业调查报告书》，详细介绍了张謇和张謇的事业，包括南通的城市建设方面。但是这份文献，据野泽丰讲，又未曾列入《对大陆的宏愿》一书。[②] 南通和张謇研究者对这份文献比较熟悉，故本文所引内容并不全面，主要涉及南通的城市建设情况和对张謇的评论。

（二）关于南通

1. 区域

在事业地内虽不见人口稠密之城市，而于南通、海门、崇明、如皋、东台、盐城、阜宁等诸县治之地，均有人口二三万之城市。

2. 南通（分为商业地、工厂地和住宅等区）

惟除南通之外，其文化程度甚低，独南通城市之经营，张謇不倦其力，宛然有为江北一带之首都之现象。南通分为商业地、工厂地及住宅等各区，以旧城为商业区，惟街路狭小，颇觉杂沓，工业区称为唐家闸，在南通北方12里，各种工场大凡集于该地，与南通之交通，有汽车、人力车、小车、小火轮、民船等，故货客往来甚便。住宅区在南通城外之西南，西大路通天生港（城西）、狼山（城南）及唐家闸（城北）。建筑尽用西式，路身广阔，两旁植以树木。住宅与住宅之

---

① 驹井德三《张謇关系事业调查报告书》，《江苏文史资料选辑》第十辑，江苏人民出版社，1982年，页130—195。

② 野泽丰《日本文献中的张謇和南通》，南京大学外国学者留学生研修部，江南经济史研究室编著《论张謇——张謇国际学术研讨会论文集》，页146—156。

间，设学校等各自治机关及各公司事务所，有连合之公园，公园各面有风景明美之小湖，南可望五山。有电灯、电话，有南通俱乐部宾馆、有斐馆、桃之华馆等诸西式旅馆。

（三）关于张謇

张公曰："予为事业生，当为事业死。虽曾就农商之职，然此不过为予完成事业之经过耳。足下为日本人，闻斯言或觉奇异，然予信今日之最忠于中国国家者，在能完成一事以示国民而不疑也。"

惟张公虽是如斯之大事业家，而所有私有财产，却较为少者。盖与所谓军人政客者异，以专为民众尽心于社会公共事业之故也，由此而知张公之心，其所以力求经济上之发展者，不过为达社会公共事业之一手段而已。

就上述之经历，已足见张公之为人，今余以此番屡次与张公会面之所感及由张公之部下及知己友人所闻而综合之，则其所长：一为头脑明晰、学识丰富、眼光洪远，且尊重科学，有研究应用之才；二为意志坚固，有心有所决，非达其目的不止之气；三为勇，在中国人中，实所罕见，有虽千人我往之风；四为人格高洁，奉己甚薄，粗衣粗食，而律己甚严；五为有高雅之风，对于学问、书画及演戏各种文艺，极有趣味为之，虽掷巨万之私财，亦不惜。有时忙中取闲，隐居山庄，或读书，或作诗，或应人之请挥其大笔等是也。其所短者：一为主张己之所信过坚，在富有妥协性之中国社会，不免为所敬远；二为智者共有之常疾，欲以己律人，以自奉之过薄，亦欲求之于人，以致部下人才难集等是也。虽然，在此举世混浊之中国社会中，上自大总统，下至小官，无不汲汲然唯求一身之安宁一己之名利，惟张公所怀之理想，数十年始终一贯，表面以分头于实业、交通、水利之标榜，里面则醉心于教育及慈善事业之振兴。惟一主新中国之创造者，诚可谓治现今中国社会良药，而非过言者也。

（四）鹤见祐辅（1885—1973 年）：《偶像破坏期的中国》（1923 年）①

本书是鹤见祐辅 1922 年 5—6 月旅行中国的记录。鹤见祐辅 1924 年游历世界，1928 年成为众议院议员。他是站在国际主义的立场上，能够敏锐地感受 1919 年巴黎和会之后的世界性民主主义风潮的日本人。他试图在日本人普遍拥有的"对古代中国的尊敬和对近代中国的轻蔑"态度之外，找寻"武力和财力都弱小的中国"当时也有值得尊敬的人或事的证据。他那次在中国的旅行，是把参观北京的国立大学、山西省太原府的阎锡山氏的事业，以及南通州的张謇氏的事业，作为三大纲目。同时期他也访问了孙中山。可以说这些人或事，是他预想中比较卓越的，对南通访问的结果，证实了他对南通和张謇的预想。

（五）张謇先生

阎锡山在山西的自治活动，是政府支持下的行政事业，张謇先生的南通州的事业，是个人经营的经济发展事业。在自治方面有立足于中国国情的政治特色；在经济方面，是扎根于中国人的国民性的重要的社会现象。对处于混乱状态的近代中国的救治必须从教育、自治和经济开发三个方面着手。张謇先生清楚地看到这一点，不仅使南通经济富裕，生产安定，又持续实施现代教育，因此，不能不说张謇先生的事业，是中国 400 余州里面成绩卓著的一个。

"先生在南通，非常热心于教育事业，先生觉得目前中国的教育中心应置于哪方面？"我在聊过一些话题之后，提出了这个问题。同行的王任衽把日语翻译之后问了张謇先生，张謇先生认真地听过问题之后，平静地做了回答。这次是张謇先生的学生廓君用英语作了翻

---

① 鹤见祐辅《偶像破坏期的中国》，ゆまに书房，1999 年重印，页 70—77、244—250。

译，"这个问题有很多方面，但是我还是认为根据中国的传统教义儒教进行教育比较好。"这跟我预期的答案相同。但是，北京大学的新人胡适大呼"儒教在中国已经死去！"针对这样大胆的言论，仍然有人一直坚定地认为儒教是国家根本，张謇先生的这句平凡之语就是很好的证明。"我对中国的人口问题很感兴趣，如果跟中国的四亿人口相比，日本的六千万人不到中国人口的六分之一。我认为中国人口问题对世界经济起到重大影响的日子即将到来，就是说中国低廉的人工费对全世界的劳动者会有很多的威胁。作为中国，如果单纯从经济发展上着眼，如果不对人口增长加以限制，每人的劳工费永远也不会增加，那么，照现在这样，形成中国式的家族制度和社会组织，鼓励人口生育，中国人民全体的繁荣就很难实现。例如，在南通，先生致力于发展经济，在经济繁荣的同时，人口是否有日益增加的趋势？"张謇先生一边听，有时注视着我，精神集中，理解透彻的感觉在我心中涌起，一股敬服之情油然而生。

"这个问题，仅以南通为例来说，我有这个担心。经济发展的同时，劳工费也跟着上升，但是在战争年代，即使经济景气，即使给了劳工费，人们的生活也得不到提高，只是现在还没有下降而已。在其他地方，劳工费增加，人们的生计增长的例子也有。那么，"张謇先生调整了坐姿，接着说"在南通，土地的收益不足以养活所有的人口，即使一家不到八口人，土地收益也不够用，现在只有供养一家五口人的土地。因此，我在海门（原文作海州）的前面计划填海建造供养四十万人口的土地，这些土地设计用作耕地。请看一下这个。"①

（六）南通州经济运动

6 月 11 日夜，离开炎热的上海码头，乘坐自己的轮船，向南通出发。沿着扬子江逆流而上，本应黎明时到达南通的轮船终于在上午

---

① 根据我们推测，"这个"应该是张謇先生向对方展示了通海垦牧等盐垦公司的开垦图。在原书中没有下文继续说明。

十点渐渐靠了岸。坐上张謇先生来码头迎接我们的汽车，在南通的街道里穿行，欣赏着周围的新鲜事物。沿着运河的平坦道路绵延十几英里，从拥有这样完整的碎石式的道路就足以看出张謇先生非凡的都市经营手段。从南通的大路拐了几个弯，来到了一所最近的俱乐部，这再一次出乎我的意料，那是我在中国初次见到的中国人经营的俱乐部。即便在东京我们日本人经营的俱乐部业跟英美比没他们那么红火，在中国俱乐部业不发达就不足为怪了。① 但是在南通这么边角的地方，不论程度如何，建有俱乐部，一方面作为社交场所，一方面又为提供旅行者提供住宿之处，的确令我很长见识。南通比山西省的市容街道要新。下午坐上汽车，相继参观了工厂、学校、盲哑学校、幼儿园、图书馆、剧场、农场。正如人们所知，张謇先生的事业是开垦南通周围肥沃的土地，栽种棉花，然后再纺织工厂纺棉制纱，其他的还有制油工厂，豆粕工厂。所到之处，散布着现代的大型工厂。此外还有开辟运河，填海造田，以图将来有更大的发展。张謇先生以经济所得收益为基础，在南通尝试都市经营，铺设道路，架通电力，建造学校，设立剧院，设置各种各样的娱乐设施。可以看出张謇先生所经营的事业是建立在现代科学的基础之上。由于没有实行劳动法，在工场可以看到幼年劳动者，此外还看到几位带婴儿进纺纱厂上班的母亲，因此有些哀伤的感觉。但是，在中国建立像美国那样完备的工厂有些困难，因此我认为，不应考虑张謇先生这些尚未尽善尽美之处。我相信随着将来经济的发展，将看不到像这样的事。

跟张謇先生会话时，令我印象深刻的事情是他的每一条意见都非常具体、全面，特别是利用数据说明自己的观点，是我遇到的很多的中国人中唯一的一位。张謇先生认为在中国需要能养活一家八口人的土地，而实际上只有能供养一家五口人的土地，因此为了增加土地，他计划在海门附近开垦可供养 40 万人口的土地，并把收支预算详细

---

① 在《论张謇——张謇国际学术研讨会论文集》中所刊载的野泽丰所著《日本文献中的张謇和南通》(页 146—156)中，此句理解或者翻译有误。

地向我作了说明。我的感觉是，张謇先生对我的提问，先进行周密的思考，然后将自己确定的答案简洁地说给我听。作为中国科举考试第二名的及第秀才张謇先生①，曾任袁世凯政府的农业部部长，虽然想在中央大展宏图，但最终明白中国经济的发展靠当时的中央政府难以实现，退而到乡下致力于发展经济事业，并用经济方面的收益发展南通，这使我由衷地敬佩。例如像学校的问题、养老院的问题、更俗剧场的新剧运动等，可以看出张謇先生透视时势如何发展，因势制宜的非凡才能。

关于更俗剧场的活动，我觉得很有意思。到码头来迎接我的是位年轻的中国人②，在跟他的谈话中可以看出他是位演员，曾在日本的成城学校就学，革命开始的时候，经黄兴的许可，参军打仗过。后来因愤恨政府的腐败，离开军队，当了演员。他的新思想受到了张謇的赏识，从事旧剧更新活动，自己写的反映新思想的戏曲，自己在舞台上演出。然后在张謇建造的更俗剧场，用他的演出来呼吁改善中国的社会生活。

张謇一方面投身于纺织事业、开垦事业等有收益的经济事业。另一方面像这样的文化运动又感兴趣、富有同情，显示出他是个不平凡的人，如果中国有十个张謇，有十个南通．那么中国的将来就会很有希望。但是，我担忧的是，张謇的事业是他一个人创建的，如果后继者做不到这么好，他毕生致力的计划就可能四分五裂。我一直盼望的是年轻的张孝若能够继承先辈的大志，完成这一事业。张孝若在美国的纽育大学留学一年，今年只有 25 岁，不仅才华横溢，对政治运动也很感兴趣，曾经竞选过州议长。我一直希望他能够了解当今中国没有根底的政治运动，跟已经在他手中的经济霸权相比，是很不值得投入的事业，希望他能早日了解到这一点。希望张謇培养的很多年轻人能够健全地发展南通，使今天南通的事业成为中国的一个典范。

---

① 此处原文如此。但是张謇其实是清朝科举考试的第一名状元。
② 这个年轻人是欧阳予倩（本文作者根据野泽丰文章注释）。

三、上冢司(1890—1978年):
《扬子江为中心》(1925年)①

上冢司是受满铁委派,"调查中国华南经济",并接受了外务省和农商务省共同委托的形式,在1918年中秋启程来中国,1918年12月31日—1919年1月6日期间访问了南通,拜会了张謇。②

(一)关于崇明③

崇明县城是一座人口一万多的小城,是崇明岛上唯一的一座小城,因此工商业方面没什么值得看的。利用岛上特产棉花纺纱织布的纺织公司,因为资本和交通的关系,设立在距离此地二十里的叫外沙的地方。益新染织公司和永兴厂是当地布的制造业者,因为采用纯中国式的手工织布机,两者最高产量合计,一年的生产额不到一万七千匹。但是纺布用的棉纱,一点也没有本地的产品,或是水月,或是蓝鱼、双鹿等品牌,几乎全部是日本的产品。只有学校的完备程度,尤其处于中国的乡村地区,出乎我的意料。从中学、女校、商业学校、艺术学校开始,高等小学、贫民学校、国民小学等一一具备。自古以来,在岛治的地方,城墙完整地保留着,除市政厅之外,警察署、军营等官衙也存在。总体的感觉是这是一个稳固的道城。

(二)从崇明到海门

过了崇明城之后,朝着鸦鹄港出发。沿着平原上平坦的道路向西走,道路只有一间(间为日本的长度单位,一间为六尺,合1.818 m)

---

① 上冢司《扬子江为中心》,ゆまに书房,1999年重印,页34—68。

② 野泽丰《日本文献中的张謇和南通》,南京大学外国学者留学生研修部,江南经济史研究室编著《论张謇——张謇国际学术研讨会论文集》,页146—156。

③ 小标题是本论文的作者加的,并非来自文献的原文。

多宽，道路中央铺有长两尺、宽一尺的石块，方便雨天通行和小车通过。道路两侧麦苗有三寸多高，显示出了土地的肥沃和气候的温和。放眼望去，辽阔的平原到处点缀着杨柳和人家。人家居住的地方，环绕着一团一团的茂密的树林和紫色的暮霭，正是我想象中的古国的风光。耕地整理得很好，很平坦，灌溉用的小运河规则的纵横交错着。冬天长满小麦的田地，夏秋的时候就成了著名的南通棉的生长地，开花的时候，呈现出万顷白雪堆积的壮观场面。

（三）海门到南通

三人乘坐三辆小车，八点十分出发，沿着海门市西部平坦的道路奔驰。道路沿着小运河伸向西北方，道路两旁是清一色的小麦田和菜园。灌溉用的小河纵横交错，河面上白色帆影闪现。这里过去曾是满栽鸦片的地方，光绪末年颁发禁令后，全部改种棉花了。现在作为南通棉的生产基地，海门县每年可以产原棉六十万担。

绿色的柳树、杉树、竹子等点缀在麦田的间隙。路旁坐落着瓦屋顶白墙面的漂亮房子，可以明显看出这一带的富裕程度。面向道路最远的地方还设有厕所。坐在带扶手的椅子上，看着村里人或行路人来来往往，衔着长烟袋，悠悠闲闲地过着充足的生活。这些是在村落或小镇的附近，经常可以看到的悠闲景象。

九点半，经过一个有三百户的叫作天铺镇的小镇，再次进入野外的道路。因为霜化了，不太好的路变得像下过雨一样泥泞，小车的车夫累得满身是汗。十点十五分，到达川港镇。像这样超过五百户、生意兴隆的繁华小镇，在乡下很少见。这里棉商很多，家里最大的特产是棉花的副产品。进了一家饭店，吃了早饭兼午饭，十一点半再度出发。

（四）南通城

城的周长约六里，是(周)显德五年(958)开始修建的不太坚固的土城墙，后来内忧外患纷起，几经战火，造就今天的坚固的砖砌城墙。①

如今的南通，比军事要地更明显的特征是作为江北一带的商业工业中心，走上了经济发展的道路。在离西门二十里的唐家闸，十几根烟囱一年四季吐着黑云一样的烟雾。虽然离海港稍微有点远，但是离南通二十里的芦泾港，作为南通对外的港口，铺有平坦的大道直通南通。在市内，有中国银行和交通银行的支社、农会、商会、金融合作组织等商业工业机关，也有人力车、汽车、马车，也为了夜间照明设有电灯公司。电信电话设备也是在其他乡镇看不到的。至于教育、公共机关方面，张謇也是沥尽心血建设，从商业学校、农业学校及其附属的实验所等实业学校开始，师范学校、医学校等设施完备，盲哑学校、残疾人院、气象台在离开市区的狼山下，每个都是砖砌的宏大建筑物。学生很多，建筑相当整齐，让人看后感到很舒爽。多数学校都是张宅南门附近的水边建造，学生们在安静的环境里，享受着自然的美景，专心于学业。看着在傍晚的微风中，十七八岁的青年穿着中国式服装，三三两两在附近的公园里相携散步，不能不让人觉得南通是绝好的学园。

到处整洁秀丽、人杰地灵的南通市啊，我们衷心地祈祷你永远清丽繁荣。

（五）在乡下大展宏图的张謇

前农商部部长张謇的大名，从上海出发向北行进后，就经常从旅人的口里听到，一旦踏进他的故乡南通，就可以看出所有的事情都以他为中心在运转。四通八达的平坦大道、宏伟的学校设施、农业试验所、气象台、残疾人院等公用事业、明亮的电灯、通达的电信电话，这一切没有张謇的努力，一项也不会有。南通造就了张謇，张謇造就

---

① 南通的城墙在1920年11月30日南通自治会议定拆除城墙，城址建设马路，城泥用以填塞城内市河，改砌阴沟，拆出城砖，可移为公共建筑之用。（见《南通自治会报告书第一册》）

了南通，现在张謇的力量如此宽广、如此强大地在这一带扩展。

（六）唐家闸

唐家闸，在离南通西门12里的地方，这里有张謇怀着一片爱国之心创建的大生纱厂、广生油厂、复新面粉厂以及其他工厂，十几根高高的烟囱一年四季吐着黑烟。

出了西门，城门外的宽广的道路一直延伸到城市尽头，马路有六间到七间那么宽（11—13 m 宽），沿着满载河水的运河向西伸展，河上很快就有一艘满载棉花的帆船划过，饲养鹈鹕的渔船嗖嗖地破水而过。马路上人力车、小车忙忙碌碌，来来往往。

南通出西门12华里的地方——唐家闸：眺望掩映在几个烟囱之间的直冲云霄的大生纱厂的时钟台时，我们仿佛现在才为宏伟的四周的光景而感到震惊。沿河的一条街，车水马龙，络绎不绝，人来人往，摩肩接踵，异常热闹，河边停泊着数百艘民船装卸着货物。所见这般光景，一切的一切．都是在活动着的，又是现代化的。

唐家闸约5000人口在这些近代化的工厂里面工作，解决了衣食等生活问题。……工厂之中规模最大的是大生纱厂、复新面粉厂和广生油厂3个厂子。

（七）狼山

狼山位于南门外14里的江边，从南门有一条八间(14.5 m)宽的笔直大道直通山麓。道路两旁每给二间(3.6 m)栽有柳树、刺槐等护道树。

马路对面是一眼望不到边的沃野，南面的狼山五峰像起伏的波涛，叫作霞的翠绿的中峰像高塔一样向你逼近，比一幅画卷还要美丽。坐在小车上向南颠簸了一个小时，到达了山麓。

四、结　语

这三份日本文献为我们了解当时的南通，以及当时日本人心目中的南通提供了一定基础。由于他们访问南通的目的和各人所抱持的立场不同，所以行文风格也有很大区别。

驹井德三是带着非常具体的考察任务来南通的，并且因为贷款事项，得到了张謇方面的全力支持和配合，提供了很多资料给他。全文紧扣考察经济的目的，并全面评价了张謇在当时中国的政治、经济地位。

他对张謇的极力推崇，认为"惟张公所怀之理想，数十年始终一贯，表面以分头于实业、交通、水利之标榜，里面则醉心于教育及慈善事业之振兴。惟一主新中国之创造者，诚可谓治现今中国社会良药，而非过言者也"①。结果导致了贷款事项的失败，因为日本人不愿意扶植一个张謇那样杰出的人，以免对日本形成威胁。

驹井德三提到南通的功能分区，因为他的资料来源多直接来自张謇或者张謇集团，因此可以认为，张謇城市规划思想中是有城市功能分区的概念和规划的。

鹤见祐辅以一种重新发现中国所值得尊敬的人和事的角度出发，试图突破一般日本人中对中国近代的蔑视范式，因此，力图客观反映现实。他对南通的考察结果是令人满意和兴奋的。

他首先认为作为个人经营的事业，张謇的南通比阎锡山的太原更有价值。其次，他特意问到关于教育原则问题，得到张謇以传统儒教为基础的答复，非常满意。第三，他关注南通的城市发展和建设，注意到它们是建立在现代科学的基础上。最后，他对于张謇和南通的评价很高，"对处于混乱状态的近代中国的救治必须从教育、自治和经济开发三个方面着手，张謇先生清楚看到这一点，不仅使南通经济富裕，生产安定，又持续实施现代教育，因此，不能不说张謇先生的事业，是中国400余州县里面成绩卓著的一个。"认为"如果中国有十

---

① 驹井德三《张謇关系事业调查报告书》，《江苏文史资料选辑》第十辑，页130—195。

个张謇，有十个南通，那么中国的将来就会很有希望。"①

　　上冢司虽然也是受委托而来，但是行文仿佛游记，又像散文。还抒发了一定的个人感情。他把遍历通海各地的所见所感都记录下来，包括南通城、狼山、唐闸等。这里所摘选的只是其中一部分。他认为当时的南通是江北的商业工业中心；在南通与张謇的关系中，道出了"南通造就了张謇，张謇造就了南通"②；他由衷地希望南通长久保持繁荣，"到处整洁秀丽、人杰地灵的南通市啊，我们衷心地祈祷你永远清丽繁荣。"

原载于《中华建筑》2006 年第 2 期

作者单位：北方工业大学；日本京都大学

---

① 　鹤见祐辅《偶像破坏期的中国》，页 70—71、249。

② 　上冢司《扬子江为中心》，页 47。

张謇与晚清江海关税务司好博逊

朱 江

实业家张謇在创办大生纱厂的过程中，充分认识到晚清上海的海关——江海关对于大生纱厂的作用，并积极争取优惠的税收政策。大生纱厂开纺后迅速盈利，也引起了江海关的关注，英籍税务司好博逊在《海关十年报告(1892—1901)》中对张謇和大生纱厂的记载，是西方人对张謇和大生纱厂的最早的观察和评价。张謇与好博逊保持着良好的合作关系，在张謇从事天生港自开商埠过程中，好博逊提供了帮助。

一、好博逊对张謇和大生纱厂的关注

通常所称的《海关十年报告》(*Decennial Report*)，是旧中国海关编辑的资料的核心部分之一，先后出过 5 辑，涉及时间分别为1882—1891 年、1892—1901 年、1902—1911 年、1912—1921 年和1922—1931 年。《海关十年报告》是根据 1882 年英籍总税务司赫德的第 200 号令开展撰写的，赫德要求压缩年度报告内容，进而编撰详细的十年报告。《海关十年报告》的历史价值在于其内容的丰富性，就如《海关十年报告(1892—1901)》封面所揭示的，较为全面地反映了开放口岸贸易、航运、产业等经济情况，以及开放口岸所在地区的社会发展现状。每辑均有附录，依然以 1892—1901 年为例，就包括了各开放口岸的贸易统计、人口统计和邮政报告。这些是研究开放口岸历史的重要资料。

1904 年出版的《海关十年报告(1892—1901)》的江海关部分，出现了关于张謇和大生纱厂的介绍，共有三处。其中有大生纱厂1899年开工后的经营状况，是笔者所见到的出版物中，西方人对大生纱厂最早的关注和评价。

第一处出现在第504页："这10年里，张謇，一位通州人，高中了状元，他是在1894年获得这个殊荣的。"

第二次提到张謇是在文章的最后，第526—527页："在过去10年里升职的20位江苏人名单，名单里最后一位是新状元张謇。"

关于张謇的简要介绍，出于《海关十年报告》编写的例行要求。如果张謇仅仅是个状元，也许就淹没在史料中了。1895年张謇受张之洞的委任，筹办大生纱厂，开启了探索中国早期近代化的征程。大生纱厂是中国早期工业化的代表性企业，因此受到了《海关十年报告》的关注。关于大生纱厂的叙述，则是置于江海关所辖区域内的地方工业化背景中。在第511—518页，用了很多的笔墨对1895年《马关条约》签订前后本地区的工业发展情况进行了描述，主要是缫丝业和棉纺业。在棉纺业方面，除了介绍几家外资企业外，对位于上海的机器纺织局、华盛纺织总厂、裕源纱厂、大纯纺纱厂、裕晋纱厂等华资企业也作了比较详细的介绍。报告提及："在过去五年中，上海有些华资纱厂获得了少量的利润。特别是刚刚过去的十二个月内，它们发放了平均高达五厘的股息。除了上海的这些纱厂外，下列地方各开设了一家华资纱厂，包括苏州、杭州、宁波和通州。这些纱厂看来都有可以获得利润的条件，其中收益最好的是通州的纱厂，因为该厂地理位置优越，靠近棉花产地，1901年已能发放七厘股息。这些，就是直至目前为止在第一次试图沿用外国方式大规模建立中国地方工业过程中出现的主要事实。由于此事涉及大量资本，大家也一直对此甚为关注，所以才用了这些篇幅加以叙述。"[1]

《海关十年报告（1892—1901）》的作者是时任江海关税务司的好博

---

[1] 徐雪筠等译编《上海近代社会经济发展概况（1882—1931）——〈海关十年报告〉译编》，上海社会科学院出版社，1985年，页107。

逊（H. Elgar Hobson），写作时间为 1901 年 12 月 31 日至 1902 年 12 月 15 日。这是一位在中国生活工作时间很长的英国人，出生于英国德贝郡阿什本，在马恩岛的国王威廉学院接受教育。好博逊 1862 年进入晚清海关，曾担任总税务司李泰国的私人秘书兼翻译，后在宁波、汕头、汉口、烟台和淡水等地海关服务。1877 年 1 月，他在新通商口岸温州开设海关。此后他前往打狗（高雄）、厦门、淡水和天津，先后主管这些地区的海关。1882 年底，他被调往上海任职。他从上海回国休假，返回中国后驻留宜昌，随后开设重庆海关。接着，他先后在九龙、芜湖和亚东服务。1900 年 3 月，他在云南建立腾越海关。[①] 根据《上海海关志》，好博逊 1884 年 11 月 13 日至 1888 年 6 月 8 日、1901 年 4 月 10 日至 1910 年 1 月 12 日担任江海关税务司（其间曾短暂地离岗）。[②]

好博逊有着 40 余年中国多处海关任职的经历，而这 40 余年又是中国社会变化剧烈的时期。从好博逊拟写的报告看，他眼光是敏锐的，也是独到的。他从上海及周边地区近代工业的起步，体会到了中国社会区域性工业化的兴起。就通州（南通）而言，事实的确如此，大生纱厂开工后连年盈利，带动了通州（南通）其他工业的发展，进而推动了南通区域教育、文化、慈善等事业的整体进步。《海关十年报告（1892—1901）》为英文版本，出版后通过上海、香港、横滨、新加坡、不莱梅、伦敦等地的书店出售，是大生纱厂早年在海外和在华外国人中社会形象的重要塑造者。

1921 年江海关税务司戈登·洛德（E. Gordon Lowder）撰写 1912—1921 年的《海关十年报告》时，南通已经成为众口相传的模范城市。在第 249—250 页，戈登·洛德写道："南通州与中国内地城市不同，除街道比较狭窄外，一切都像上海的公共租界。通州成为模范

---

① 夏伯铭编译《上海 1908》，复旦大学出版社，2011 年，页 126。另据《北华捷报》1910 年 2 月 25 日，页 417，好博逊 1861 年进入中国海关工作。

② 陈正恭主编《上海海关志》，上海社会科学出版社，1997 年，页 137、139。

市应归功于张謇先生的悉心经营。通州是一个不靠外国人帮助、全靠中国人自力更生建设的城市，这是耐人寻味的典型。所有愿对中国人民和他们的将来作公正、准确估计的外国人，理应到那里去参观游览一下。"

二、张謇和好博逊在厘捐问题上的共识

江海关始设于清康熙二十四年（1685）。1843 年 11 月 17 日，上海正式开埠。江海关为征收夷税，设立盘验所。1844 年设立新关，俗称洋关，又称江海北关。原小东门外的海关称江海大关，两关并立。新关管外国输出入货物、船舶征税事务，取代盘验所。江海大关后改称常关，专管国内沿海航行船舶税收事务。①

张謇很早就与江海关有所接触，现在可以找到的最早的记录是光绪二年（1876）。农历二月十七日，张謇坐船从南京下关去上海，次日抵达。张謇家里经营瓷器，"适家中有购碗船在此待行，因定于明日北渡。"② 十九日张謇下午登船，傍晚时分启行，宿黄浦之滩。二十日一大早，船只抵达吴淞口。"船人俟关吏验缯，停泊一日。三更后月上，南风飒飒，满帆开行，甚驶。"③ 第二天早上抵达青龙港。

张謇所过的是江海常关下的吴淞分卡，位于现在的上海市宝山区吴淞地区东南。开始设立的许多年间，关员在面临河岸的一所庙宇里办公和住宿。宣统元年（1909）租了一座半西式的房屋。这个分卡的职能主要是缉私和检查，在很低程度上对经过吴淞口进出黄浦江的民船和内河的小轮船及拖驳所载货物征税。④

张謇筹备大生纱厂初期的六位董事，其中潘华茂、郭勋是买办，熟悉进出口业务，是海关的常客，刘桂馨、沈燮均是通海地区的布

① 陈正恭主编《上海海关志》，页 71。
② 李明勋、尤世玮主编《张謇全集》8，上海辞书出版社，2012 年，页 72。
③ 李明勋、尤世玮主编《张謇全集》8，页 72。
④ 陈正恭主编《上海海关志》，页 80—81。

商，常年经营销往东北的关庄布，也需要跟海关打交道。因此，张謇的团队人员熟知海关对于企业经营和货物流通的重要性。尤其是大生纱厂办在通州，通州本地除了棉花外，其他诸如机器及配件、燃料等物资都需要从上海购买或转运，江海关成为大生纱厂经营环境的重要一环。在张之洞和刘坤一两任两江总督的支持下，大生纱厂取得了"只在洋关报完正税一道，其余厘税概行宽免"的政策。[①] 也获得了上海运往通州的物资，在缴纳子口税后，凭护照经江海北关复验后，直接出吴淞口驶往通州的便利。

　　随着大生企业的发展，大生流通的物资日益增多，缴纳给江海关的税额也水涨船高，与江海关的联系愈发密切。从张謇的文章和日记看，张謇与好博逊是有往来的。

　　张謇在光绪三十一年（1905）的《为创办渔业公司事咨呈商部》里披露，宁波和上海的渔船因为关卡税重厘繁，不得已挂用洋旗。关税每次大船27850文，小船15750文，吴淞厘捐每次大船74000文，小船56000文，此外还要受到各个衙门和恶棍的盘剥。"一挂洋旗，税由华人之为洋伙者代缴。按吨位论税，大船征银十二三两，小船征银三四两。厘卡免捐，向索陋规之人亦不敢过问。计每一船进口共费七八十元。"[②] 张謇曾与好博逊有过探讨，两人在这个问题上还有着一致的看法："前晤沪关税务司好博逊，亦谓若望各渔船不挂洋旗，非中国真能体恤穷苦渔民不可。"[③]

　　张謇与好博逊探讨的核心问题，其实是厘捐的危害。厘捐是一种商品通过税，由于逢关纳税，遇卡抽厘，重复征课严重，阻碍了商品流通。早在1879年，张謇就指出"其实厘捐所入，半肥委员、胥役之囊。"[④] 鉴于厘捐之弊，导致洋票盛行。贩运洋货之子口税单及贩

---

　　① 　张之洞《南洋大臣张奏稿（光绪二十一年十二月二十八日）》，《影印创办大生纱厂禀稿暨招股章程原本》，南通市档案馆馆藏 B401-111-1。

　　②③ 　张謇《为创办渔业公司事咨呈商部》，《张謇全集》第一卷，页 101—107。

　　④ 　张謇《代夏学政沥陈时事疏》，《张謇全集》第一卷，页 3—5。

运土货之三联单，初均限洋商持有，故合称洋票。① 1895 年 9 月，张謇指出："各省口岸商民之乐买洋票者，既纷纷矣。将来内地商民，苦厘捐之扰，而便洋票之随处可买也，悉趋日商之门，张日商之旗，以七分五厘归关税，以三四分酬日商。"② 根据 1858 年的《天津条约》和《通商章程善后条约》，洋货从通商口岸运销内地，或土货从内地运往通商口岸，除了在口岸海关缴纳 5% 的进出口税外，缴纳 2.5% 的子口税后，可以免内地一切税厘。子口税保护了洋商的利益，导致华商依附洋商，假冒洋商名义，以逃避各种厘税的盘剥。在厘捐问题上，好博逊作为江海关税务司，跟张謇持相似的态度。

三、好博逊在天生港开埠中的作用

为便利交通和贸易，张謇在筹办大生纱厂的时候，就策划将通州的天生港开辟为通商口岸。从天生港实现自开商埠，到江海关南通县洋关分关设立，这段时间好博逊担任江海关税务司。现存的史料看，这些需要清政府通过上海道布置给江海关税务司具体操作，好博逊实质上参与了天生港的自开商埠工作。

天生港既是通州的重要长江口岸，况且"至内河道仅十余里，其东至海门，西至靖江、如皋、泰兴、泰州，北至东台、兴化、盐城，凡八州县，一水可通，而天生港适为枢纽之地"③。天生港的开埠对于长江北岸多地的经济有促进作用，为此张謇动用了诸多人脉争取。首先是 1899 年山东道监察御史余诚格奏请天生港自开商埠。余诚格，字寿平，与张謇同为乙酉年（1885）顺天乡试举人，两人之后以"同

---

① 何烈《清末的洋票问题》，大陆杂志社编《明清史研究论集（大陆杂志史学丛书第四辑第五册）》，页 381。
② 张謇《答南皮尚书条陈兴商务改厘捐开银行用人才变习气要旨》，《张謇全集》第四卷，页 14—17。
③ 张謇《张绅謇咨周督文（光绪三十一年九月十九日）》，《通州兴办实业章程（大达轮步公司）》，翰墨林编译印书局，1910 年，页 8—9。

年"相称，张謇日记中有数笔两人交往的记载。余诚格1889年中进士，授翰林院编修，张謇1894年高中状元，授翰林院修撰，两人成为同事。余诚格在初创时期的大生纱厂存过款，宣统二年三月初九曾致信张謇，从"存大生之款暂提规元五千金"①。

1904年张謇曾致信两江总督兼南洋大臣魏光焘，陈述南通各企业购买的物料从上海运到南通时，都在长江中起卸，经由驳船转运，风吹浪打危险得很，因此张謇准备在天生港以趸船作为轮埠，解决通州长江口岸没有码头的问题。张謇请求魏光焘指示上海道与江海关税务司协商，派遣关员到通州查验。②

张謇1905年致函两江总督兼南洋大臣周馥，禀告业已根据上海道的要求，按照海关进出货物列表，将通州内河一带货物出入情况报告给了上海道，并送交了江海关税务司，税务司好博逊当面答应派副手前往通州实地查看。张謇希望周馥指示上海道转饬好博逊，派副税务司到通州勘察。③

1905年10月17日，张謇再次致函周馥，阐述了天生港开埠的缘由，函中提到"沪关殷副税司刻已遵饬来通，查勘关埠"④。殷副税司即好博逊的助手，江海关副税务司殷专森(J. W. Innocent)。

光绪三十一年十一月间，即1905年底，好博逊将有关天生港开埠事宜的来往函件抄录后，连同江海关在天生港实地绘制的地图，以及张謇提供的通州进出货物列表，全部报送海关总税务司。⑤

1906年清政府批准天生港暂作可以起下货物之不通商口岸，交

---

①　南通市档案馆馆藏B404-111-16。

②④　张謇《张绅謇咨周督文(光绪三十一年九月十九日)》，《通州兴办实业章程（大达轮步公司)》，翰墨林编译印书局，1910年，页8—9。

③　张謇《致周馥函(光绪三十一年)》，《张謇全集》第二卷，页159—160。

⑤　好博逊《好税务司来函(三十三年十一月二十三到)》，南通市档案馆馆藏B401-111-10。

江海关辖理，并由江海关道（上海道）会同税务司另订专章详夺。①

　　1906 年 12 月 10 日，张謇到天生港视察埠头施工情况，然后乘"大通"轮赴上海。18 日，张謇与好博逊会晤，想来议题离不开天生港开埠事宜。1907 年 2 月 22 日，好博逊派江海关副理船厅鹤而生（在大生沪账房所录信稿中也作哈乐森），与大生纱厂的翻译一同搭乘"鄱阳"船，前往通州测看天生港埠头事宜。鹤而生回上海后向好博逊禀报了天生港码头建筑的基本情况，如"码头现已在动工创造，自岸边起至江心筑木桩 250 尺。外筑浮桥两顶，自 25 尺至 30 尺长，15 尺至 20 尺开阔，一边放在方木桩之上，一边放在平底驳船之上。另外再作浮桥两顶，长 30 尺至 40 尺，阔 15 尺至 20 尺，接连趸船"。此外还对用作趸船的"威靖"兵船，以及另外一艘"铁壳鸭尾船"如何移放码头，提出了技术上的建议。②

　　1907 年 10 月 22 日，根据总税务司的要求，作为江海关税务司的好博逊又把后续产生的涉及天生港开埠的往来函件，包括上海道瑞澂的迭次给江海关的来函，汇总上报税务处。③ 之后好博逊在给瑞澂的另外一封信中，还附录了江海关所拟的天生港征税试行办法、查勘埠头趸船绘图的说明等。④

　　1910 年江海关南通县洋关分关设立，1936 年 1 月 1 日撤销。⑤ 1935 年 12 月 11 日，大生第一纺织公司董事长徐静仁呈文国民政府财政部关务署，要求收回裁撤南通分关的成命。徐静仁认为"南通为江北各县之要口，土产运销外省，外省进口百货，均以本县天生

　　① 《外务部户部遵旨议复通州天生港暂借商款自开商埠应归江海关派员经理折（光绪三十二年六月二十三日）》，《通州兴办实业章程（大达轮步公司）》，页 3—7。

　　② 好博逊《三十三年二月初二瑞道台来文内附洋文照译录后》，南通市档案馆馆藏 B401-111-10。

　　③④　好博逊《好税务司来函（三十三年十一月二十三到）》，南通市档案馆馆藏 B401-111-10。

　　⑤ 中国海关百科全书编纂委员会编《中国海关百科全书》，中国大百科全书出版社，2004 年，页 365。

港为起卸货物之总枢。近年江北垦地大辟，棉产日丰，每年价值数千万之原棉，亦以南通为转汇之中心"①。大生第一纺织公司生产的纱布多数销售到川、鄂、皖、赣等省，到江海关南通分关报验，便捷省时节费。如果江海关南通分关裁撤，货物需要去镇江或者上海报关转运，不仅对大生第一纺织公司，而且对江北的农工商都是深重的打击。由此看出当年张謇的努力，给南通乃至南通经济辐射的地区带来的便利。

原载于《档案建设》2020 年第 3 期
作者单位：南通市档案馆

---

① 徐静仁《呈请收回裁撤南通分关成命以便利工商运输事》，南通市档案馆馆藏 B403-111-124。

欧美日的张謇研究

羽离子

1912 年 7 月 10 日，日本驻上海总领事馆给外务省的报告中就简介了张謇和提及"通州工业今日之发达"。1918 年 8 月 25 日的美国马萨诸塞州新贝德福德的《星期日旗报》(*Sunday Standard*)曾用较长的篇幅介绍了南通纺织专科学校。这是国外比较早地注意到中国近代南通的例子。

海外研究南通最早而又系统的是日本方面。而日本方面研究得早而周全的是日本人驹井德三。他于 1919 年 10 月来南通调查产业。根据调查所得，完成了名为《中国棉花改良的研究》的长篇报告，作为《中国产业研究丛书》的第一卷在日本出版。1922 年 11 月，驹井德三再次来到南通调研。这一次调研为时两个半月，成果是后来完成的《中国江苏南通州张謇关系事业调查报告书》。1925 年，此报告书在日本出版。该报告书连前论在内，共分六大部分，内容非常详尽。是研究张謇事业和南通近代经济与社会的重要凭借之一。驹井德三于 1885 年出生于日本滋贺县，毕业于札幌农业学校。他后来于 1952 年在大日本雄辩会讲谈社出版了《对大陆的宏愿》，继续述及南通的情况。他于 1961 年去世。驹井德三后来卷入日本对"满洲国"的"外交"事务。大概是因此之故，过去中国学者或谓他是受日本外务省的委托而来南通的。但日本方面的材料证明他是受涩泽荣一财团所派。张謇于 1922 年春派大有晋盐垦公司的陆军少将衔的章亮元和大生纱厂的张同寿率代表团至日本，向"日本工业之父"涩泽荣一的财团商借八百万元。对此事件，张謇日记晦言，而张謇自订年谱和张孝若为父亲作的传记中则一字不提。1996 年，日本的浅田泰三据日本方面的史料，陈述了中国来的代表向涩泽转交了张謇的信以及代表团在日本滞留一个多月，涩泽麾下的银行和各株式会社的意见不一致，最后涩泽财团决定派驹井德三来南通实地考察投资环境，以定是否供款给张謇的事业。日本学者野泽丰先生估计驹井德三的调研经费约为400万元。虽然由于多种原因，张謇为南通引入国际资本的努力未成，日本方面的研究所揭示的这一事件的过程，有助于我们更符合实际地认识张謇对待外国资本的态度。而且，也在日本方面促进了联系涩泽荣一和张謇的研究。涩泽荣一纪念财团已决定资助2004年9月将在东京召开的"涩泽荣一和张謇的比较研究"国际学术会议和2005年5月在上海和南通召开的"近代企业家的人文关怀和社会贡献：涩泽荣一和张謇的比较研究"国际会议。

1918年中秋，日本的上冢司因毕业于神户高等商业学校，又在满洲铁路局工作而通汉语，故受外务省和农商务省的共同委托，来中国调查华南经济。南通是他的很大的调查范围里的一个地区。1918年12月底，他从上海启程往崇明岛，再经海门来南通，旋去如皋和盐城、兴化、昭阳、宝应等地。他在中国的总的调研时间是一年半，但在南通只作了短暂的逗留。他的调研报告《以扬子江为中心》于1925年由日本织田书店出版。他对南通工业的快速发展和经济繁荣与交通、电信、教育、慈善等事业的完备，感到意外和震惊。他去苏北，主要是考察以植棉业为主的垦殖业。

在上冢司的调查报告还没有写完之前，已经多次来华游历的日本的鹤见祐辅就于1923年在日本出版了《偶像破坏期的中国》一书。鹤见祐辅自陈："自己在中国旅行的时候，是把参观北京的国立大学、山西省太原府的阎锡山氏的事业以及南通州的张謇氏的事业，作为三大纲目的。"他抵通时，曾在日本留学而时在南通更俗剧场领导戏剧改革的欧阳予倩到码头迎接了他。鹤见祐辅对南通的教育、自治和经济开发的近代事业十分赞赏。他评价若将南通州的事业"遍布四百余州的广袤的中国土地上，这应该说是一种卓越的、引人注目的见识"。鹤见祐辅早年毕业于东京大学，擅长写作，在以后又数次记及张謇在南通的事业。他于 1973 年在 88 岁高龄时去世。

海外对张謇及其事业的早期关注主要是考察调研和新闻与记事报道。在张謇去世以后，有关的理论性或考论性的研究才产生。下列一些研究者比较著名。

野泽丰，1922 年 7 月出生于静冈县。1949 年从东京文理大学东洋史专业毕业后任该校助教。以后换任过几所大学，1970 年获教授衔，1986 年从东京都立大学人文学院退休。野泽丰是中国近现代史研究家，共发表各类著作 8 部、学术论文 80 余篇。涉及南通和张謇的著作有由岩波书店于 1972 年出版的《辛亥革命》、由校仓书房于1978、1980 年出版的《亚洲的变革》（上、下）、和刊于《历史学研究》第 150 号（1951 年）的《辛亥革命的阶级构成——四川暴动与商绅阶级》、刊于《经济学家》第 45 号（1967 年）的《辛亥革命与日本：立宪君主制还是共和制？——亚洲第一次共和革命的冲击》、刊于《近代中国研究汇报》第 10 号（1988 年）的《张謇と南通への旅》等。野泽丰至今仍在从事各种学术活动。藤冈喜久男，原为北海学园大学法学部教授，已退休多年，但退休后一直坚持研究和著述，现住札幌市。藤冈喜久男是中国近现代史学家，主要著作有 1985 年 9 月在北海道大学的图书刊行社出版的《张謇と辛亥革命》，此书含两部共九章如下：第Ⅰ部：第 1 章朝鲜问题；第 2 章戊戌变法；第 3 章东南互保；第 4 章辛亥革命；第Ⅱ部：第 1 章家とその生い立ち；第 2 章科举；第 3 章通州纱厂创设；第 4 章袁世凯と仁午甲申事变；第 5 章驻华米公使ラインシュ。藤冈喜久男还在日汲古书院出版了《中华民国第一共和制と张謇》一书。藤冈喜久男坚持的论点是正是张謇和他的立宪党人们在武昌兵变后迅即促成的各省独立，才确保了辛亥革命的成功。因此他花费大量时间来对此作了论证。他于 2000 年又在日成美堂出版了《义和团：中国とヨーロッパ》、《西太后治下の中国：中国マキアベリズムの极致》、《袁世凯总统：开发独裁の先驱》等多部史书。

中井英基，筑波大学历史人类学系教授。与南通和张謇有关的著作是《中国近代企业者史研究》，1976 年 3 月出版，为《现代中国研究

丛书》之一。1994 年写了《近代中国の企业家精神》一文，被收入土屋健治编的《ナショナリズムと国民国家：讲座现代アジア1》一书，由东京大学出版会于当年出版。1996 年 6 月，中井英基又在北海道大学图书刊行会出版了新作《张謇と中国近代企业：通州兴办实业之历史》。此书的部章如下：第 1 部绅商企业家の诞生：第 1 章农民から士大夫，そして绅商へ；第 2 章绅商と家产构成；第 2 部南通大生纱厂の设立と经营：第 1 章中国在来绵业の盛衰と再编；第 2 章上海机器织布局と湖北织布官局；第 3 章南通在来绵业の再编成；第 4 章大生纱厂の设立と张謇の役割；第 5 章民族纺绩业不振の原因；第 6 章"花贵纱贱"と纺绩业；第 7 章股份有限公司の经营体质；第 8 章大生纱厂の成长と挫折；第 3 部通海垦牧公司の设立と经营：第 1 章清末の通海垦牧公司；第 2 章民国初の垦牧公司と盐垦公司。目前，中井英基已经获得涩泽荣一纪念财团的资助而正在进行涩泽荣一与张謇的比较研究。

高田幸男，东京都人。先后毕业于明治大学的文学部和大学院。现为明治大学助教授。目前在该校讲授"东洋史概说"的第二部分和"东洋近现代史"的课程。专攻中国近代史，特别着重研究长江下游流域的地域经济、地域社会、教育团体等。曾参与高桥孝助、古厩忠夫编的《上海史——巨大都市の形成と人々の营み》的撰写工作。此书于 1995 年由东方书店出版。同年，参加写作的野泽丰所编的《日本の中华民国史研究》一书也由汲古书院出版。1998 年，在《骏台史学》第 103 期上发表了《江苏教育总会の诞生》一文。2001 年，又在同刊物的第 111 期上发表了论文《清末江苏における地方自治の构筑と教育会》。高田幸男对张謇领导的江苏学务总会及其后身江苏教育总会的历史作用有深刻见解，他认为这样的组织"不仅仅局限于狭隘的教育改革"，而是"这种教育会具有与地方议会相似的性质"，"在咨议局的设立以及后来的辛亥革命中都起着极其重要的作用。"

金丸裕一，京都大学太平洋学部助教授。开设"东アジア政治经济史"的课程。曾编过《〈大日本纺绩联合会月报〉收录中国关系记事目录（1889—1943 年）》，这一文献总目发表在《近代中国研究汇报》第 16 期上（1994 年）。1996 年他的文章《1980 年以来日本学者对民国工业史评述——1903 年—1927 年的企业与工业化》曾由他人译成中文后参加第二届张謇国际学术研讨会。在 1997 年 8 月于台湾召开的"纪念'南京大虐杀'六十周年学术研讨会"上，他又作过《从破坏到复兴？——从经济史来看"通往南京之路"》的报告。

金丸裕一并不特地研究南通和张謇，但在对中国近代史作深入分析时，会有所涉及。北海学园大学经济学部教授西川博史也是这样。他于 1987 年 1 月由ミネルヴァ书房出版的重要专著《日本帝国主义と棉业》论及南通，但他同样不专门研究南通。西川博史现在的研究侧重于战后经济问题。例如，他在 2000 年又为《北太平洋地域协力の抱える课题と新たな挑战》的课题项目写有名为《北太平洋地域における地域统合の展望と课题》的部分。目前他为博士生开设"近代日中の经济关系史の历史の意义"和"比较经济政策史特殊研究"这两门研究性课程。其他的研及南通或张謇的学者还有西泽治彦等，不一一介绍。

在欧美方面，对近代南通或张謇有过记述或评论的人物有多位。如 1910 年率商团来华的美国大资本家罗伯特·大赉，1911 年由美国红十字会派遣来华考察治理淮河水患的查尔斯·戴维·詹美生，1920 年来通的美国教育家和社会活动家约翰·杜威等。对南通和张謇的在通事业研究得较深入的也有一些学者。这里主要介绍未被或仅是很有限地被国内了解的专家和他们的著作。

阿尔伯特·菲沃翰克，是美国哈佛大学的中国学教授，学术活动期很长。他最早是研究盛宣怀的。1958 年在哈佛大学出版了《中国的早期工业：盛宣怀（1844—1916）和官企》（*China's Early Industrialization：Sheng Hsuan-Huai（1844 - 1916）and Mandarin Enterprise*）一书。以后又研究周学熙在山东的启新洋灰公司并出版了专著（*Industrial Enterprises in Twentieth—Century China：The Chee Hsin Cement Co.*）。1969 年在哈佛大学亚洲研究中心的支持下，与另一位中国学家合作，编辑了一部研究近现代中国的参考书目。书目介绍了五百种从 1949 年至 1959 年在中国出版的有关图书。该书目对欧美的中国学研究有很大的参考作用。考虑到当时中美间的外交和交通关系断绝，阿尔伯特等能做到这样，已是非常不容易的了。他的研及张謇和南通的著作有：《中国经济（1870—1911）》(*The Chinese Economy，ca. 1870-1911*)，1969 年于密歇根中国研究中心出版，1977 年再版；《1871—1910 年间中国的手工和机器棉纺织业》(*Handicraft And Manufactured Cotton Textiles in China 1871-1910*)，这是一篇发表在《经济史杂志》(*Journal of Economic History*)第 30 卷第 2 期上的长达 40 页的论文；《1912—1949 年间中华民国的经济贸易》(*Economic Trends in the Republic of China，1912-1949*)，此文原是密歇根中国研究中心于 1977 年出版的研究报告，后来经删改后插入了《剑桥中国史》的第 13 卷中；《晚期帝制中国的经济史研究》(*Studies in the Economic History of Late Imperial China*)，1995 年由加州大学出版社出版；《中国经济：1870—1949》(*The Chinese Economy，1870-1949*)，1996 年在安阿伯出版。

阿尔伯特认为近代张謇经营的南通的纺织企业的模式是手工业向机械化、农业向工业转变时期的过渡形态。还认为这类企业在未来的资本主义的自由竞争中将终因丧失垄断劳动力和原料市场的能力而失败。

玛瑞安娜·芭司蒂，法国国家科学研究中心女研究员。她的成名作是《基于张謇（文献）的：中国二十世纪初期的教育改革》(*Aspects de la Reforme del'enseignement en Chine au Debut du Xxe Siecled'apresdes Ecrits de Zhang Jian*)，全书 369 页，于 1971 年在巴黎的牟同社出版。此书后由珀尔·贝雷译成英文，书名简化作 *Educational Reformin Early Twentieth—Century China*。于 1988 年在美国密歇根大学的中国研究中心出版。编为《密歇根中国研究专著》第 53 卷。书中收录了几篇全译或节译成英文的张謇的信件或文章，如第 99—107 页为《通海请立师范学校公呈》(*Memorial Requesting the*

Establishment of a Normal School for Nantong And Haimen)。第
117—119 页为《致署江苏朱按察使函》(Letter to the Governor-gener-
al)。第 133—135 页为《初等教育必须改良之缘起》(Some Reasons
Why It Is Necessary to Reform Education in Lower Primary
Schools)。第 139—144 页为《北京商业学校演说》(Speechat the Com-
mercial School of Beijing)。第 155—158 页为《致黄任之论师范及小
学函》(Letter to Huang Renzhi on the Normal School And Primary
Schools)。其他几处译文，不一一赘介。玛瑞安娜还给各译文分别配
有注释与说明。玛瑞安娜著述较勤，仅专书就已出版了五六种。她的
专业方向是中国近代史，其中以对中国近代的教育和文化的研究见
长。在她的著作中研及南通的教育和张謇的还有如下一些：

　　1972 年 9 月，她在俄切芬特庄园会议上散发的一组关于南通近
代的文化教育在内的中国近代文教等的文章。次年，这些文章加上她
过去的其他一些文章，英国剑桥大学出版社出版了玛瑞安娜的第一部
论文集《权威、参与和文化的变迁在中国》(Authority ，Participa-
tion And Cultural Change in China)。1985 年出版的她的《晚清的金
融体制结构——中国国家权利的范围》(The Structure of Financial
Institutions of the State in the Late Qing. —The Scope of State
Power in China)。1987 年在纽约出版的她为第二作者，露西·黑霍
为第一作者的《中国的教育和工业世界：研究和文化性传译》(China's
Education And the Industrialized World ： Studies in Cultural
Transfer)。1990 年在《比较教育评论》(Comparative Education Re-
view)第 34 卷第 4 期上发表的《中国二十世纪初期的教育改革》(Edu-
cation Reform in Early 20th—century China)一文。玛瑞安娜还和另
两位合作者写过从鸦片战争到中法战争的中国和从鸦片战争到辛亥革
命的中国这两本书。其合作者之一的法国女学者玛瑞-克莱尔·贝热
尔也关注过张謇和近代南通。

　　贝热尔的相关著作即是先后在 1968 年和 1986 年出版于巴黎的
《中国的资产阶级和辛亥革命》(La Bourgeoisie Chinoise et la Revolu-

tion de 1911）和《中国资产阶级的黄金时代：1911—1937 年》（*L'aged'
or de la Bourgeoisie Chinoise 1911‑1937*）。后一书另由杰妮特女士
译成英文，于 1989 年在英国的剑桥大学和美国的麻省同时出版发行。
是剑大出版社的"现代资本主义研究丛书"中的一种。贝热尔为《剑
桥中国史》第 11 卷撰写了"中国资产阶级"一章。

威灵腾·C，原名陈锦江，是美籍华人。事实上陈锦江一名只对
他的非学术活动圈中的华人中的一部分人使用，在国外的历史学界，
他是多以威灵腾著称的。他自 1966 年毕业于名校道格拉斯·阿拉贲
申高级中学后依次进入美国的耶鲁大学、英国的牛津大学、美国的哈
佛大学学习直到取得博士学位。他的研究中国的企业和中国的资本主
义形态的书《中国晚清时的商人、官府和现代企业》（*Merchants，
Mandarins and Modern Enterprise in Late Ching China*）于 1977 年
在哈佛大学出版社出版。书中讲述了张謇在通州创办纱厂但困难重重
的事情。此书的提要在三年后被改写成了《剑桥中国晚清史》的一章。
威灵腾现在加州洛杉矶的奥克斯登特尔学院任历史学教授。威灵腾撰
写的关于中国的社会史和经济史的文论较多，如关于官商关系的、关
于早期公司的结构、传统因素以及其后的改革等。他的书和文章在世
界各国出版。由于一般并不具体讨论张謇的言行，所以这里不作介
绍。威灵腾在写作中不机械地袭用史料，多理论发挥，常常是几页纸
中不见一点生硬用料的痕迹，而是将史料悄悄融入文中，且批论的思
辨性强。

凯茜·雷蒙司·瓦尔克，取中文名作武开智，又作武凯芝。女，
1986 年获加利福尼亚大学博士学位。现是美国宾夕法尼亚州坦普尔
大学历史系的助理教授。二十四年前，武凯芝曾来南通做对当地近
代社会的调研和相关资料的采集。她的博士答辩论文是《商人、农民
与工业：南通县棉纺业的政治经济 1895—1935》（*Merchants，Peas-
ants and Industry：the Political Economy of Cotton Textiles，
Nantong County，1895‑1935*）。武凯芝在此后的有关的学术活动如
下：在 1993 年度的《现代中国》（*Modern China*）杂志上发表了《经济

增长，农民地位下降；中国二十世纪初期劳工的性分界：在南通县的妇女工作》(*Economic Growth，Peasant Marginalization，And the Sexual Division of Labor in Early Twentieth Century China：Women's Work in Nantong County*)一文。在同年度的《现代研究杂志》(*The Journal of Peasant Studies*)发表了《中国农民暴动的再思考：对 1863 年南通县军山农民起义的初步评判》(*Peasant Insurrection in China Reconsidered：A Preliminary Examination of the Jun Mountain Peasant Uprising，Nantong County，1863*)。

1999 年武凯芝在美国斯坦福大学出版社出版了她的新专著《中国的现代化和农民的小径：扬子江北岸三角洲的半殖民地主义》(*Chinese Modernity And the Peasant Path：Semicolonialism in the Northern Yangzi Delta*)。武凯芝认为 1920 年代至 1930 年代的与官僚资本结盟的商企进入南通地区，暗中破坏了民族企业，这就是半殖民地化过程的一部分。此文的立论、举证和论证过程颇让人费解。而且她认为南通的现代化之所以能启动和发展，是因为鸦片战争把西方的注意力引向了上海市场，"为北三角洲的商人们创造了赢的机会。"《美国历史评论》(*The American Historical Review*)曾对此书作过一些评论。武凯芝的研究有较强的批判精神。她的研究方向较集中。她自称："我的研究和教学兴趣包括近代中国社会史、经济史和关于以下方面的话题：第三世界政治经济学、社会变迁理论、不发展主义是我的替代性研究的方面，还有妇女和工作、比较中的妇女史、农民研究、革命比较、帝国主义。"

武凯芝现是在坦普尔大学历史系开设"近现代中国史"、"比较历史"和"第三世界史"三门课程。武凯芝过去来过几次中国，还向十八年前的第一届张謇国际研讨会提交过她撰写，杨冬燕译的《中国早期近代化与张謇的自强政策》一文。

邵勤，女，原本是中国人，十多年前去美国后一直在彼定居，且用英文写作，所以只能将她列为海外学者。邵勤于 1977 年毕业于安徽师范大学历史系后被分在该省的一所中学任教。后考入华东师范大学历史系而于 1983 年修完硕士课程。1990 年至 1994 年在美国密歇根州立大学历史系读现代东亚研究的博士学位，同时兼教一些课。她的博士论文是《制造政治文化：1894—1930 年间的南通个案》(*Making Political Culture：the Case of Nantong，1894 - 1930*)，此文后来未发表。在此之前，邵勤还写过《张謇对教育改革的态度》(*Zhang Jian's Attitude Toward Educational Reform*)的文章，发表在《中国历史学家》(*Chinese Historians*)1991 年的第 4 期上。邵勤自 1994 年起至新泽西大学历史系任教至今，现为助理教授。邵勤观察力强、思想敏锐，写作勤奋，已发表论文二十余篇。其中有几篇是关于南通的。她是当代海外的南通与张謇研究中的中坚学者。以下介绍她的有关的一部分研究：

1996 年，《中国的歌剧和表演文化》〔*Chinoperl (Chinese Oral And Performing Literature)*〕文丛收录了她的《错配：欧阳予倩、张謇和 1919—1922 年间南通的戏剧改革》(*The Mismatch：Ouyang Yuqian，Zhang Jian，And the Theater Reform of Nantong，1919 - 1922*)。1997 年，她在《现代中国》(*Modern China*)第 23 卷第 1 期上发表了上年 7 月在澳大利亚墨尔本的一次会议上交流的文章《二十世纪初期南通的空间、时间和政治》。1998 年，在《亚洲研究》(*Journal of Asian Studies*)第 57 期上发表了《风过茶壶：共和初期的中国的茶馆文化里的诽谤》(*Tempest Over Teapots：The Vilification of Teahouse Culture in Early Republican China*)。除了论文外，邵勤在多次研讨会、讲座等中口头或书面报告了她对南通的研究。如 2001 年 3 月在哥伦比亚大学的现代中国专题研论会上和同年 4 月在俄勒冈大学的对十九世纪的跨学科会议上都报告的《中国第一所博物馆的创建，1906—1930》(*The Creation of the First Chinese Museum，1906 - 1930*)。1999 年 6 月在日本东京的第三届亚洲研究年会上报告的《中国一个县的印刷文化：南通，1900—1930》(*Print Culture in a Chinese County：Nantong，1900 - 1930*)。1998 年 1 月在西雅图的美国史学会第 112 届年会报告的《二十世纪初期南通的茶馆》(*Teahouses in Early Twentieth Century Nantong*）。1996 年 4 月在特伦顿学院的新泽西第七届历史年会上和同年 10 月在瑟藤霍尔大学的亚洲研究年会上报告的《在日本占领下的劳工运动——南通的案例》（*Labor Movement under Japanese Occupation—the Case of Nantong*）。1996 年 10 月在新泽西学院的午餐论坛报告的"中国二十世纪初的戏剧改革"（*Theater Reform in Early 20th Century China*）。1996 年 4 月在夏威夷大学的中国的歌剧和表演文化会议上报告了《戏剧之家——南通的戏剧改革》（*Home of Drama—Theater Reform in Nantong*）。1991 年 6 月在波士顿的联邦中国史会议报告的《张謇在近代中国的教育改革》（*Zhang Jian And Educational Reform in Modern China*）。1995 年 1 月在芝加哥的美国历史学会第 109 届年会报告的《虚夸、神话和南通的本地自治》（*Rhetoric，Myth，And the Local Self government in Nantong*）。邵勤也多次回中国参加一些学术性会议，对此，这里从略。

邵勤的第一部专著《文化现代化：南通模式，1890—1930》（*Culturing Modernity：The Nantong Model，1890 – 1930*）刚于 2003 年 10 月由斯坦福大学出版社出版。

伊丽莎白·柯尔，为出生于德国的女学者，取中文名作柯丽莎。她于 1984—1986 年在德国波恩大学主修汉语，兼修兼学日语和商务管理，并获学士学位。1986—1988 年在上海复旦大学习本科段的中文和中国经济史。1992 年从德国波恩大学获硕士学位。主学中文，兼学日语和商务管理。硕士论文的题目是《张謇（1853—1926）：儒学企业家及他的中国经济思想》（*Zhang Jian（1853 – 1926）：A Confucian Entrepreneur And His Thoughts on the Chinese Economy*）。1992 年获英国牛津大学柔德斯奖学金而开始在该大学的圣安托尼学院和中文学院学习。1994—1995 年在上海社会科学院和南通档案馆作资料采集工作。1997 年从牛津大学获现代中国经济史的博士学位。其博士论文的题目是《中国的现代企业：南通的大生棉纺织厂 1895—1926》（*Modern Enterprise in China：The DaSheng Cotton Mills in*

Nantong，1895 - 1926）。现在美国俄亥俄州开斯西保留地大学历史系任现代中国史助理教授。她在期刊上发表的或为别人的书所写的有关文章有：

《在郊区的工厂：南通县的工业劳动力和社会分划，1895—1937》（*Factories in the Countryside：the Industrial Workforce And Social Division in Nantong County*，1895 - 1937）。这是为戴维·佛日和刘涛滔（音）主编的《中国的城乡：特性和感知》（*Town And Country in China：Identity And Perception*）一书所写的一小部分。该书于2002年由英格兰的麦克米伦公司出版。《战争和被占领期间的控制和所有权：大生的合作，1937—1949》（*Control And Ownership during War And Occupation：the DaSheng Corporation*，1937 - 1949），发表于《亚太商务评论》（*Asia Pacific Business Review*）2000年冬季号即第7卷第2期，文长18页。《在中国控制现代商业：大生企业，1895—1926》（*Controlling Modern Business in China：The DaSheng Enterprise*，1895 - 1926），发表在《亚洲商务杂志》（*Journal of Asian Business*）1998年（第4卷）第1期。文长16页。《通过投资获得控制：现代中国的银行、它们的金融及对纺织企业的控制性卷入，1900—1930》（*Gaining Control through Investment：Modern Chinese Banks And Their Financial And Managerial Involvement in Textile Enterprises*，1900 - 1930），此文是为戴维·佛日主编的《中国的银行和银行业务》所写的一章，该书不久将出版。

以上是柯丽莎的关于南通的比较长的文章。她的短些的相关的文章和与会交流材料有：《南通：档案馆、图书馆、博物馆》（*Nantong：Archives，Libraries，Museums*），发表在《中国商务史》（*Chinese Business History*）杂志1995年（第5卷）第2期。《上海和它的外围地区的工业化发展：南通的大生棉纺织厂，1900—1930》（*Shanghai And the Industrial Development of Its hinterland：the DaSheng Cotton Mills in Nantong*，1900 - 1930），此文本是1996年6月澳大利亚亚洲研究会第二十届会议的交流论文，由该会编印后交给了澳大利亚国家图书馆收藏。《日本对郊区的中国企业的控制：
在战争和被占领期间南通地区的经济演变》(*Japanese Control over
Chinese Enterprises in the Countryside : the Economic Development
of the Nantong Area during War and Occupation*)，作为 2001 年 12
月在华盛顿的第七届中日关系会议的交流论文。《满洲市场和它对苏
北纺织工业的影响》(*The Manchurian Market And Its Impact on the
Textile Industry in Northern Jiangsu*)，作为 2000 年 6 月在日本东
京开的亚洲研究协会年会的交流论文。《乡间工厂：在南通县的社会
分划，1895—1937》(*Factories in the Countryside : Social Division
in NantongXian, 1895 - 1937*)，作为 1998 年 4 月在华盛顿开的亚
洲研究协会年会的交流论文。《1895—1926 年间南通县的工业场》
(*Industrial Work in Nantong County, 1895 - 1926*)，作为 1997 年
5 月牛津大学的中国城乡会议的交流论文。《1895—1926 年间南通的
公司文化和公共领域》(*Company Culture And Public Sphere in Nan-
tong, 1895 - 1926*)，作为 1996 年 6 月亚洲研究中心在香港大学开
的"中国商务的过去与现在"会议的交流论文。《从家庭到职业性管
理：大生企业，1895—1926》(*From Family to Professional Manage-
ment : the DaSheng Enterprise, 1895 - 1926*)，作为 1996 年 4 月
在夏威夷开的亚洲研究协会年会的交流论文。《棉花和鸦片的组合：
1920 年代和 1930 年代大生公司自愿的和被迫的商业多样化》(*The
Cotton And Opium Portfolio : Voluntary And Enforced Business Di-
versification of the Dasheng Corporation in the 1920s And 1930s*)，
作为 2001 年 9 月在林肯市内布拉斯加大学开的美国中西部地区亚洲
事务大会组织年会的交流论文。《在现代化和工业化之途：南通城市
在民国时期的发展》(*On the Road to Modernization And Industriali-
zation : the Development of Nantong City in the Republican Peri-
od*)，1998 年 4 月在芝加哥的伊利诺斯大学开的"中国"研讨会交
流。《工作场所的社会分化：在帝制晚期和民国时期南通县的工业场
所》(*Social Division on the Shopfloor : Factory Work in Nantong*

County during the Late Imperial And Republican Period），作为
1998 年 1 月在弗吉尼亚大学开的美国东南地区亚洲研究大会年会的
交流论文。柯丽莎在中国参与几次会议的交流论文，这里不作介绍
了。以上是柯丽莎的关于南通的著述。她在高校讲授的课程和专业活
动，这里也略过。柯丽莎的系统完整的专著：《从棉纺织厂到商业帝
国：1895—1949 年间区域企业在中国的出现》（*From Cotton Mill to
Business Empire：The Emergence of Regional Enterprise in Mod-
ern China，1895 - 1949*），已由哈佛大学东亚研究中心编入了出版
计划，属《哈佛东亚丛书》（*Harvard East Asian Monographs Series*）
之一，即将出版，是她完成的第一部专著。我曾计划翻译柯丽莎的博
士论文，后来她谓她的博士论文扩展的此专著将要出版，我遂未办。
除了上面已介绍的一批研及张謇的专家外，还有一批欧美学者及其著
作值得介绍。例如有：斐立浦·黄（黄宗智）和他于 1990 年在斯坦福
大学出版社出版的《1350—1988 年间扬子江三角洲的农民家庭和农村
发展》（*The Peasant Family And Rural Development in the Yangzi
Delta，1350 - 1988*）；美国波士顿大学的约瑟夫·菲伍斯密司教授
和他于 1985 年在夏威夷大学出版社出版的《中华民国内的政党、国家
和地方精英：上海的商业组织和政治活动，1890—1930》（*Party，
State，And Local Elites in Republican China：Merchant Organi-
zations And Politics in Shanghai，1890 - 1930*）；戴维·佛日和他
于 1989 年在牛津大学出版社出版的《解放前从 1870—1937 年中国江
苏和广东的农村经济和农民生计》（*The Rural Economy of Pre-Lib-
eration China：Trade Expansion And Peasant Livelihood in Jiang-
su And Guangdong，1870 - 1937*）；约瑟夫·埃谢瑞克和玛瑞·芭
库斯博士等合著而于 1990 年在加利福尼亚大学出版社出版的《中国地
方精英和控制模式》（*Chinese Local Elites And Patterns of Domi-
nance*）；艾米莉·洪妮各和其于 1992 年在加利福尼亚大学出版社出
版的《本地的等级制度和劳工市场分割：苏北人在上海的案例》
（*Native-Place Hierarchy And Labor Market Segmentation：The*

Case of Subei People in Shanghai）等，这些书都可为我们研究二十世纪前半期的中国地方近代社会的变迁，和供比较我们自身的张謇研究的视野与角度作参考。而海外研究中所存在的错误，也可使我们的史学批判能更有针对性和更有深度。

至于萨缪尔（朱昌）、巴瑞·肯因南（秦博理）等人士的著述在中国已被介绍过，这里不再絮介。还有一些著作的立论和史证乏新可陈或错得离谱，故一概免提。对海外报刊上关于张謇的新闻性报导，和工具书中的小传等，也不一一赘述。

原载于《南通师范学院学报（哲学社会科学版）》2004 年第 2 期
作者单位：南通大学文学院

附 录

附录一　张謇与国际社会研究综述

"张謇与国际社会"这一课题从 20 世纪 80 年代起，就陆续有学者涉足。但相对于张謇的其他课题来说，该课题的研究还较为薄弱。在这一课题下，可以将前人研究成果进一步划分为以下三个大方向。一是张謇对重要外交事件以及国际社会的认识研究；二是张謇的涉外活动及主张研究；三是外国对张謇的认识研究。下面根据以上的划分类别对迄今为止的前人研究成果做一梳理和评价。

一、张謇对重要外交事件以及国际社会的认识研究

（一）张謇对重要外交事件的认识研究

张謇一生中直接或间接参与的外交事件主要有：中俄伊犁事件、朝鲜壬午兵变、中日甲午战争、庚子事变、汉冶萍公司向日本借款问题、巴黎和会等。迄今为止，对张謇一生的外交活动及其外交主张做了归纳和探析的仅见王光银的研究。王光银认为"张謇不仅是一个实业家和教育家，还是个没有外交头衔的'外交活动家'。他的外交活动，小到民间外交、地方性外交和亲自出国参观访问，大到国家外交政策走向，国际性的外交事务，如巴黎和会、太平洋会议、华盛顿会议都留下了他的影响。外交活动是张謇所有活动的一个重要方面，不能忽视。"并且"张謇本人的政治地位及发自内心的爱国主义情结，是其热心外交活动的原因之一；作为近代著名的实业家，经济利益的驱动，更是其关注外交问题的直接动因"[①]。

---

① 王光银《略论张謇的外交活动》，《杭州师范学院学报》1999 年第 1 期，页 39—43。

除王光银的研究外，其他都是针对张謇对具体的某一外交事件认识的研究。并且根据张謇对外交事件参与的程度和所留史料的多寡，学界在"张謇与朝鲜壬午兵变""张謇与甲午战争""张謇与庚子事变""张謇与汉冶萍借款问题"等课题方面，成果更为丰硕。

张謇与朝鲜壬午兵变　倪友春认为：从张謇在处理壬午兵变时所提出的《朝鲜善后六策》的内容及各方反应来看，能够证明张謇是一位具有战略眼光、卓越军事才华、胆识过人、不畏权势的政治家。[①] 倪友春在撰写这篇论文的时候，《朝鲜善后六策》的原文尚未发现，其内容只能从一些旁证史料拼凑得来。2014 年庄安正在韩国延世大学图书馆中发现了《朝鲜善后六策》的抄本，[②] 经学者考证后认为，该抄本中所呈现的内容是目前所知最接近张謇《朝鲜善后六策》本来面目的文本。[③] 孙鹏智认为：张謇在处理朝鲜壬午兵变时力主"以战定和"，从而促进了出兵决策的出台；在朝鲜，张謇是平叛的主要谋划者和参与者，对迅速平息兵乱，化解中日冲突起到了不可低估的作用。[④]

张謇与甲午战争　谢俊美认为："张謇在甲午战争期间大力支持光绪主战，积极协助翁同龢，为反抗日本侵略，献计献策，是爱国行动，是不容否定的。战后，尽管李鸿章及其僚属，为了开脱他们因对日妥协、主和避战而导致清朝战败的罪名，散布各种流言蜚语，对翁同龢、张謇等人的主战爱国行动进行种种非议和责难。但张謇等的主战爱国，将永远受到人们的颂扬。"[⑤] 沈晓飞认为应当辩证地看待张

①　倪友春《张謇和他的〈朝鲜善后六策〉》，《张謇与近代中国社会——第四届张謇国际学术研讨会论文集》，南京大学出版社，2007 年，页 35—39。

②　庄安正《搜寻张謇佚文〈朝鲜善后六策〉过程略记》，《档案与建设》2016 年第 11 期，页 41—43。

③　丁小明《新发现延世大学藏张謇〈朝鲜善后六策〉真伪考》，《文汇学人》2019 年 11 月 22 日。

④　孙鹏智《朝鲜"壬午兵变"中的张謇及其历史作用述论》，《沧桑》2009 年第 2 期，页 31—32。

⑤　谢俊美《张謇与中日甲午战争》，《贵州社会科学》1996 年第 4 期，页 108—112。

謇在甲午战争期间提出的主张，指出：张謇作为"一介书生，以其治乱经衰的传统学识、客座幕僚的随军经验和对国际大势的有限认识，提出的御敌主张不乏真知灼见，但又因自身地位和视野所限，难免流为空泛的纸上谈兵"①。

张謇与庚子事变　庚子事变是因列强在华长期横行霸道，欺凌国人，激起民愤，促使义和团的兴起，英、美、法、俄、德、日、意、奥八国趁机组成侵略联军，进犯中国，并最终强迫清政府签订丧权辱国的《辛丑条约》之事。学界对于张謇与庚子事变关联的考察主要集中在张謇筹谋"东南互保"的过程以及意义等问题上。王敦琴、羌建认为："在酝酿、商议及实施'东南互保'的过程中，张謇自任'官民之邮'，与朋僚密议策划，成为刘坤一的重要谋士。他促使刘坤一成功招抚徐宝山，促成刘坤一义无反顾于'东南互保'，策动迎銮南下。张謇如此热心于'东南互保'，主要是为了稳定东南的全局意识，寻求实业发展的基本环境，谋求易都东南并借机惩恶，促使光绪皇帝名至实归。"②

张謇与汉冶萍公司借款问题　左世元认为："辛亥革命期间，为谋求日本的借款，孙中山及南京临时政府欲与日本合办汉冶萍公司。张謇坚决反对，认为铁业关系到中国与日本国力的兴衰；中国铁矿资源丰富，而日本铁矿资源缺乏，临时政府不能为区区数百万借款就将汉冶萍拱手交与日本，这将会给中国铁业的发展造成无穷的困难，同时正中其长期控制汉冶萍的阴谋。在张謇等人的坚决反对下，孙中山及临时政府被迫取消了中日合办汉冶萍案。袁世凯统治时期，汉冶萍公司因资金困难向日本提出 1500 万元的大借款。因公司所负日债甚重，且借款关涉到汉冶萍的独立发展，作为北京政府农商总长的张謇加以干预，严重影响到借款的顺利实施。日本轮番施压，迫使北京政

---

① 　沈晓飞《试论甲午战争时期张謇的对日作战主张》，《江苏工程职业技术学院学报》2020 年第 2 期，页 25—28。

② 　王敦琴、羌建《张謇："东南互保"中的"官民之邮"》，《南通大学学报（社会科学版）》2018 年第 2 期，页 143—148。

府承认了借款。为挽救和维持汉冶萍公司，张謇向袁世凯及北京政府提出通过官商合办，最后达到'国有'的目标。由于北京政府财政困窘，无法提供'国有'汉冶萍的资金，同时还会遭到日本的严重阻挠，张謇良好的愿望最终无法实现。张謇设法保护汉冶萍保护实业的责任感是主要原因，同时棉铁主义的影响和对日本的高度警惕是重要因素。"①

（二）张謇对国际社会的认识研究

该方向可大致分为整体认识研究和国别认识研究。整体认识研究主要有以下两个成果：其一，王飞以张謇的世界观为线索展开研究，并指出："张謇一生开创了无数崭新的事业，其成功的因素有许多。其中，张謇的世界眼光是十分重要的法宝。研究张謇的世界眼光，把握其思想、实质、特点和方法，是我们深入了解其知识体系，深刻认识其人生和事业发展的钥匙。它对当代人树立世界眼光也有重要启迪。"② 其二，梁林军认为："面对西方工业文明的冲击，张謇积极探索儒学与工业化的融合之道，提出一系列发展工业、振兴实业的举措。他反对闭关锁国，倡导主动参与世界竞争并维护国家利权；提出对西方的新知识，应当博取而精择之，同时坚持中学是立身始基，反对通盘否定中国、中学。他重视教育，希望培养出一批'有旧道德而又有新学识'的新国民；倡导'实践、责任、合群、阅历、能力'的工业社会能力价值观。张謇发现工业化的诸多问题，并对西方价值观进行反思。他反对放任性的自由、平等，主张教育、教化；公理、公德是真正的普世价值，提出应该'明公理、修公德'。他指出，西方国家过于迷信武力、强权、机谋、诈术，必将带来祸患，最终是为了少数人的欲望和私利，牺牲人民和国家的幸福。他反对'自由'竞

① 左世元《张謇与汉冶萍公司——兼论张謇的日本认识》，《中国国家博物馆馆刊》2019年第6期，页135—144。
② 王飞《张謇的世界眼光》，《重庆科技学院学报（社会科学版）》2014年第5期，页95—98。

争、无序竞争、恶性竞争，主张利导整齐。"①

国别认识研究方面，学界主要集中在探讨张謇的对日认识和对朝鲜认识。

对日认识研究　章开沅系统梳理了张謇自牡丹社事件至癸卯东游时期张謇与日本的关系，并指出：张謇早在日本 1874 年侵略台湾起，"就把日本作为一个具有严重威胁的邻近敌国看待"，虽然甲午战后，张謇也与日本的一些民间人士有所往来，甚至于 1903 年前往日本考察，但"对日本扩张野心始终保持警惕"。② 王敦琴认为："张謇是较早认识日本侵华动机且又主张学习日本的士大夫。甲午战争前，他察觉日本对华的觊觎之心，忧虑政府未有应对之策；甲午战争时，他对日本侵华极为愤慨，对李鸿章强烈谴责，主张'以战定和'；甲午战争后，他深感自强方能御侮，主张学习日本之长，以达国强民富。张謇对日本的认识构成其对日本主体态度：警惕其野心，学习其所长。"③ 张厚军、张源旺认为："张謇作为中国近代历史上致力于国强民富的重要人物，受急剧变化的国内外形势影响，形成了具有自身特点的日本观。张謇依据参与'壬午之役'的实践经验，洞察日本的侵略野心；秉承家国情怀，关注甲午战争，力主以战定和；愤慨于屈辱条约，提出做好战争防备、发展实业、增强国力的观点，还能够辩证地看待日本的侵略行径和经济发展的长处，在学习日本发展所长和借款上表现出清醒的认识。在近代中日关系演变的宏阔历史进程中，以时间为经线串联起张謇的对日活动，以近代日本观为纬线连缀起诸多时人的对日主张，可以形成经纬交织的近代日本观图景。从纵横的对比中考察张謇的日本观，可见其具有较强的针对性、预见性和务实

---

①　梁林军《张謇的中西文化观》，《国际儒学（中英文）》2021 年第 3 期，页 133—142。

②　章开沅《张謇与日本》（2006 年 6 月 24 日在日本关西大学接受荣誉博士学位大会上的演讲），《章开沅文集》卷五，华中师范大学出版社，2015 年，页 438—449。

③　王敦琴《甲午战争前后张謇对日本的认识及其主体态度》，《南通大学学报（社会科学版）》2015 年第 4 期，页 149—155。

性，不仅在思想上认识到位，更是在实践上着力推行，从而对近代历史进程产生了较为深刻的影响。"① 刘佳认为："1895 年后，张謇对日本的认知发生改变，由原先的认识不深、不太关注转为接受日本近代改革各个方面的新知识，并于 1901 年初完成了以日本为模板的近代改革的综合性草案——《变法平议》。在学堂、学会、新式报刊这 3 种新式传播媒介还未能充分发挥作用的情况下，社交关系在很大程度上决定了士人对于新知识的接受面和接受度。张謇凭借他的状元身份及作为刘坤一智囊团成员的便利，结交两江一带的士人，获取了关于日本的大量资讯，为他完成《变法平议》奠定了坚实的知识基础；而他的友人们所进行的以明治日本为模板的改革尝试，尤其是在教育方面的摸索，更为他提供了宝贵的实践经验。"②

对朝鲜认识 石慧认为："张謇通过 1882 年前后的朝鲜之行，形成了对朝鲜一定的认识。1882 年朝鲜爆发了壬午兵变，随着时局的变化，张謇的朝鲜认识呈现出日益深化的特征，特别是从中朝关系现实的内在联系和变化中认识朝鲜事务，提出的建议也越来越具有将中国和朝鲜紧密连带起来的特征。张謇的对朝认识有着紧紧切合时局变化的、极强的现实合理性和针对性，也有各种因素制约下的局限性。归根结底，代表性地展现了十九世纪后半期中国爱国士绅对于周边局势，以及由此引发的中国相关危机的担忧和解决之方的探讨。"③

此外，张謇本人虽然只到过朝鲜和日本，但其子张孝若 1922 年被北洋政府任命为考察欧美日实业专使，张謇亦可通过张孝若认识欧美世界，其中经纬请见本书相关章节。

---

① 张厚军、张源旺《论张謇的日本观》，《近代史学刊》2021 年第 2 期，页 301—312。

② 刘佳《张謇对日本的认知及与之相关的社交关系》，《江苏工程职业技术学院学报》2022 年第 2 期，页 30—37。

③ 石惠《试论张謇与朝鲜及其对朝认识》，延边大学硕士学位论文，2020 年，摘要页。

二、张謇的涉外活动及主张、思想研究

（一）涉外活动研究

癸卯东游研究　庄安正认为：在"20 世纪初中国东渡大潮涌起，各色介绍东流的文章纷纷反馈国内"的时代，张謇的东游日记并"非某些哗众取宠、附庸风雅之作，而是开一代风气的实业家、教育家身赴异国探索救国之途的言行汇编"，体现的是"站在时代前列的民族资产阶级先行者的抱负与风范"[①]。蒋国宏认为："光绪癸卯，国内政治环境稍稍宽松，张謇秉'师夷长技以制夷'之宗旨，在众多师友的推动下，利用日本第三次国内劝业博览会举办之机东渡扶桑，进行考察。他参观了众多实业和教育机构，还与日本民间友人广泛接触。张謇癸卯东游有着巨大而深远的影响，它增进了两国人民的友谊，加深了张謇对日本富强原因的理解。他一分为二地对日本的得失予以评判，主张取其之长、去其之短。他对教育的作用更为重视，投入了更多的精力。他对日本政府扶持实业发展的政策十分赞赏，所以在回国后积极投身于立宪运动，并成为著名的立宪运动领袖。"[②]关于张謇东游考察日本的原因，王红认为主要有以下四点：一是清政府推行"新政"为张謇东游提供了一个相对宽松的社会政治环境；二是受通海地区受吴文化的影响；三是受时代风潮的影响和众好友的推动；四是日本方面的邀请。[③]张天娇、高文宇聚焦张謇东游时所作的诗作，发现"张謇在东渡日本进行海外考察的过程中，写下近四十首诗词，

①　庄安正《张謇东游与〈东游日记〉》，《安徽师范大学学报（哲学社会科学版）》1995 年第 2 期，页 207—211。

②　蒋国宏《张謇癸卯东游日本及其影响研究》，《河南师范大学学报（哲学社会科学版）》2000 年第 4 期，页 48—52。

③　王红《张謇癸卯东游日本原因探析》，《四川理工学院学报（社会科学版）》2004 年第 1 期，页 21—26。

其中以《东游纪行》26 首最具代表性。该诗歌群中的日本意象与没落的清王朝形成强烈反差和对比，由此张謇的'强国梦'初现端倪。其'强国梦'旨在摒弃旧学、师夷长技，加速中国对西方先进文明的吸纳，以打造中西合璧的近代强国"①。

张謇与国际合作研究　　章开沅利用法国外交部档案，还原了张謇在农商总长任内筹建中法劝业银行一事的来龙去脉，并指出：张謇筹设中法劝业银行目的在于富国富民，他对引进外资所做的努力值得后世尊敬。② 张謇在南通的各项事业之所以红火，其中离不开外国人才的作用，例如南通的保坍事业，张謇重用荷兰水利工程师亨利克·特来克，其生前设计的水闸遍及南通，部分沿江水楗有的至今仍发挥着护岸固滩作用。从特来克的事例可见，张謇选取人才时，"不为地域、乡情、资历所拘"，这种用人理念对今天仍有极大的启迪作用。③ 20 世纪 20 年代初，大生纱厂因种种原因陷入资金周转不灵的被动境地。为摆脱危机，张謇开始寻求外资援助。其中，向日借款问题备受国内外学者的关注与讨论。章开沅强烈批判张謇的对日借款行为，认为这是张謇经济思想上的倒退，是置民族整体利益于不顾的表现。④ 日本学者浅田泰三以张謇与驹井的交际为主线，考察了张謇向日借款的过程，指出日本 1923 年的关东大地震，是导致借款失败的主要因素。⑤ 韩国学者金志焕认为："日本政府在张謇借款的问题上表现出积极姿态，意在利用张謇缓解中国的排日情绪。作为排日运动的象征性人物张謇对日借款交涉引起了各方普遍反对。面对舆论压力，张謇

① 张天骄、高文宇《〈东游纪行〉诗词意象与张謇的强国梦》，《江苏工程职业技术学院学报》2015 年第 1 期，页 24—27。
② 章开沅《张謇与中法劝业银行》，《民国档案》1987 年第 3 期，页 69—74。
③ 张廷栖《张謇的用人之道——以荷兰工程师特来克为例》，《南通纺织职业技术学院学报》，2009 年第 4 期，页 21—23。
④ 章开沅《张謇传》，中华工商联合出版社，2000 年，页 307。
⑤ 浅田泰三《张謇与驹井德三——张謇向日本借款始末》，许惟贤、王相宝编《当代海外汉学研究》，江苏人民出版社，1997 年，页 374—386。

否认了借款交涉，借款也随之流产。"①

　　国外经验的引进与传播研究　　羽离子认为："张謇很早就突破了'中体西用'的桎梏，毕其一生地努力改变国人对西方文明的偏见，他视一切有用的知识为'天地之公器'，而曾企图集十万泰西之书，延士数十人以译之。他仿设了西式的文化教育机构，还广纳异域之才，择有才识者出洋求知。张謇的爱国主义并不排斥西方文明。他的博大的文明观即使在今日也深具垂范的意义。"② 黄鹤群认为："学习外国先进经验，引进国外先进技术的思想和实践，是张謇对外开放思想的重要组成部分。它的形成与发展可分为启蒙、觉醒、实践和提高四个阶段，张謇在创业实践中，学习国外先进经验、引进国外先进技术是全方位的，有着广泛的内容和鲜明的特点。他不是一味地模仿洋人，照搬照套，而是坚持从自己的实际出发，知己知彼，洋为中用，量力而行。"③ 邹振环认为："20 世纪初年在仿效西方和日本实行立宪改革这一点上，中国的官方和民间已经取得了基本的共识，但对中国的立宪道路应采取'虚君立宪'的英国模式还是'实君立宪'的日本模式仍然意见不一。张謇没有明确提出过中国的立宪政体究竟应该采取'英国模式'抑或'日本模式'，而是在其主持下的翰墨林书局首先将《日本议会史》和《英国国会史》译成汉语，将两种模式的宪政知识传输给国人。从对作为西方立宪政治源头、典范的英国宪政历史模式，到作为东方仿行宪政成功典范的日本宪政历史模式的考察，以及对宪政思想和实践的中学源流的研究，构成了清末对宪政思想及其历史的相对完整且多视角的认知体系。正是由于在张謇主持译刊的宪政与宪政史译著的相继问世，不仅为近代中国的宪政理论的建构和实践

---

　　①　金志焕《一战后大生纱厂经营恶化及对日借款交涉》，《安徽师范大学学报（人文社会科学版）》2017 年第 4 期，页 493—499。

　　②　羽离子《张謇取用西方文明之"公器"的思想和实践》，《南通工学院学报（社会科学版）》2003 年第 3 期，页 70—74。

　　③　黄鹤群《张謇学习、引进国外先进技术的思想和实践》，《南通工学院学报》2003 年第 3 期，页 61—65。

的运作，提供了丰富的知识资源，而且启发和带动了清末宪政史一波又一波的译刊高潮。"①

张謇与中国形象海外传播研究　蒋国宏认为："张謇一方面苦心经营，在南通推进近代化建设，使城市规划理念先进，市政建设布局合理，市容环境整洁美观，文体事业比较发达，社会保障体系初步形成，社会管理井然有序，成为全国的'模范县'，塑造了开放、文明、发达的城市形象；另一方面，利用一切途径宣传南通、推销南通，进行了城市形象营销的可贵探索，对南通在海内外树立'模范县'的品牌作出了巨大的贡献。"②

张謇与朝鲜文人的交流　羽离子的研究主要介绍了张謇与朝鲜爱国诗人金沧江的交往情况。③ 章开沅认为：张謇"1882 年曾随清军前往朝鲜，协助国王李熙平定'壬午兵变'，并与该国士大夫结交。自此以后，与朝鲜友人诗文唱和达 46 年之久，肝胆相照，患难与共，为近代中韩文化交流增添了光辉的篇章"④。

（二）涉外主张及思想研究

利用外资思想　张謇在面临甲午战后，毅然"弃儒从商"，走上了"实业救国"的道路，学界对此多有赞誉。然而，人们对他中、后期为振兴实业而利用外资的开放思想往往加以责备，批判他"向外国垄断资本家乞求贷款"又或是指责他"依赖帝国主义的幻想日滋"。曹均伟主张一分为二地来看待张謇的利用外资思想，认为：他利用外

---

① 邹振环《张謇与清末宪政史知识的译介与传播》，《史林》2012 年第 3 期，页61—65。

② 蒋国宏《张謇与 20 世纪初南通城市形象营销——以〈西方人眼中的民国南通〉中外国人的记述为中心》，《档案与建设》2016 年第 12 期，页 36—40。

③ 羽离子《张謇与朝鲜流亡爱国诗人金沧江》，《文史杂志》1988 年第 2 期，页39—41。

④ 章开沅《张謇与中韩文化交流》，《华中师范大学学报（人文社会科学版）》2000年第 6 期，页 33—39。

资的思想中固然包含着"依靠一部分帝国主义力量来解救民族之难的幻想",体现出张謇的阶级局限性,但"就其主观意愿来说是无可厚非的",只是"当时的中国并不存在实现这一主张的客观条件",应当承认张謇的这种思想在"中国近代经济思想史上具有一定的地位"①。马金华认为:"实业家张謇是近代中国主张利用外资的倡导者。他提出'借款''合资''代办'等一系列实施办法,并积极展开向美、法、比等国举借外债的行动。尽管未取得多大成效,但他对举借外债的条件、原则、方法等问题的深刻分析,体现了他作为一名实业家的振兴民族,拯救国家的强烈愿望。"② 陈金屏将张謇的利用外资思想与孙中山相比较,指出:"张謇与孙中山对利用外资的认知度,以及在引进外资的原则、安全有效利用外资的保障措施上都抱有基本相同的主张,但因其性格差异与政见分歧,两者在利用外资的侧重点、引进外资的形式等方面存有一定差异。张謇与孙中山利用外资思想有其先进、科学、合理的部分,但受客观条件的制约和主观认识的影响,也存在着明显的局限性。"③

　　涉外经济法思想　邓绍秋、彭拥兵认为:"清末民初的状元实业家张謇,学识渊博、历练丰富,有着比较全面的涉外经济法思想,涉及外贸法、外债法、外资法以及外国技术引进法等。他对引进外资作国家安全审查的思想以及对合资、代办等引进外资的方式所作的制度设计,直到今天仍不乏借鉴意义。"④ 朱红认为:张謇"以国家主权为基础,保持审慎的开放主义和履行国家安全审查义务,来维护国家的经济安全,保护国家的经济利益不受侵犯。张謇涉外经济法思想启

---

　① 曹均伟《张謇与利用外资》,《上海经济研究》1985 年第 2 期,页 51—55。
　② 马金华《试论张謇的外债思想和实践》,《青海师范大学学报(哲学社会科学版)》2003 年第 1 期,页 49—53。
　③ 陈金屏《张謇与孙中山利用外资比较研究》,《南通大学学报(社会科学版)》2007 年第 3 期,页 97—103。
　④ 邓绍秋、彭拥兵《论张謇的涉外经济法思想》,《福州大学学报(哲学社会科学版)》2015 年第 1 期,页 81—84。

示当前应构建主权原则下公平的营商环境，以法治保障对外开放的营商环境，并不断健全国家安全审查制度。"①

"渔权即海权"思想研究　宁波、韩兴勇认为：张謇"有感于德、日侵渔，由渔权受损而迫感海权旁落，于清末提出'护渔权，张海权''渔界所至，海权所在也'等渔业思想，并通过筹办渔业公司、宣示渔界海图、倡办水产教育、推行渔政管理、制定渔业法规等五个富有典型意义的实践，诠释其渔业思想。综合张謇的渔业思想，其核心可以概括为'渔权即海权'。他不仅率先揭示渔权与海权之间的关联，而且提出以渔界厘定海权边界之思想，避免了空谈海权，却不知其边界的窠臼"②。

张謇与外国人物比较研究　迄今为止学界对于张謇与外国人的比较研究最主要还集中在张謇和日本实业之父涩泽荣一的思想比较方面；其次是张謇与美国教育家杜威的教育理念比较。对于张謇与涩泽荣一进行比较研究的意义，日本学者中井英基指出：第一在于通过比较研究可以阐释后进国在各种国际压力之下进行工业化时，该国企业家所起的作用；第二在于能够阐明儒教文化与经济发展的关联性问题。③ 周见的《近代中日两国企业家比较研究：张謇与涩泽荣一》（中国社会科学出版社，2004 年）一书通过对张謇与涩泽荣一二人的人生经历、实业理想、企业活动的目的和方式以及内容的系统考察和具体比较，细致地分析了不同的政治体制、经济条件、历史和社会文化背景对中日两国近代企业家命运产生的影响，从一个独特的视角，探究了中日两国近代化过程出现巨大差异的深刻根源。朱江比较了张謇和涩泽荣一的基督教认识，指出："张謇和涩泽荣一，都不是基督徒，

---

①　朱红《论张謇涉外经济法思想对优化外商投资环境的启示》，《南通职业大学学报》2022 年第 1 期，页 11—15。

②　宁波、韩兴勇《张謇"渔权即海权"渔业思想的探索与实践》，《浙江海洋学院学报(人文科学版)》2013 年第 4 期，页 44—48。

③　中井英基、曲翰章《张謇与涩泽荣一——日中近代企业家比较研究》，《国外社会科学》1988 年第 7 期，页 53—59。

但各自对基督教义有独到的认识，也对基督教社会福利事业带有欣赏的态度，都对基督教人士采取友善和帮助的态度，而基督教徒对他们的事业也起到了促进的作用。"① 曾丹、向婉莹认为："中日两国近代企业家代表人物张謇和涩泽荣一在相似的历史条件和文化背景下，各自形成了以儒家价值理念与道德精神为核心的儒商思想。两者的儒商思想在商人人格、义利观、竞争意识和社会责任等核心内容方面存在着高度的相似性，但是也存在着实质性的差异，而这种差异的形成则源自当时中日两国思想家面对社会转型和外来压力时提出的'中体西用'和'和魂洋才'的近代资本主义发展观的不同。"②

　　张謇与杜威比较研究仅见丁永久的研究。丁永久通过对比二者在职业教育思想方面的异同点发现："张謇与杜威职教思想既存在着明显的相似，也存在着显著的差异。张謇是从改良半封建半殖民主义的中国社会出发，给百姓谋生的手段，而杜威则是从建设资产阶级的民主主义社会出发，给全体社会成员适应未来社会的途径；张謇职教思想以救国为目标，而杜威职教思想以改良社会为目标；张謇注重中西文化融合，而杜威注重未来职业挑战；张謇以知学并进、学做合一为手段，而杜威以主动作业为手段。从而，本质上张謇的职业教育是先进阶层为了救国救民而兴办的以知行并进为特征的生计教育，而杜威的职业教育则是为资产阶级建设民主主义社会服务的以经验主义为特征的生长教育。张謇在半殖民地半封建社会的历史背景下，在西学东渐、中西文化交流碰撞的过程中，为了强国富民，提出了实业教育的主张。杜威则在美国工业社会加速发展、阶级矛盾日益尖锐的历史背景下，在批判传统职业教育弊病的过程中，视教育为改良社会的第一

---

① 朱江《张謇与涩泽荣一的基督教观比较》，《档案与建设》2017 年第 7 期，页48—52。

② 曾丹、向婉莹《张謇和涩泽荣一的儒商思想比较——基于中日近代资本主义发展观的视角》，《学习与探索》2018 年第 11 期，页 134—141。

工具，提出了适应美国资产阶级需要的改良主义教育理论。"①

三、外国对张謇的认识研究

力的作用是相互的。张謇积极致力于南通乃至整个中国形象海外传播事业，必然会引起世界的关注。近代以来，外国媒体、朝野人士都给予了张謇及其建设下的南通模范县高度的评价。通过于海漪、王福林的《近代外国人眼中的南通》以及朱江的《张謇与晚清江海关税务司好博逊》、《〈密勒氏评论报〉中的张謇》等论文，我们能够看到西方人编撰的《上海海关十年报告》、美国人在上海创办的《密勒氏评论报》、日本人驹井德三的《张謇关系事业调查报告》(1922 年出版)、鹤见祐辅的《偶像破坏期的中国》(1923 年出版)以及上冢司《扬子江为中心》(1925 年出版)的著作里所展现的近代南通繁荣景象以及张謇的卓越成就。

羽离子曾指出"张謇的思想和作为，包括他为实业、立宪、自治、教育等所作的努力、在南通的社会改革的实践等，很早就引起了海外的注意。直至今天，张謇及其事业也仍然是多方面学者研究的对象"②。通过羽离子于本世纪初撰写的欧美日的张謇研究综述以及2021 年出版的《张謇辞典》附录百年张謇研究论著目录索引之第七部分国外相关著作论文，我们能够看到外国人对于张謇的研究起步很早，从张謇去世前后开始起，就陆续有涉及张謇的专著问世，尤其在日本还出现了张謇研究的领军人物——中井英基和藤冈喜久男。这也从侧面反映张謇研究具有极高的普世价值和现实意义。

综合以上来看，张謇与国际社会这一课题，虽然产出了不少的成

---

① 丁永久《张謇与杜威职教思想的比较研究》，《南通纺织职业技术学院学报》2013 年第 4 期，页 29—32。

② 羽离子《欧美日的张謇研究》，《南通师范学院学报(哲学社会科学版)》2004 年第 2 期，页 155—160。

果，但仍有较大的挖掘空间。首先，对于外国史料的挖掘有待加强。虽然章开沅、钱健（羽离子）、于海漪、朱江等学者翻译介绍了不少国外的文献资料，但所翻译的资料仍属于冰山一角。例如 1920 年《通海新报》在报道荷兰舰队访问南通时称："荷兰官绅之来游者频繁而情谊亦愈亲密。南通二字，早印入荷兰人士之脑海中。"1923 年张孝若访问荷兰时，"出席了荷兰总理及各部部长的欢迎会，荷兰全国著名实业家均到场。"可以推断，当时的荷兰国内的报纸应该是广泛报道了张謇以及模范县南通的情况，才会引起荷兰人如此浓厚的兴趣。但目前国内学界只见英文报纸的相关报道，因此期待将来懂荷兰语的学者能够挖掘和引进荷兰方面的报刊史料。其次，一些"老题"可以新做。例如张謇对日认识的问题。虽然多数学者从不同的角度对此课题进行过研究，但目前仍没有一个研究成果可以完全涵盖张謇一生的对日观以及呈现出一个张謇对日认识演变完整且清晰的轨迹。甲午战争固然是张謇对日认识转变的一个重要时间节点，但这并不意味着甲午战后张謇的对日认识就一直保持一致。1903 年的癸卯东游时期，一战期间日本开展种种侵华活动时期，1922 年张謇的对日借款时期，这些时段，张謇的对日认知应该是不同的。因此，这个"老题"仍有进一步研究的空间和价值。

由于篇幅有限，本文仅对代表性成果进行综述，并且笔者视野和学识所及，在选取论文时难免挂一漏万，所做评论亦有不当之处，还请学界同仁指正。同时也期待日后学界有更多关于张謇与国际社会课题的高质量研究成果问世。

附录二　既往研究目录索引

张守常《张謇代吴长庆拟疏论中俄和战大势》,《东岳论丛》1982年第5期。

曹均伟《张謇与利用外资》,《上海经济研究》1985年第2期。

章开沅《张謇与中法劝业银行》,《民国档案》1987年第3期。

刘建中《张謇利用外资的思想》,《经营与管理》1988年第1期。

羽离子《张謇与朝鲜流亡爱国诗人金沧江》,《文史杂志》1988年第2期。

中井英基、曲翰章《张謇与涩泽荣一——日中近代企业家比较研究》,《国外社会科学》1988年第7期。

黄清根《张謇对外开放思想与近代精神文明》,《江汉论坛》1988年第5期。

马万明《张謇引种美棉的贡献》,《中国农史》1994年第4期。

庄安正《张謇东游与〈东游日记〉》,《安徽师范大学学报(哲学社会科学版)》1995年第2期。

戚其章《张謇〈代某公条陈朝鲜事宜疏〉考析》,《近代史研究》1996年第1期。

马敏《中国和日本近代"士商"——张謇与涩泽荣一之比较观》,《近代史研究》1996年第1期。

谢俊美《张謇与中日甲午战争》,《贵州社会科学》1996年第4期。

王宇博、陈洪《张謇开放主义刍议》,《江苏教育学院学报(社会科学版)》1997年第2期。

浅田泰三《张謇与驹井德三——张謇向日本借款始末》,许惟贤、王相宝编《当代海外汉学研究》,江苏人民出版社,1997年。

王光银《略论张謇的外交活动》,《杭州师范大学学报》1999年第1期。

庄安正《论张謇的外聘人才观》，《贵州师范大学学报（社会科学版）》2000年第1期。

杨宏雨《论张謇利用外资的思想和特色》，《历史教学问题》2000年第1期。

蒋国宏《张謇癸卯东游日本及其影响研究》，《河南师范大学学报（哲学社会科学版）》2000年第4期。

章开沅《张謇与中韩文化交流》，《华中师范大学学报（人文社会科学版）》2000年第6期。

蒋国宏《张謇癸卯东游研究》，《南通工学院学报》2001年第2期。

蒋国宏《简论张謇癸卯东游对其教育思想的影响》，《河南大学学报（哲学社会科学版）》2001年第2期。

马敏《张謇与近代博览事业》，《华中师范大学学报（人文社会科学版）》2001年第5期。

薛平《张謇与金沧江——一个世纪前的中朝（韩）友谊个案研究》，扬州大学硕士学位论文，2001年。

谢辉《张謇与中国近代博览会事业》，《安徽史学》2002年第4期。

马金华《试论张謇的外债思想和实践》，《青海师范大学学报（哲学社会科学版）》2003年第1期。

王敦琴《张謇与金沧江诗之比较》，《南通工学院学报（社会科学版）》2003年第2期。

黄鹤群《张謇学习、引进国外先进技术的思想和实践》，《南通工学院学报（社会科学版）》2003年第3期。

羽离子《张謇取用西方文明之"公器"的思想和实践》，《南通工学院学报（社会科学版）》2003年第3期。

黄鹤群、孙伟晋《近代对外开放的先驱者——张謇引进人才、利用"外智"的思想与实践》，《南通职业大学学报（综合版）》2003年第3期。

邵雍《1903年张謇长崎之行新探》，《近代中国》第13辑，2003年。

黄鹤群《近代对外开放的先驱者——张謇"利用外资以振兴实业"的思想与实践》,《江南论坛》2003年第6期。

王红《张謇癸卯东游日本原因探析》,《四川理工学院学报(社会科学版)》2004年第1期。

羽离子《欧美日的张謇研究》,《南通师范学院学报(哲学社会科学版)》2004年第2期。

黄鹤群《张謇发展对外贸易的思想与实践》,《南通师范学院学报(哲学社会科学版)》2004年第3期。

王敦琴《张謇"中体西用"的女子教育思想》,《教育史研究》2004年第3期。

周见《近代中日两国企业家比较研究:张謇与涩泽荣一》,中国社会科学出版社,2004年。

羽离子《试论近代苏北英国式形态的圈地运动》,《山西师范大学学报(社会科学版)》2005年第1期。

胡令远《试论涩泽荣一与张謇研究的当代意义》,《日本研究》2005年第3期。

于海漪、王福林《近代外国人眼中的南通和张謇》,《中华建筑》2006年第2期。

王敦琴《企业的利润追求与企业家的价值取向——张謇、涩泽荣一"企业与社会"思想比较研究》,《江南大学学报(人文社会科学版)》2006年第2期。

章开沅《张謇与日本》(2006年6月24日在日本关西大学接受荣誉博士学位大会上的演讲),《章开沅文集》卷五,华中师范大学出版社,2015年。

黄鹤群《张謇开创中国近代世博会事业的实践》,《南通大学学报(社会科学版)》2006年第3期。

房永兴《翁同龢、张謇与甲午战争》,《兰台世界》2006年第21期。

许冠亭《张孝若之欧美日十国实业考察述论》,《江苏社会科学》

2007 年第 1 期。

季云飞《张謇〈代某公条陈朝鲜事宜疏〉拟稿时间考辨——与戚其章先生商榷》,《南京政治学院学报》2007 年第 1 期。

陈金屏《张謇与孙中山利用外资比较研究》,《南通大学学报(社会科学版)》2007 年第 3 期。

倪友春《张謇和他的〈朝鲜善后六策〉》,《张謇与近代中国社会——第四届张謇国际学术研讨会论文集》,南京大学出版社,2007 年。

陈金屏《张謇利用外资思想研究》,《南通纺织职业技术学院学报》2008 年第 4 期。

韩兴勇、于洋《张謇与近代海洋渔业》,《太平洋学报》2008 年第 7 期。

洪文杰、李崇智《析张謇的实业改革及利用外资思想》,《经济与社会发展》2008 年第 8 期。

周昶、倪怡中《张謇和金泽荣的交往》,《临沧师范高等专科学校学报》2009 年第 2 期。

孙鹏智《朝鲜"壬午兵变"中的张謇及其历史作用述论》,《沧桑》2009 年第 2 期。

庄安正《张謇与虚而满 1920 年一次交往史事管窥——以南通〈通海新报〉报载资料为主要线索》,《民国档案》2009 年第 4 期。

张廷栖《张謇的用人之道——以荷兰工程师特来克为例》,《南通纺织职业技术学院学报》2009 年第 4 期。

都樾《张謇〈代某公条陈朝鲜事宜疏〉系年再考》,《江苏教育学院学报(社会科学版)》2010 年第 1 期。

许冠亭《张孝若赴欧美日实业考察若干史实考辨》,《民国档案》2010 年第 3 期。

李元冲《张謇五次结缘博览会》,《江苏地方志》2010 年第 3 期。

邹振环《张謇与清末宪政史知识的译介与传播》,《史林》2012 年第 3 期。

张卉《涩泽荣一和张謇博览活动的比较研究》，华中师范大学硕士学位论文，2012年。

倪婷《张謇"会通中西"教育思想论略》，《大庆师范学院学报》2013年第2期。

宁波、韩兴勇《张謇"渔权即海权"渔业思想的探索与实践》，《浙江海洋学院学报（人文科学版）》2013年第4期。

丁永久《张謇与杜威职教思想的比较研究》，《南通纺织职业技术学院学报》2013年第4期。

王飞《张謇的世界眼光》，《重庆科技学院学报（社会科学版）》2014年第5期。

朱江《〈密勒氏评论报〉中的张謇》，《档案与建设》2014年第5期。

史小华、龙臻《张謇教育思想中的日本元素》，《教育评论》2014年第5期。

张丽丽《中西文化交流视野下的张謇》，《南通纺织职业技术学院学报》2014年第4期。

邓绍秋、彭拥兵《论张謇的涉外经济法思想》，《福州大学学报（哲学社会科学版）》2015年第1期。

张天骄、高文宇《〈东游纪行〉诗词意象与张謇的强国梦》，《江苏工程职业技术学院学报》2015年第1期。

王敦琴《甲午战争前后张謇对日本的认识及其主体态度》，《南通大学学报（社会科学版）》2015年第4期。

徐乃为《张謇总办通海团练参与甲午战争》，《历史教学问题》2015年第3期。

张吉、胡若晨、胡均伟《试论清末张謇维护国家经济安全的思想》，《黑龙江史志》2015年第3期。

陆霞《张謇在朝期间与朝鲜文人的交往》，《文教资料》2015年第27期。

周至硕《张謇眼中的日本》，《档案与建设》2016年第2期。

施建红、朱江《张謇与美国基督会》，《档案与建设》2016年第

7 期。

庄安正《搜寻张謇佚文〈朝鲜善后六策〉过程略记》,《档案与建设》2016 年第 11 期。

马雯雯、马菁《浅论张謇与朝鲜文人的唱酬诗交流》,《文教资料》2016 年第 5 期。

蒋国宏《张謇与 20 世纪初南通城市形象营销——以〈西方人眼中的民国南通〉中外国人的记述为中心》,《档案与建设》2016 年第 12 期。

陆霞《张謇与金泽荣文学交谊研究》,南通大学硕士学位论文,2016 年。

金志焕《一战后大生纱厂经营恶化及对日借款交涉》,《安徽师范大学学报（人文社会科学版）》2017 年第 4 期。

朱江《张謇与涩泽荣一的基督教观比较》,《档案与建设》2017 年第 7 期。

向婉莹《涩泽荣一与张謇实业思想之考察》,武汉大学硕士学位论文,2017 年。

王敦琴、羌建《张謇:“东南互保”中的“官民之邮”》,《南通大学学报（社会科学版）》2018 年第 2 期。

鲁晶石《张謇的〈东游日记〉与对日印象》,《安徽文学（下半月）》2018 年第 8 期。

叶杨曦《近代东亚中国行纪里的张謇——以山本宪〈燕山楚水纪游〉为中心》,《东疆学刊》2018 年第 3 期。

曾丹、向婉莹《张謇和涩泽荣一的儒商思想比较——基于中日近代资本主义发展观的视角》,《学习与探索》2018 年第 11 期。

左世元《张謇与汉冶萍公司——兼论张謇的日本认识》,《中国国家博物馆馆刊》2019 年第 6 期。

朱江《张謇与晚清江海关税务司好博逊》,《档案与建设》2020 年第 3 期。

沈晓飞《试论甲午战争时期张謇的对日作战主张》,《江苏工程职业技术学院学报》2020年第2期。

郑明阳《张謇日本盐业考察平议》,《中华文化与传播研究》2020年第2期。

周宇清《1903年张謇的日本之行与其救国思想和实践的演进》,《鲁东大学学报(哲学社会科学版)》2020年第2期。

石惠《试论张謇与朝鲜及其对朝认识》,延边大学硕士学位论文,2020年。

梁林军《张謇的中西文化观》,《国际儒学(中英文)》2021年第3期。

张厚军、张源旺《论张謇的日本观》,《近代史学刊》2021年第2期。

朱红《论张謇涉外经济法思想对优化外商投资环境的启示》,《南通职业大学学报》2022年第1期。

刘佳《张謇对日本的认知及相关的社交关系》,《江苏工程职业技术学院学报》2022年第2期。